제3판

유아 교수공학과 교수·학습 방법

유혜령 · 강은희 · 박지영 지음

창지사

『유아 교수공학과 교수·학습 방법』 개정판이 출간된 지 10년 만에 제3판이 나오게 되었다. 그동안 사회변화와 함께 유아교육 현장에서도 많은 변화가 있었다. 교육 현장은 학계의 동향과 궤를 같이하며 종전의 객관적이고 고정된 진리를 추구하던 근대주의적 사고로부터 진리의 가변성과 다의성, 다중성을 인정하며 사회문화적 구성물이자 변화하는 실재로 세계를 인식하는 구성주의적이고 탈현대주의적인 사고로 변모하였다. 또한 최근에는 인공지능(AI), 빅데이터(big data), 사물인터넷(IoT) 등 이른바 '디지털 혁명(digital revolution)'으로 대표되는 4차 산업혁명 시대에 적합한 융합적인 지식과 핵심역량 교육이 강조되고 있다.

이에 따라 교수·학습 현장에서 활용하는 교수 매체 및 교수공학에도 적잖은 변화가 일어나고 있다. 교수 매체는 수업의 단순한 보조 자료가 아니라, 메시지의 성격을 결정하고 유아들의 경험에 구체적이고 가시적인 기억을 제공하는 '구성적인' 수단으로 인식되었다. 사물의 개념이나 문제 해결에 있어서 사고의 재방문을 도와 사고를 재구축하고 심화·확장시켜 나가는 학습의 유의미한 중요 부분으로 자리매김하였다.

또한 아날로그 시대와 지식·정보화 시대를 거쳐 4차 산업혁명 시대로 접어들면서 인공지능 기술과 스마트 기기, 지능형 로봇 등을 활용한 스마트 교수 매체가 교육 현장에도 다양하게 활용되고 있다. 더 나아가 앞으로의 교육 현장에서는 ICT(Information & Communication Technology)를 중심으로 한 상호작용 비디오 시스템, 유비쿼터스 기술, 로봇 등의 도입되어 광범위하게 활용될 것이다. 따라서 교수 매체 활용의 새로운 접근 방식이 필요하다. 다만, 첨단 과학과 기술 혁신으로 고도화된 교육 환경일지라도 교사는 기능적 측면만을 부각한 '지식 전수형' 교육이 아닌 '사람'이 중심이 되는 융합적 사고와 감성 교육을 강조해야 한다. 즉, 여러 교수 매체를 통합하여 활용함으로써 다감각적이고 역동적인 학습을 가능하게 하면서 유아들의 사고와 논리를 다차원적인 성격으로 이끌어 주는 역할을 해야 한다.

『유아 교수공학과 교수·학습 방법』 제3판에서는 이러한 시대 변화에 따라 교수 매체를 특정한 활동이나 학습 유형에만 고정적으로 활용하는 데서 벗어나 여러 다양한 교수·학습 사태에 융합적이고 창의적으로 활용할 수 있도록 하기 위해 교수 매체 활용 방법을 활동별, 유형별로 제시한 기존의 틀은 그대로 유지하였다. 현장에서 많이 활용되는 스마트 교수 매체를 기존의 교수 매체와 융합하여 활용하는 내용을 추가하고, 시대적으로 낙후되어 활용도가 떨어지는 내용은 과감히 삭제하였다. 특히 컴퓨터 부분을 다룬 제3부에서는 일상화되어 있거나 불필요한 제작 기법은 삭제하고 내용을 통합하였다. 또한 유치원 교육과정인 누리과정 관련 요소 및 교수 매체 활용을 위한 활동내용의 일부를 수정하였다. 한편 마이크로티칭 개념이 이제는 유아교육학과나 유치원 교사를 양성하는 교원 양성기관에 대부분 갖추고 있는 수업행동분석실에서 다양한 방식으로 적용되고 있어 그 중요성은 더욱 부각되고 있으므로, 기존처럼 별도의 영역으로 편성하였다. 전체 체제는 유아 교사를 양성하는 대학의 강의진도에 초점을 맞추어 편리하고 효과적으로 활용할 수 있게 하였다.

이 책은 크게 세 부분으로 나누어져 있다. 제1부는 이론적 배경이고, 제2부 유아 교수 매체의 제작 및 활용, 제3부는 유아교육과 컴퓨터이다. 앞으로도 이 책이 유아교육 현장의 교육 활동을 보다 풍부하게 하는 데 실질적인 도움이 되었으면 한다. 개정판 출판과 편집에 애써 주신 창지사 편집진 여러분께 깊은 감사의 말씀을 드린다.

〈각 장별 집필진 소개〉

제1장 강은희 · 유혜령, 제2장 박지영, 제3장 유혜령, 제4장 유혜령 · 강은희,
제5 · 6장 유혜령 · 박지영 · 강은희, 제7 · 8 · 9장 유혜령 · 박지영,
제10 · 11장 유혜령 · 강은희 · 박지영, 제12장 유혜령, 제13 · 14 · 15장 강은희.

2019년 4월

저자 일동

CONTENTS

PART 01

이론적 배경

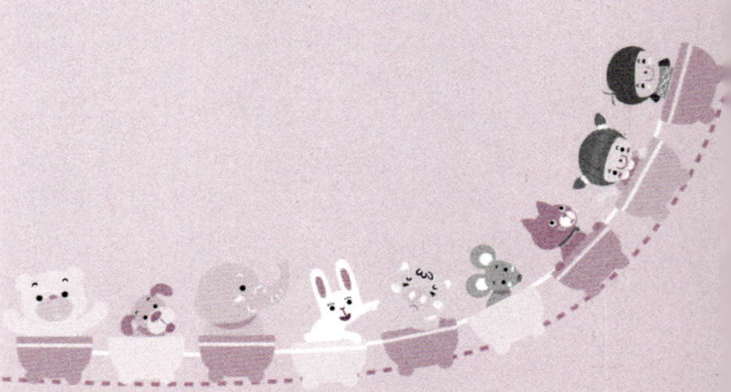

CHAPTER 01

유아 교수공학의 이해

1 유아 교수공학의 개념과 이론

교육공학educational technology이라는 개념이 대두되기 시작한 것은 1920년 Bobbit와 Charters가 유사한 개념으로 '교육엔지니어링educational engineering'이라는 용어를 사용한 데서 비롯된다. 그 후 80년에 걸쳐 교육공학은 인접학문과 과학기술의 발달에 영향을 받아 여러 전환단계를 거쳐 발전해 왔다. 교육공학의 발전에 영향을 미친 이론과 관련하여 교육공학 개념을 살펴보기로 한다.

1) 시청각 교육 이론을 바탕으로 한 교육공학

1920년대에 시작된 시각 교육 운동은 시각 자료를 사용하여 교과 내용을 구체적으로 표현함으로써 학생들에게 보다 흥미 있고 효과적인 학습을 제공하자는 데 목적이 있었다. 구체적인 시각 경험을 제공할 수 있는 그림이나 모형, 고안물, 또는 실물 등을 통해 추상적인 개념을 명확하게 전달할 수 있다는 점을 인식하고 이를 활용하게 된 것이었다. 시각 교육의 개념은 1930년대 말부터 음향 녹음, 축음기, 유성 영화가 출현함에 따라 청각적인 요소가 가미되어 시청각 교육의 개념으로 확대 변화하게 되었다.

시청각 교육의 대표적 이론가인 데일E. Dale은 그의 저서 『*Audiovisual Methods in Teaching*』에서 시청각 매체를 활용한 학습 경험을 구체성과 추상성을 기준으로 분류하였다Dale, 1969: 107–135. 다음에 제시하는 그의 '경험의 원추Cone of Experience'에서는 학습 경험을 모두 10~11단계로 구분하였다. 원추의 가장 아래에 위치한 직접 경험을 가장 구체적인 학습 경험으로 보고 언어적 상징, 즉 문자나 말에 의존한 학습은 가장 추상적인 학습 경험이라 하였다. 경험의 원추가 위로 올라갈수록 좁아지는 것은 구체적인 경험을 주는 것일수록 경험의 기회가 많고 추상적인 경험일수록 기회가 적음을 나타낸다.

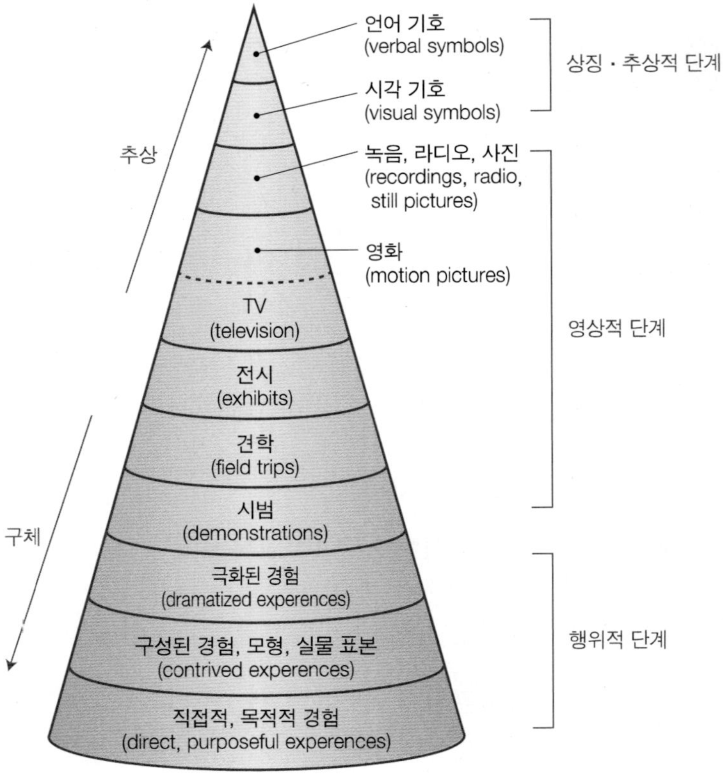

[그림 1-1] 데일의 경험의 원추

데일이 제시한 경험의 원추의 각 부분은 브루너Bruner, 1966: 10-21의 교수 이론에 의한 인간의 지적 발달단계인 행위적 단계enactive stage, 영상적 단계iconic stage, 상징적 단계symbolic stage와 관련지을 수 있다. 그러나 데일은 교재가 창출할 수 있는 학습 경험을 강조하고 있는 데 반해, 브루너는 학습자의 지적인 이해 수준을 강조하고 있다.

유의할 점은, 경험의 원추가 가장 구체적인 경험으로부터 가장 추상적인 경험에 이르기까지 원추 모양으로 나열하고 있으나, 이러한 나열이 실제 수업에 있어서의 진행 순서나 효과성을 암시하는 것은 아니다. 즉, 구체성이 높은 경험이 보다 쉬운 학습 경험이고 추상성이 높은 것일수록 더 어려운 학습이라고 할 수 없다는 뜻이다. 데일은 추상성이 높아질수록 반드시 학습이 어려워지거나 구체성이 강하다고 하여 항상 효율적인 학습이 일어나는 것이 아니라, 구체적인 것과 추상적인 것을 적절히 통합할 것을 주장했다.

사실 유아가 접하는 대부분의 일상적인 경험을 보면 행위적 단계, 영상적 단계, 상징적 단계의 경험들이 서로 복합되어 있는 상황이 많이 있다. 예를 들면, 행위적 단계의 학습 경험은 유아가 수많은 시행착오와 함께 실제로 신발 끈을 매어 보는 경험을 말하고, 영상적 단계의 학습은 책에서 끈이라는 낱말을 읽고 이 낱말과 신발 끈의 영상을 연결할 수 있거나 실제 끈 매는 동작과 결부시킬 수 있게 된 경우를 들 수 있다. 그러나 유아의 실제 학습 과정을 보면 대개 자신의 시도와 함께 성인의 끈 매는 동작을 관찰하거나 지도를 받는 등 여러 경험이 복합적으로 연결되어 성공적인 학습으로 이어지곤 한다. 따라서 데일의 분류는 유아의 학습 경험을 계획하는 데 절대적인 기준이라기보다는 일종의 참고 자료로 활용함이 바람직하다.

시청각 교육 개념은 다양한 매체를 단지 이미 계획된 교수·학습 활동을 도와주는 교수 보조물로 간주하고, 이 매체의 활용 및 효과에 영향을 미치는 다른 요인, 이를테면 학습자의 개인차나 교수 내용의 선정, 수업 설계 등의 중요성을 간과하였다는 제한점을 갖고 있다.

2) 커뮤니케이션 이론을 바탕으로 한 교육공학

1950년대에 접어들면서 커뮤니케이션 이론의 발달과 함께 교수·학습 과정을 일종의 커뮤니케이션 과정communication process으로 보는 시각이 탄생하였다. 커뮤니케이션 이론의 영향으로 시각이나 청각 등의 감각만을 강조하던 평면적 차원의 시청각 교육의 개념에 많은 변화가 일어나게 되었다. 즉, 교사와 아동의 상호작용 및 아동의 해석 능력에 대한 배려, 환경적 요소의 고려 등 교수·학습 과정에 대한 종합적이고 다면적인 이해가 가능하게 된 것이다. 또한 전통적인 시청각 교재의 개념에서 강조하던 사물, 감각, 구체성 등의 단편적이고 독립적인 시청각 교재의 개념에서 탈피하여, 교수·학습 과정의 시청각적 요소를 역동적인 커뮤니케이션 '과정process'의 일부로 인식함으로써 시청각 교육에 대한 보다 과학적인 이해가 이루어졌다. 이에 따라 시청각 교육의 개념은 시청각 커뮤니케이션으로 바뀌게 되었다AECT, 1977.

이러한 변천 과정에 영향을 준 대표적인 커뮤니케이션 이론으로는 버얼로Berlo의 SMCR 모형과 쉐넌-슈람Shannon-Shramm의 경험의 장field of experience 모형을 들 수 있다. 그중 쉐넌-슈람의 커뮤니케이션 모형은 이상적인 커뮤니케이션이 이루어지기 위한 조건을 잘 나타내 주고 있다.

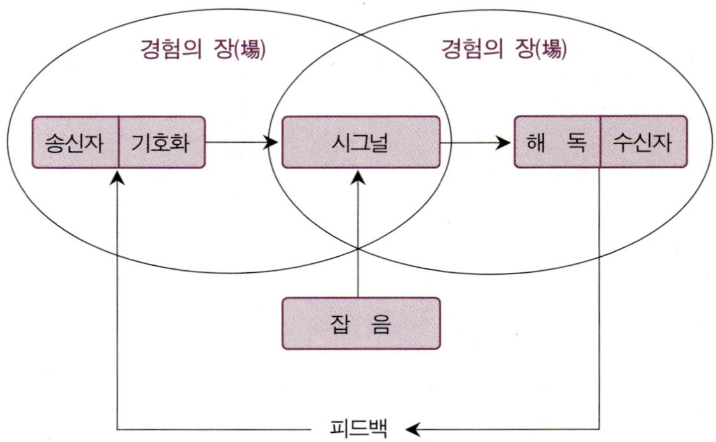

[그림 1-2] 쉐넌-슈람의 커뮤니케이션 모형

출처: Heinich et al., 1982.

이 모형이 효과적인 유아 교수·학습 과정을 위해 주는 시사점을 구체적으로 알아보면 다음과 같다.

첫째, 교사와 유아가 지닌 경험의 장이 서로 중복되는 부분이 많아야 한다. 즉, 교사나 자료의 기호 체계와 유아의 해석 체계가 일치하여야 한다는 뜻이다. 합동 관계 교사가 유아와 동일한 언어를 가짐은 물론, 동일 문화권에 속해 있어야 할 것이다. 또한 유아의 경험과 개인적 관심사, 감각적 기호, 반응 방법 등을 고려한 교육내용을 다루어야 하고, 교사의 입장에서는 무엇보다 유아와의 심리적 유대감과 친밀감으로 서로에 대한 이해와 신뢰를 지녀야 할 것이다.

둘째, 교사와 유아 간의 빈번한 피드백을 통해 상호작용하는 교수·학습 과정이 되도록 해야 한다. 피드백이란 교수·학습 과정에서 나타나는 학습자의 반응이나 학습결과에 대해 교사가 제공하는 코멘트 등을 일컫는다Heinich et al., 1993. 따라서 유아 교수·학습 현장에서는 유아가 적극적으로 참여하고 반응할 수 있는 기회를 많이 가져야 하고 교사는 유아에게서 나타나는 반응을 민감히 살펴 자신의 교수 과정 및 교수 매체에 적절한 수정과 보완을 해 나가야 한다.

셋째, 통신 과정에 있어서 '잡음'의 존재는 모든 종류의 환경적, 신체적, 심리적 방해 요소를 뜻하는 것이므로 항상 이를 제거하려는 노력을 해야 한다. 먼저 유아의 심리적 잡음 요소로는 해독 능력상의 어려움이나 참고 대상물의 혼란, 문화적인 차이, 언어 습관의 차이, 교사 또는 자료나 환경에 대한 심리적 장벽, 산만한 주의 등을 들 수 있다. 또한 유아의 신체적인 잡음 요소로 신체의 불편, 감각 기관의 이상 등이 작용하며, 환경적 요소로는 교실의 불충분한 채광이나 환기, 부적절한 온도나 음향, 비좁은 공간, 외부로부터의 소음 등이 메시지의 원활한 유통을 방해하는 '잡음'으로 간주될 수 있다. 따라서 교사는 이러한 방해 요인을 가능한 한 최소화하여 유아와 원활한 통신을 이룰 수 있도록 노력해야 할 것이다.

3) 행동과학 개념을 바탕으로 한 교육공학

행동과학Behavioral science 개념의 교육공학이란 행동과학 분야의 지식과 방안을 조직적이고 과학적으로 적용하여 교수·학습 과정에 있어서 학습 효과를 증진시키기 위한 교수법을 연구하고 기타 여러 교육 문제를 해결하기 위해 종합적인 노력을 기울이는 것을 의미한다Saettler, 1968.

행동과학 이론 중 교육공학에 가장 많은 영향을 준 이론은 스키너B. F. Skinner의 행동주의 학습 이론이다. 스키너는 학습의 주요 3요소를 변별자극discriminative stimulus, 반응response, 강화자극reinforcing stimulus으로 본다Bell-Gredler, 1986: 82. 변별자극은 반응이 강화될 때 항상 존재하는 것이며 강화자극은 원하는 반응을 하게 할 확률을 높여주는 자극이다. 스키너의 이론은 피드백feedback 및 강화reinforcement를 핵심적 요소로 하고 있다.

학습자의 반응을 강화시켜 주는 기능을 하는 강화인reinforcer의 종류는 크게 세 가지로 나누어 생각할 수 있다.

첫째, 1차적 강화인으로서 음식, 물, 수면과 같이 학습 또는 훈련 없이 강화 효과를 갖는 것이다.

둘째, 2차적 강화인 또는 조건적 강화인으로서 칭찬, 스티커, 자유시간과 같이 훈련을 통해 하나의 1차적 강화인과 연결되어 강화의 효과를 갖는 것이다.

셋째, 일반화된 강화인generalized reinforcer으로서 돈, 관심, 애정과 같이 여러 개의 1차적 강화인과 관련되어 강화의 효과를 갖는 것이다.

스키너는 전통적인 교실상황에서는 강화가 너무 드문 편이고 강화의 시기가 부적절하다고 분석하였다. 즉 학습자의 반응이 나온 후 너무 늦게 강화가 주어진다는 것이다. 그리고 학생들이 부정적인 평가위협과 처벌을 피하기 위해서 학습을 하며 바람직한 행동 후에 주어지는 긍정적인 강화의 기회가 드물다는 것이다.

행동주의 이론이 유아 교수공학에 준 시사점은 다음과 같다.

첫째, 유아로부터 관찰될 수 있고 측정될 수 있는 결과를 이끌어 내기 위하여 명백하고 세분화된 교육목표가 진술되어야 한다.

둘째, 유아가 긍정적인 강화를 많이 받을 수 있도록 하기 위하여 유아들에게 요구되는 최종의 복잡한 행동에 점진적이고 계속적으로 접근하도록 하는 능숙한 프로그램이 필요하다. 즉 사전검사를 통해 유아의 수준을 측정하고, 유아의 수준에서 주제 내용을 조금씩 점차적으로 제시한 후 올바른 반응을 했을 때 즉각적인 피드백을 주어 강화한다.

셋째, 시청각 교재가 단지 자료제시에 그치지 않고 유아의 반응을 강화시켜 주는 기능을 가지고 있어야 한다.

스키너는 자신의 학습 이론을 적용한 티칭머신teaching machine을 개발하였고 프로그램학습의 가능성을 선보였다. 이를 계기로 교육공학 분야에 프로그램학습을 체제적으로 적용하는 틀로서 '체제접근systems approach'의 개념이 대두되었다. 체제접근이란 체제를 구성하고 있는 각 요소들이 동일 목적을 성취하기 위해서 그들의 기능을 독립적으로 충분히 발휘하는 동시에, 각 요소들의 기능이 상호보완적인 관계를 가지고 체제 전체의 기능을 최대한으로 발휘하도록 하는 것이다. 즉 교수체제의 구성요소인 목표, 내용, 사람, 미디어, 교수 전략, 환경, 시간계획 등이 각각 그 기능을 잘 발휘하면서 동시에 상호작용적으로 통합되어 전체 교수체제의 효율화를 발휘해야 한다는 것이다.

행동과학 개념의 교육공학은 학습자를 수동적인 존재로 간주하고 즉각적으로 관찰할 수 있고 측정할 수 있는 외현적 행동 면에 초점을 둠으로써, 학습자의 주체성과 같은 내적 인지 과정을 다루지 않고 있다는 비판을 받는다.

4) 인지과학 개념을 바탕으로 한 교육공학

인지과학cognitive science 개념의 교육공학은 학습자의 내적 인지과정에 관심을 둔다. 즉, 학습자가 능동적인 주체로서 정보에 주의집중하고 지각하며 기호화하여 정보를 인출하는 정보 처리 과정에 초점을 두는 것이다.

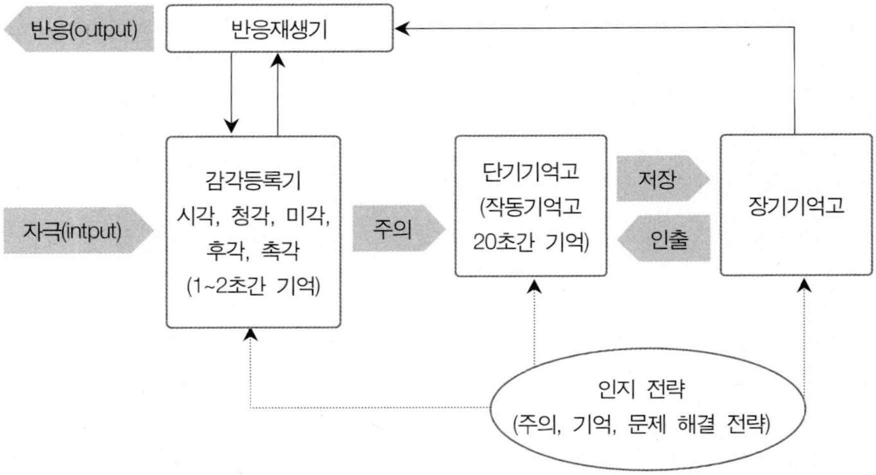

[그림 1-3] 정보 처리 과정

출처: Berk, L. E., 2000, p.273.

따라서 교육공학은 학습자가 교수·학습 과정에서 적절한 학습 전략을 세울 수 있도록 하는, '학습자에 의한 학습자를 위한 학습'이 되도록 도모하는 것이다. 인지과학 개념은 특히 교수설계 영역을 중심으로 교육공학에 영향을 끼치게 되었다.

교수 설계는 특정의 학습내용과 학습자가 주어졌을 때 기대하는 학습자의 변화를 일으킬 수 있는 최적의 교수 방법이 무엇인가를 결정해 나가는 과정이다Reigeluth, 1983. 따라서 교수설계이론은 사람들이 배우고 발달할 수 있도록 더 잘 도와주는 방법에 대하여 명백한 지침을 제공하는 이론이다Reigeluth, 1999. 가네-브리그스Gagné-Briggs의 교수설계이론에서 가네Gagné는 학습의 조건을 내적 조건과 외적 조건으로 분류하고 있다. 내적 조건은 학습자의 내적 상황과 인지 과정을 말하고 외적 조건은 환경으로부터의 자극, 즉 학습자 외부의 교수 사태events of instruction를 말한다. 또한 학습의 내적, 외적 조건이 상호작용하여 학습의 결과를 가져온다. 가네Gagné는 학습의 결과를 언어적 정보verbal information, 지적기능intellectual skills, 운동기능motor skills, 태도attitude, 인지전략cognitive strategies 등 다섯 가지 범주로 분류하였다. 이들 학습결과는 수업 계획 시 교수목표로 진술된다.

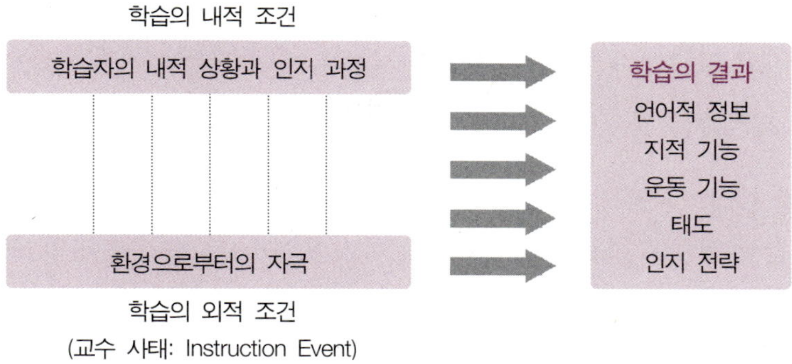

[그림 1-4] 학습의 조건과 학습의 결과 간의 관계

가네Gagné가 제시한 아홉 가지 교수 사태는 앞에서 살펴본 학습자의 내적 인지 과정, 즉 정보 처리 과정과 관련하여 외적 조건을 마련할 수 있도록 한다. 따라서 유아의 학습을 돕기 위해 그를 둘러싼 환경적 조건을 꾸며 내는 교수 사태는 수업을 계획하거나 교육 프로그램을 개발하는 교수 설계자에게 설계 처방을 제공해 준다. 교수설계의 지침이 되는 교수 사태를 살펴보면 다음과 같다.

① 주의 집중시키기

돌발적 사태, 특별한 사건, 질문, 손 유희, 매체 사용 등을 통해 유아의 주의를 집중시켜 후속 학습 활동이 원만하게 이루어지도록 하는 것이다.

② 유아에게 학습 목표 제시

유아에게 기대되는 학습 성과를 통보함으로 인해 학습 과정에서 자신에게 기대되고 있는 학습과 무관한 일에 주의를 뺏기지 않게 하는 것이다.

③ 선수 학습의 상기 자극

유아가 본 학습을 위해 필요한 선수 학습 능력을 습득했는지 확인하고, 새로운 학습을 실시하기 전에 사전에 학습한 것을 상기시켜 주는 것이다. 선수 학습 능력에는 필수적 선수 학습 능력essential prerequisites과 보조적 선수 학습 능력supporting prerequisites이 있다. 필수적 선수 학습 능력은 본 학습을 하기 전에 반드시 학습하여야 하는 것이고 보조적 선수 학습 능력은 학습 태도, 인지 전략 등 학습 능력의 촉진에는 유용하나 본 학습을 위해 필수적인 것은 아닌 것을 말한다.

④ 자극 자료의 제시

유아가 학습해야 할 본 내용을 제시하는 것이다. 예를 들어 정의나 공식을 제시하는 것이다.

⑤ 학습 안내의 제공

학습이 제대로 바르게 일어나도록 하기 위해 여러 가지 형태의 도움을 주는 것이다. 흔히 예example 또는 비예non-example의 제시, 힌트hint나 큐cue 등의 제시, 질문, 토론 유도 등을 통하여 이루어진다. 예를 들어 다양한 크기, 모양과 색을 가진 삼각형의 예를 제시하고 삼각형이 아닌 다른 도형, 즉 비예를 제시하여 삼각형의 개념 습득을 도울 수 있다.

⑥ 수행의 유도

유아가 수업 목표를 달성했는지 확인하기 위해 유아에게 해당되는 행동을 수행하도록 요구하는 것이다. 교사는 유아의 반응을 유도하기 위한 질문을 하거나 행동을 하도록 지시할 수 있다. 예컨대 원의 개념을 습득했는지 확인하기 위해 유아에게 손으로 원을 만들라고 지시를 하거나 융판 위에 제시된 여러 가지 도형 중에 원을 짚어 보라고 할 수 있다.

⑦ 수행의 정확성에 대한 피드백 제공

수행의 옳고 그름을 즉각적으로 알려 주는 것이다. 또한 오답인 경우 이를 수정하는 보충 설명을 해 주는 정보적 피드백informative feedback을 제공하는 것이 바람직하다.

⑧ 수행의 평가

일련의 수업 활동이 끝나려 하거나 끝났을 때 평가하는 것이다.

⑨ 파지 및 전이의 향상

파지retention란 학습된 능력을 기억하는 것이고 전이transfer는 특정 학습이 특정의 지적 기능이나 지식의 습득에만 그치지 않고 습득된 새로운 능력이 다양한 상황에 적용되고 일반화generalization되도록 하는 것이다. 파지 및 전이는 새로운 예를 제시하거나 간헐적인 복습을 통해 향상될 수 있다.

〈표 1-1〉은 학습자의 내적 인지 과정과 교수 사태의 연관성을 설명해 주고 유아 교육 현장에서 교수 사태의 예를 제시해 주고 있다. 아홉 가지 교수 사태는 반드시 순서대로 이루어지는 것이 아니며 과정이 생략되거나 한 과정이 여러 번 이루어질 수도 있다. 그러나 그 중의 대부분이 결여된 수업의 과정이란 상상하기 어렵다.

〈표 1-1〉 학습자의 내적 인지 과정과 교수 사태

내적 조건 (학습자의 인지과정)	외적 조건 (교수 사태)	교수 사태의 예
주의	주의 집중 시키기	돌발적 사태, 특별한 사건, 질문 등으로 유아의 주의 집중(예: 손유희, 매체 사용)
기대	학습자에게 기대되는 학습 성과 통보 (학습 목표 제시)	학습 과정에서 자신에게 기대되고 있는 학습과 무관한 일에 주의 뺏기지 않게(예: 오늘 우리는 …을 배우려 한다. 이 영화를 보고난 후 여러분은 …을 할 수 있게 될 것이다.)
관련 정보와 기술의 재생	선수 학습의 상기 자극 (학습 과제의 위계분석 要)	(예: 삼각형의 개념을 배우려면 숫자, 폐쇄 도형과 개방 도형의 차이, 직선 및 곡선의 개념을 먼저 알아야 한다.)
자극의 선택적 지각	자극 자료의 제시	학습해야 할 본 내용 제시(정의나 공식 제시)
의미적 기호화 (Sementic Encoding)	학습 안내 제공	학습이 제대로 바르게 일어나도록 하기위해 여러 가지 형태의 도움 - 예 또는 비예 제시, 힌트, 큐 제시, 질문, 토론 유도(예: 원의 개념을 가르칠 경우 다양한 모양과 색의 원 제시)
반응	수행의 유도	시험문제 제시, 질문에 대한 응답 요구(예: 손으로 원을 만들라고 지시, 융판 위에 제시된 여러 가지 도형 중에 원을 짚어보라고 함)
강화	수행의 정확성에 대한 feedback 제공	수행의 옳고 그름을 즉각적으로 알려 줌
재생 (Cuing Retrieval)	수행의 평가	일련의 수업 활동이 끝나려 하거나 끝났을 때 평가
일반화 (파지 및 전이)	파지 및 전이의 향상	특정 학습이 특정의 지적 기능이나 지식의 습득에만 그치지 않고 습득된 새로운 능력이 다양한 상황에 적용, 일반화 되도록(새로운 예 제시, 간헐적인 복습)

최근에는 일반적으로 교육 전반과 연계된 보다 넓은 개념으로 '교육공학educational technology'이라 칭하고, 좁은 의미로는 보다 명세화된 교수와 연계해서 '교수공학instructional technology'으로 지칭하고 있는데, 이 두 명칭은 특별한 구분 없이 혼용해서 사용되고 있다이화여자대학교 교육공학과, 2003: 22.

교육공학의 개념 발달과 더불어 교수 매체instructional media의 개념도 변화하게 되었다. 즉 시청각 교육 개념의 시대에는 교수 매체가 시청각 매체, 즉 시청각 기재audiovisual equipment와 시청각 교재audiovisual materials를 의미하였다. 여기에서 시청각 기재는 VCR, OHP, 영사기, 컴퓨터와 같은 하드웨어를 의미하고, 시청각 교재는 비디오테이프, TP, 디스크 등의 소프트웨어를 의미하였다. 결국 이러한 좁은 의미의 교수 매체는 매체를 교수 과정에서 분리하여 학습의 도구적 보조물 정도로만 간주하게 하였다.

그러나 교육공학 개념의 발달과 더불어 교수 매체의 개념도 더욱 광범위해져서 교수 · 학습 과정에서 교수 목표를 달성하기 위한 모든 수단을 의미하게 되었다.

즉, 교수 매체는 시청각 매체뿐 아니라 교사와 같은 인적 자원, 수업 내용, 학습 환경, 시설 등 모두 수단적 요소를 포괄적으로 통칭하는 개념이 되었다.

2 유아 교수공학의 사상적 배경

유아 교수공학의 발전은 17세기 서구에서 일어난 자연과학의 발달 및 실학주의realism 운동을 사상적 배경으로 하고 있다. 17세기는 바야흐로 뉴턴, 파스칼, 갈릴레오, 베이컨 등의 자연과학자들이 대거 출현하면서 자연과학의 비약적인 발달을 이룬 시기였다. 특히 과학적 실학주의scientific realism 운동에서는 중세의 언어편중적이고 사변적인 문헌 중심 교육에 반대하고, 인간의 감각적 경험을 중시하며 과학적 지식이 가장 확실하고 유용한 지식이라는 주장이 일어났다. 이러한 교육의 근대화 흐름 속에서 코메니우스, 루소, 페스탈로치는 아동을 위해 직관교육론 및 실물교육론을 주장하였다. 그 후 프뢰벨, 듀이, 몬테소리 등에 의해 감각적 · 직관적 · 과학적 교육 및 교수 매체의 중요성에 대한 인식이 더욱 증가하게 되었다. 이어 유아를 위한 여러 유형의 교수 매체가 개발되면서 교수·학습 과정에 대한 체계적이고 과학적인 접근이 발전하게 되었다.

1) 코메니우스

모라비아 태생의 교육사상가인 코메니우스J. A. Comenius, 1592~1670는 언어중심적인 전통적 교수 방법에 반대하여, 아동의 감각적 직관을 중시하는 새로운 교수법을 주창함으로써 교육의 근대화를 위해 선구적인 노력을 한 인물이다. 그는 자신의 주저인 『대교수학Didactica Magna』에서 추상적인 언어보다는 확실한 사실을 제시해야 하고 일반적 규칙보다는 구체적인 사례를 항상 먼저 제시해야 한다는 교수 원칙을 주장하였다.

이러한 주장은 과학적 실학주의로부터 영향을 받은 그의 교육관을 말해주고 있다. 무슨 내용인지 이해가 되지도 않는 것을 무조건 암기하게 하는 전통적인 교수 방법이 아니라, 과학적 확실성을 지닌 지식을 아동의 흥미와 이해 방식에 맞추어 구체물을 통해 감각적으로 제시하는 혁신적인 교수 방법을 제안한 것이다. 특히 그는 당시에 주로 교사의 설명에 의존하여 학습 내용을 전달하던 종래의 교육 방식에 불만을 품고, 아동용 라틴어 교본에다 그림을 삽입한 『세계도회Orbis Sensualium Pictus, 1653』를 출판하였다. 이 『세계도회』는 역사상 최초로 그림이 첨가된 책으로서, 그림이라는 시각 매체를 활용하여 교수 방법을 혁신함으로써 오늘날 유아를 위한 그림책의 기원이 되었다.

3
하늘

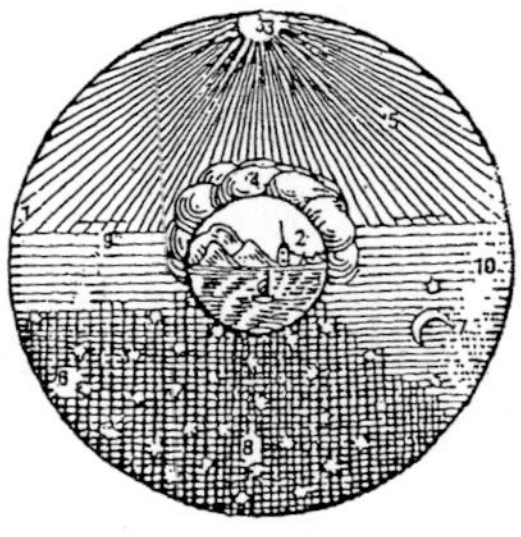

[1]하늘은 회전하고 있습니다. 그리고 그 중심에 있는 대지를 [2]에워싸고 있습니다.

[3]태양은 어디에서나 끊임없이 빛나고 있습니다. 가령 [4]구름이 해를 우리로부터 빼앗아 갈지라도.

태양은 [5]광선에 의해해서 빛, 즉 대낮의 빛을 발합니다.

그것에 반해서 [6]암흑쪽은 밤인 것입니다.

밤에는 [7]달이 빛나고 [8]별이 깜빡거리며, 반짝반짝 빛을 냅니다.

[9]저녁 무렵에는 황혼, 그리고 [10]아침에는 여명이 있습니다.

4
불

불은 타고 그리고 나서는 곧 사르러집니다.

[1]불꽃은 강청의 도움으로 [2]부싯돌이 생깁니다. 그리고 또 [3]불꽃을 일으키는 도구인, 부싯깃(화용)에서도 불이 생깁니다.

이는 유황액에 담근 [4]꼰실과, 그리고 [5]양초나 [6]장작에 점화됩니다.

그리하여 [7]불꽃이나, 집을 덮치는 [8]대화재가 일어나기도 합니다.

거기에서는 [9]연기가 생겨나고, 그 연기는 떠돌다가 [10]난로 그을음의 주범이 됩니다.

타다 남은 것에서는 [11]뜬숯이 만들어집니다.

또 타고 있는 목탄에서 [12]숯이 생기기도 합니다.

최후에 남는 것은 [13]재와 타다 남은 것들입니다.

[그림 1-5] 문자와 그림이 배합된 『세계도회』의 한국어 번역본

출처: 김은권 · 이경영 역, 1998, pp.16-17.

2) 루소

프랑스의 철학자이자 교육사상가인 루소J. J. Rousseau, 1712~1778는 성선설에 입각한 자연주의 교육 사상과 아동의 인권을 주장하여 근대적 아동관을 수립함으로써 현대 교육에 역사상 유례없는 큰 영향을 끼친 인물이다. 그의 자연주의 교육 사상은 문명사회의 각종 관습과 제도 속에 숨어 있는 편견과 모순, 위선, 권위 의식 등을 신랄하게 비판하는 데서 출발한다. 그는 "창조주의 손에서 나올 때는 모든 것이 선하나, 사람의 손에서 모든 것이 타락한다"라고 개탄하면서, 인간이 생래적으로 지니고 태어나는 선한 본성이 문명사회의 편견과 모순 등에 의해 말살되고 왜곡되어 아동의 올바른 발달을 저해하고 있다고 보았다. 교육은 아동을 이 같은 사회의 악영향으로부터 보호하여 자연적인 선한 본성이 자유롭게 발달하도록 도와주는 것이 되어야 한다고 역설하였다.

유아 교수공학과 관련지어 볼 때, 그의 교육 사상으로부터 다음과 같은 교육 원리를 도출해낼 수 있다.

첫째, 자연 교육의 원리이다. 이는 인간 발달에 내재한 자연성에 일치하는 교육을 가리킨다. 아동의 자연스러운 흥미와 능력과 발달 속도를 무시하지 않고, 그것을 인정하고 그에 맞추어 교육할 것을 강조한 것이다.

둘째, 감각 교육의 원리이다. 이는 감각 훈련이 단순히 그 감각 기능 자체의 발달을 위해서 중요한 것이라기보다는, 올바른 판단과 이성이 계발될 수 있는 기초가 되기 때문이다. 특히 유아의 경우에는 자신의 뛰어난 감각 능력을 이용하여 구체적인 사물을 감각적으로 경험하면서 지식이나 기술을 익히고 이해하는 것이 가장 효과적이라고 보았다.

셋째, 신체 단련 교육의 원리를 주장하면서 루소는 유아를 신체적으로 지나치게 과보호하기보다는, 적절한 신체 단련을 통해 신체의 자연적인 적응력과 면역성을 길러주며 적극적인 의지와 자율적인 태도를 함양하는 것이 필요하다고 보았다. 예를 들면 자유로운 복장으로 자연 풀밭 속에서 맨발로 뛰어놀게 한다거나, 검소한 음식을 먹게 하고, 옷을 얇게 입혀 추위에 강하게 적응하게 하는 것 등이다.

3) 페스탈로치

스위스의 교육자인 페스탈로치J. H. Pestalozzi, 1747~1827는 루소의 교육 사상을 이어 받아 이를 헌신적으로 실천한 인물이다. 그는 평등과 박애 및 공동체의 교육 이상을 실천하면서, 유아 교수공학의 사상적 기초라 할 수 있는 합자연적 교육 원리, 직관 교육의 원리, 노작 교육의 원리 등을 주장하였다.

첫째, 합자연적 교육 원리는 루소의 자연주의적 교육 이상을 이어 받은 사상이다. '자연에 합合하는 교육'이란 유아의 감각과 소질 및 본성에 합치되도록 교육하는 것을 말한다. 예를 들면, 식물의 성장 과정에서 볼 수 있듯이 유아를 교육할 때, 안에서 밖으로, 단순한 것에서 복잡한 것으로, 가까운 곳에서 점차 먼 곳에 있는 것으로, 쉬운 것에서 어려운 것으로 순차적으로 이끌어 주어야 한다는 것이다.

페스탈로치가 주장한 수 · 형 · 어數 · 形 · 語의 원리가 바로 그 대표적인 한 예가 된다. 이것은 직관적 경험에서부터 출발하여 명확한 개념을 깨닫게 하는 지적 도야의 방법으로서, 우선 유아에게 사물을 감각적 접촉으로 직접 경험하게 하고, 이후에 물체의 형태, 비례, 크기를 파악하게 하고, 그리고 나서 사물의 이름과 성질을 언어를 통해 개념적으로 연관 짓는 순서로 가르쳐야 한다고 제안하였다고후순 · 김동일 · 조옥희, 1996: 103-104.

둘째, 직관 교육의 원리란 모든 학습의 기초가 감각적 직관, 즉 관찰에 있으므로, 직접적인 실제 경험과 결부되지 않은 단순히 언어를 통한 주입식 교육은 비능률적이라고 배척하면서 '실물 교수object lesson' 방법을 주장하였다.

특히 구체적인 실물을 통한 감각 교육은 단순히 학습의 능률을 올리기 위한 효과적인 교수 방법의 차원에서만 중요한 것이 아니다. 유아의 내적 직관을 유발시켜 유아가 스스로의 주체적인 판단을 통해 개념적인 이해를 할 수 있도록 한다는 점에서 매우 중요하다고 보았다. 이는 감각적 경험을 인간 본성적 통찰력과 연결 지어 생각한 것으로서, 직관 교육을 통한 주체적인 인식이 인간형성적 기능을 지니고 있음을 간파한 것이었다.

셋째, 노작勞作 교육의 원리는 페스탈로치가 주장한 전인全人 교육의 이상 속에서 주장되었다. 그는 정신력 및 지력知力과 심정력心情力, 기술력을 종합적으로 상징하는 3HHead, Heart, Hands 교육을 전인적인 인간 형성의 수단으로 보았다. 그 중에서도 기술력은 땀 흘려 일하고 노동하는 가운데 체득하게 되는 직업 기술 일뿐 아니라, 소질에 맞는 예체능 분야의 기초 도야 및 활동적 본성을 통한 신체 도야를 의미하는 것이었다. 유아의 그림 그리기나 조형 활동, 그리고 무엇인가를 맞추어 보고 관찰하고 세어 보는 활동 등, 자신의 활동적 본성에 따라 열중하여 움직이는 모든 활동들이 기본적으로 기술력 도야의 방법들로서, 유아에게 있어 내적으로 숨어 있는 모든 신체적 능력을 발전시키는 것을 뜻한다.

결국 페스탈로치는 유아의 학습에 있어 유아 자신의 자연 발달적인 특성에 따라 구체적인 실물을 통한 실제적인 경험이 중요함을 강조하면서, 유아가 직접 조작하고 세어 보고 만져 보며 개념을 학습할 수 있는 교육 매체 환경과 교사의 배려가 필요함을 역설한 것이다. 이러한 교육 환경과 학습 경험은 곧 유아의 주체적이고 전인적인 인간 형성과 직결되는 것임을 주장했다는 점에서 현대 유아 교수공학의 발전을 위한 심층적인 사상적 기초를 제공했다고 볼 수 있다.

4) 프뢰벨

1840년 세계 최초로 독일에 유치원kindergarten을 창설한 인물로 널리 알려진 프뢰벨F. Fröbel, 1782~1852은 유아를 위한 놀잇감인 은물恩物, Gabe을 제작하고 교수·학습 활동의 기본 체계를 고안한 교육자이다. 그는 모든 인간과 사물에 신성神性이 내재한다고 보고, 이 신성, 즉 인간의 본질적인 선한 생명력을 계발하여 꽃피움으로써 세계 속에서 조화를 이루고 인간성과 소질의 완성을 꾀하는 것이 교육의 목적이라고 하였다. 이를 위하여 교사는 유아의 생명 내부로부터의 발달이 원활하게 이루어지도록 도와주고, 무엇보다도 유아의 자기 활동적 본성을 자극하고 선도해야 한다고 주장하였다.

그는 유아의 놀이 활동이 지닌 활동적인 생명력이 충분히 발휘될 수 있는 놀이야말로 최고의 학습 형태라고 보았다.

> 놀이는 유아 발달에 있어 최고의 위상을 차지하는 학습 활동이다. 그 이유는 놀이가 내적 필요성과 충동으로부터 발생하는 유아 내부의 자기 활동적인 표상이기 때문이다.
>
> (Fröbel, 1887, p.54)

그는 유아의 놀이 충동을 외부로 표출할 수 있도록 하기 위해서는 그 어떤 매개물, 즉 놀잇감이 필요하다고 보았다. 그리하여 유아가 직접 손으로 감각하며 형태를 구성하고 놀 수 있는 10세트의 은물恩物, Gabe과 다양한 놀이 유형인 열한 가지의 작업作業, Occupations 내용을 고안하였다. 그 외에도 『어머니의 노래와 사랑의 노래』라는 책을 통하여 자신이 지은 노래와 손유희 활동을 보급하였다.

프뢰벨은 은물 및 작업, 손 유희, 노래 등의 활동을 단순히 효과적인 교육적 수단으로만 인식한 것이 아니다. 그는 유아가 그러한 감각적인 조작 활동을 통하여 세계의 기본 질서와 통일성을 감지하고 세계와 자연과 자신의 통합적 관계, 더 나아가 순전한 완성과 통일성의 미적 감성 및 지적 직관을 길러갈 수 있는 인간 형성의 방법으로서 중요시하였다. 특히 『어머니의 노래와 사랑의 노래』에는 각 개념의 온전한 이해를 돕는 상징적인 그림을 곁들이고 있는데, 이 그림들은 시각적으로 손동작과 노랫말을 연결 짓고 여러 관련 사물을 주변에 배치하여 학습 개념에 대한 종합적이고 근원적 이해가 가능하도록 하는 것이다. 이를 통해 주변의 일상적 생활 맥락 속에서 인간의 몸짓과 청각적 음률 및 노랫말이 시청각적 직관의 통합을 가져올 수 있도록 한 것이다.

부성애

모성애

표지 그림

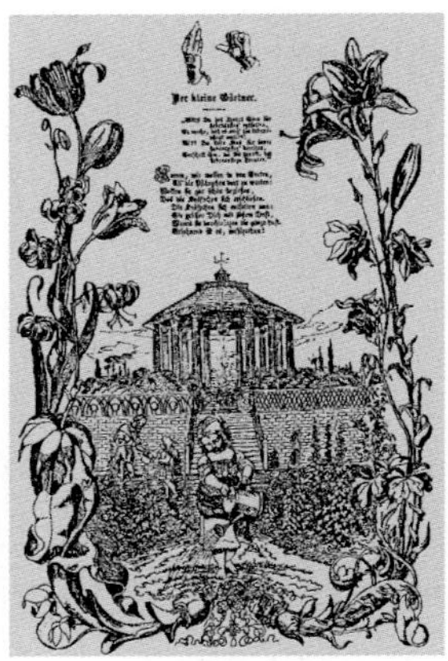

작은 정원사

[그림 1-6] 『어머니의 노래와 사랑의 노래』 표지와 내용

출처: 곽노의, 1996, p.113, p.123.

그 외에도 유치원 교육 활동으로 자연 관찰과 정원 가꾸기, 애완동물 기르기, 숲길 걷기 등의 옥외 신체 활동을 포함시켰다. 이 활동을 통해 유아는 식물의 성장 모습과 원리를 배우고, 자연에 대한 인간의 책임감과 조화의 의무를 느끼며, 전체 우주와 인간의 관계, 보이지 않는 신의 섭리를 깨닫게 된다고 보았다.

프뢰벨이 제작한 은물은 현재에도 유아교육 현장에서 많이 활용되고 있다. 제1은물은 온전한 통일성과 완전성의 상징이며, 목제 기하 입체인 제2, 3, 4, 5, 6은물은 3차원적 입체 형체의 원리를 나타내고, 작은 원과 반원 및 다양한 사각형과 삼각형 색판인 제7은물은 2차원적인 면의 원리를, 작은 막대기들로 구성된 제8은물과 작은 고리와 반고리로 구성된 제9은물은 각각 2차원적 선과 곡선의 원리를 표현할 수 있게 되어 있다. 그리고 작은 나무 알갱이들로 구성된 제10은물은 1차원적인 점의 원리를 나타내고 있다. 따라서 은물은 형체에서 면으로, 면에서 선으로, 선에서 점으로 점차 인식의 차원을 달리하며 사고의 발전을 기할 수 있도록 체계화되어 있는 것이다.

프뢰벨의 제1은물인 여섯 개의 털실공은 유아의 감각 및 근육 발달, 그리고 느낌과 지각의 명료화를 위해 쓰이는데, 유아가 어린 영아기부터 흔들리는 색공의 움직임과 형상을 보며 그 속에 상징화된 자유와 통일의 개념을 직관할 수 있도록 고안된 것이다. 제2은물부터 제6은물까지는 다양하고 복잡한 형태의 기하 입체들로서, 유아가 이것을 가지고 형체를 만들고 해체하는 과정을 반복하면서 전체와 부분의 관계를 감지하고 물질 세계의 질서와 우주의 기본 형태 및 법칙을 직관할 수 있게 고안된 것이다.

현재 활용되고 있는 은물 세트 중에는 프뢰벨 당시에 제작되었던 기본 치수 3cm의 은물 외에 2.5cm의 은물 세트도 있다. 또한 제5은물에 5B 은물인 요선 삼각형이 포함된 것도 있으며, 여러 종류의 준은물이 포함된 것도 있다.

은물에 비해 종이 짜기, 구슬 끼우기 등으로 구성된 작업作業의 내용은 점의 원리에서 출발하여 선, 면, 형체의 원리로 발전하도록 고안된 것이다. 프뢰벨은 유아가 이러한 작업 놀이를 즐김으로써 감각 훈련적 경험을 할 수 있을 뿐 아니라, 창조된 각 형태 속에 내재된 형이상학적인 패턴을 직관하게 된다고 보았다.

(1) 프뢰벨 은물

▶제1은물 : 지름 6cm의 빨강, 파랑, 주황, 초록, 보라색으로 된 6개의 털실 공

도형만들기-삼각형, 사각형

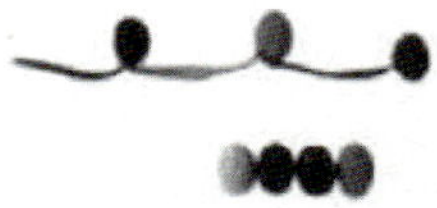

실물놀이-기차를 기다리는 사람들

▶제2은물 : 기본 치수 6cm의 목제 공, 정육면체, 원기둥

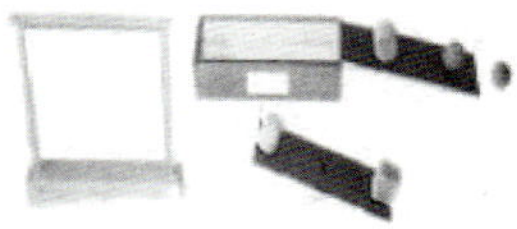

실물놀이-시소, 미끄럼틀 철봉

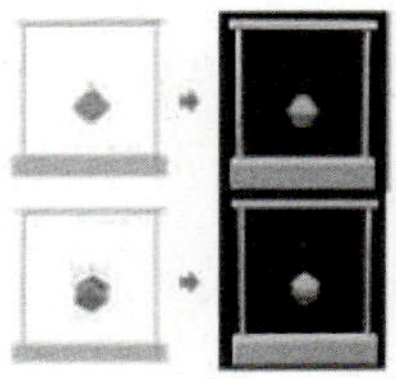

회전놀이-정육면체의 모서리 회전의 전후 모양 비교

▶제3은물 : 한 면이 3cm인 정육면체 8개

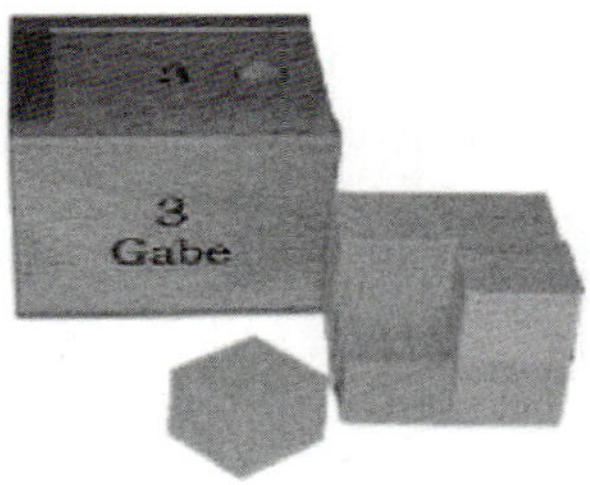

실물놀이

무늬놀이

▶제4은물 : 3×6×1.5cm의 직육면체 8개

실물놀이

무늬놀이

▶제5은물 : 한 면이 3cm인 정육면체 21개, 삼각기둥 6개, 1/2 삼각기둥 2개

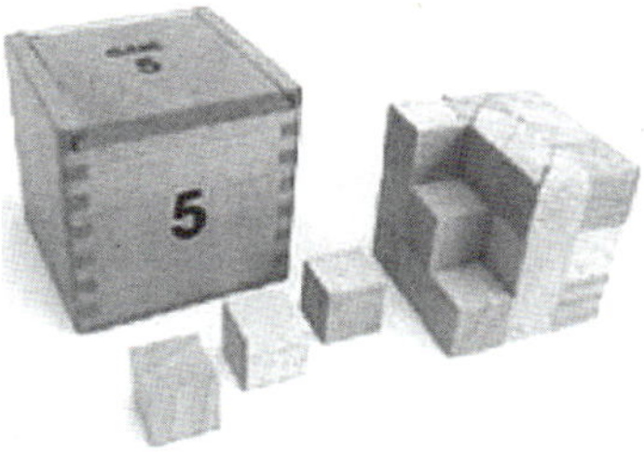

건축놀이

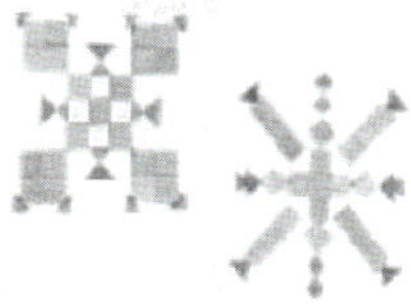

무늬놀이

▶제6은물 : 3×6×1.5cm의 직육면체 18개, 3×3×1.5cm의 직육면체 12개, 1.5×6×1.5cm의 직육면체 6개

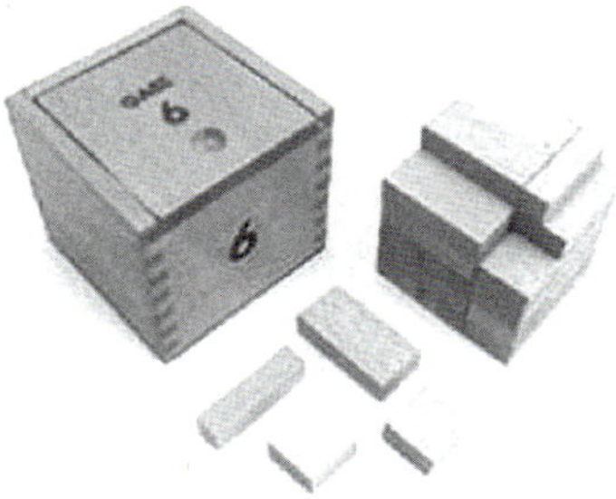

무늬놀이

연합놀이

▶제7은물 : 색판(기본 치수 3cm의 정사각형, 직각이등변삼각형, 직각부등변삼각형, 정삼각형, 둔각이등변삼각형, 원, 반원)

마름모의 무늬놀이

정삼각형의 실물놀이

직각부등변삼각형의 실물놀이

둔각이등변삼각형의 무늬놀이

▶제8은물 : 길이 3cm, 6cm, 12cm, 15cm의 막대기

실물놀이-봄, 여름, 가을, 겨울

▶제9은물 : 고리(지름 3cm, 4.5cm, 6cm의 온고리 각각 100개와 3cm, 4.5cm, 6cm의 반고리)

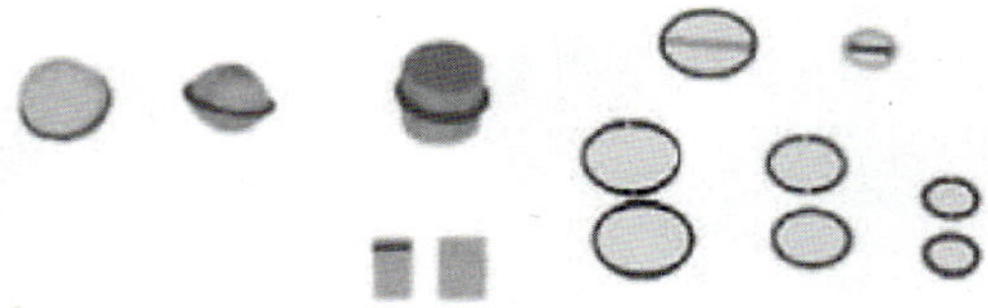

비교놀이

▶제10은물 : 지름 10mm, 두께 5mm의 나무 알갱이

실물놀이

연합놀이

[그림 1-7] 프뢰벨 은물과 조작 방법 예시

(2) 작업

제1작업 : 구멍뚫기perforating

제2작업 : 바느질하기sewing-out

제3작업 : 그림 그리기drawing

제4작업 : 색칠하기coloring and painting

제5작업 : 종이말이 잇기paper-interlacing

제6작업 : 종이 매트 짜기mat-weaving

제7작업 : 종이접기paper-folding

제8작업 : 오리기, 찢어 붙이기, 음영 그림 만들기paper-cutting and mounting, free-cutting, silhouetting

제9작업 : 콩으로 만들기pea-working

제10작업 : 상자 만들기cardboard-modeling

제11작업 : 찰흙놀이modeling in clay

5) 듀이

20세기 미국을 대표하는 진보주의 사상가인 듀이J. Dewey, 1856~1952는 근대 과학의 경험적 방법을 교육에 활용할 것을 주장하였다. 그는 전통적인 교육은 학습이 아동의 신체적·감각적 활동으로부터 차단되고 경험과 유리된 채, 단지 문자에 의한 기계적인 지식 전달에만 치중해 왔다고 비판하였다. 그로 인하여 아동은 학습에 대한 흥미를 잃게 되고 그의 앎과 삶이 직접적으로 연관되는 유의미한 통합적 관계를 이루지 못하게 된다. 그는 사변적이고 추상적인 이론 탐구보다는 실험적이고 과학적인 탐구 태도와 실제 생활 속에서의 경험experience을 중시하였다. 관념이나 지식, 이론을 명확하고 주체적으로 실제 생활 속의 의미로 일치시킬 수 있어야 한다는 것이었다. 관념이나 이론의 진위眞僞는 삶 속에서의 실천적 효과 여하를 가지고 검증하여야 한다고 생각했기 때문이다. 이것이 그의 프래그머티즘pragmatism 철학으로서 경험중심 교육관의 토대를 이루는 것이었다.

그에 따르면, 교육은 경험의 재구성reconstruction of experience이며 성장growth이다. 이는 경험의 계속성의 원리 및 교변작용交變作用, transaction의 원리를 함께 포괄하는 개념으로서, 인간 유기체와 실제 삶의 환경 사이에서 일어나는 통합적인 진보의 과정을 의미한다. 특히 그는 인간 삶의 실제적 측면과 경험적 가치 면을 강조하여 "행함으로써 배운다learning by doing"라는 활동중심 교육 원리를 주장하였다.

그는 아동교육의 기초를 아동의 본능적 충동 또는 욕망에서 찾았다. 그것은 ① 사회적 충동담화, 교제 및 소통의 욕망, ② 구성적 충동운동이나 몸짓, 물건 제작의 욕망, ③ 탐구적 충동무언가 작업하고 발견하고자 하는 욕망, ④ 예술적 충동표현적 욕망으로 나누었다Dewey, 1975: 59-60. 그는 이 내용을 중심으로 아동을 위한 교육활동을 구성하고 흥미중심 교육을 실천하였다. 듀이의 경험주의 교육 사상은 아동의 사고와 경험이 서로 밀접한 관련을 맺게 하여 사고가 경험의 세계와 상호 통합적인 관계를 지닐 수 있도록 해야 한다는 것이었다. 그러기 위해서는 많은 실제적인 교재와 자료, 기구가 제공되어야 함은 물론, 아동의 본능적 충동에 따라 함께 교류하며 소통하고 관찰하고 탐구하며, 제작하거나 구성하고 표현해 볼 수 있는 충분한 시간과 기회가 주어져야 한다고 하였다.

이와 같이 듀이의 교육 사상을 예로 들어 볼 때, 교수 매체나 교수공학의 개념은 단순히 그림 자료나 컴퓨터 등과 같이 한정된 몇몇의 시청각 매체 및 그 인위적인 활용법으로 이해되어서는 안 된다. 그 대신, 학습은 일상적 삶의 상황 및 환경 전체와 인간 유기체가 교변 작용하는 가운데 일어난다는 전제 하에, 교수 매체의 개념은 전全 생활 환경의 범위로 확장되고, 교수공학의 개념 역시 지성과 사고가 개발되고 심화되는 삶의 방식 자체가 된다.

6) 몬테소리

이탈리아 태생의 여류 교육자 몬테소리M. Montessori, 1870~1952는 유아교육의 대표적인 이론가이며 실천가인 동시에, 현대 시청각 교육 및 교수공학의 발전에 크게 이바지한 인물이다. 그는 유아의 자기 활동적 본성 속에서 엄청난 자기 완성 및 자아 실현의 생명력이 작용하고 있음을 보았다. 이 정신적인 생명력은 출생할 때부터 유아 속에 내재된 것으로, 유아의 성장과 함께 극렬한 강도의 자발적인 활동과 충동으로 집중되어 자기 발전을 이루어간다는 것이다.

여기에서 교육의 역할은 생명 활동이 전개되는 것을 조장하고 도와주는 일이다. 유아는 '정신적 태아' 상태에 있는 존재로서 환경적인 모든 것을 강렬한 흡수력으로 빨아들이며 영향을 받는다. 교사는 유아의 이러한 '흡수 정신absorbent mind'을 존중하고, 그의 자발적인 집중 활동이 정신적인 생명력의 개화와 인격의 고양을 이루고 마음의 질서를 형성할 수 있도록 격려하고 환경적 조건을 마련해야 한다.

몬테소리는 그러한 3대 환경적 조건으로 정비된 환경과, 과학적 교구, 소극적 교사를 들었다. '정비된 환경prepared environment'이란 몬테소리 자신이 운영했던 어린이집Casa dei Bambini과 같이 시설 설비 및 건물 구조, 가구 등의 환경이 유아의 신체 치수와 신체 능력에 맞추어 설계된 환경을 말하는 것이며, '과학적 교구scientific materials'는 몬테소리 교구처럼 유아 발달의 제 측면을 체계적으로 자극하고 신장시킬 수 있는 교구를 의미한다. 그리고 소극적 교사란 유아가 스스로의 학습을 주도하도록 교사 자신의 개입을 최소화하면서 유아의 집중 현상을 도와주며 격려해 주는 교사를 말한다.

몬테소리는 유아의 자발적인 학습 활동을 지적 발달로 이끌어 주는 일련의 교구들을 개발하였는데, 이는 일상 생활 교구, 감각 교구, 수 교구, 언어 교구, 문화 교구로 나뉘어진다. 특히 그는 "감각의 훈련은 지적 발달의 기초가 된다"는 신념 하에 일련의 과학적인 감각 교구를 개발하였다. 이것은 오늘날까지 유아교육 현장에서 널리 활용되고 있다.

몬테소리 교구의 일반적인 특성은 다음과 같다오금희, 1994: 150-152.

첫째, 속성의 고립화를 꾀한다. 유아의 집중력과 감각적 식별력을 높이기 위하여 교구가 가진 여러 감각적 혹은 개념적 속성들을 동일한 색깔, 모양, 크기 등으로 통일하고, 주의를 집중시키고자 하는 한 속성만 차별화시킴으로써 그것에만 유아의 주의가 집중되도록 유도하는 것을 말한다.

둘째, 자동 교육auto-education이 이루어지도록 고안되어 있다. 유아가 자신의 잘못된 조작을 스스로 알아차리게 하는 설계로 고안되어 있으므로, 유아가 그때그때 자신의 작업 결과를 스스로 알아차릴 수 있게 되어 교사의 지적 없이도 혼자서 수정해 나갈 수 있다.

셋째, 유아의 적극적인 참여를 유도한다. 유아가 교구를 그저 수동적으로 바라보지 않고 직접 활동하고 싶은 욕구를 일으키도록 고안되었다. 직접 자신의 손으로 교구를 꺼내어 자신의 자리로 옮기고 적극적으로 조작하게끔 고안되어 있다.

넷째, 유아의 호기심과 마음을 끄는 색과 형태로 제작되어 외관상 매력이 있다. 몬테소리 교구는 놀잇감 산업이 활발하지 못했던 개발 당시에 치밀한 설계와 양질의 재료로 제작하여 유아들에게 큰 매력을 느끼게 하였다.

다섯째, 교구의 수를 제한한다. 유아에게 한 번에 제공되는 교구의 수를 제한하여 산만하거나 혼란스러운 세계 인상을 갖지 않도록 하고, 교실의 벽면 장식이나 환경 구성도 가급적 매우 단순하게 정비하여 유아가 안정된 환경적 질서 속에서 내적 질서감을 키워갈 수 있도록 한다. 과다한 양의 교재 교구와 벽면 장식 등은 유아의 정신을 혼란스럽고 무질서하게 만들기 쉽다고 보기 때문이다.

몬테소리 교육은 유아에게 사물의 이름, 속성이나 상징을 가르치기 위하여 "3단계 교수법"의 원리에 따라 이루어진다Gettman, 1987: 69-72. 제1단계는 사물을 탐색해 보게 하고 그것의 명칭을 말해 줌으로써 익숙해지도록 한다교사가 빨간색 판, 파란색 판, 노란색 판을 각각 가리키며 "이것은 빨간 색이야"라고 명확히 말해 준다. 파란색 판과 노란색 판에 대해서도 명칭을 말해 준다. 제2단계에서는 유아가 사물과 그것의 명칭을 연합하여 명확히 인지하였는지 확인한다. 교사가 질문하고 유아로 하여금 행동으로 자신의 인지 정도를 나타낼 수 있게 한다교사가 "나에게 빨간 색판을 골라 줄 수 있겠니?"라고 물어본다. 파란색 판과 노란색 판에 대해서도 같은 방법으로 반복한다. 제3단계는 유아로 하여금 스스로 명칭을 말하게 하여 사물과 명칭, 속성, 상징에 대한 개념적 연합이 잘 이루어졌음을 나타내 보이는 단계이다이 단계에서 교사는 유아에게 빨간색 판을 가리키며 "이것은 무슨 색일까?"라고 묻는다.

(1) 일상 생활 교구

- 각종 옷틀단추 끼우기, 지퍼 올리기, 리본 매기, 벨트 매기, 똑딱 단추 끼우기 등
- 색물 따르기 교구
- 쓸기 교구
- 열쇠 잠그기
- 스펀지 짜기 교구
- 곡식 옮기기 교구
- 곡물 분류하기 교구 등

(2) 감각 교구

- 꼭지 원기둥
- 비밀 주머니
- 온각병
- 소리상자
- 음감벨
- 미각병
- 후각병
- 촉각판
- 분홍탑
- 갈색 계단
- 빨강 막대
- 색판 1, 2, 3
- 기하 도형과 카드
- 구성 삼각형
- 1항식, 2항식, 3항식
- 중량판 등

(3) 수 교구

- 수 막대와 숫자 카드
- 모래 숫자 판
- 방추형 봉
- 금색 비즈
- 우표놀이
- 숫자와 바둑알
- 세강판
- 100의 사슬
- 1000의 사슬
- 덧셈, 뺄셈의 뱀놀이
- 곱셈, 나눗셈의 암산판
- 색 비즈의 주판 등

(4) 언어 교구

- 모래 글자 판
- 자음, 모음 카드
- 이동 글자
- 철판 도형 등

(5) 문화 교구

- 색채 지구본
- 모래 지구본
- 생물을 위한 퍼즐
- 분류된 생명법의 그림 맞추기
- 시계
- 검은 긴 연표
- 생명의 표
- 세계 지도 퍼즐
- 나뭇잎 모형 서랍
- 국기 등

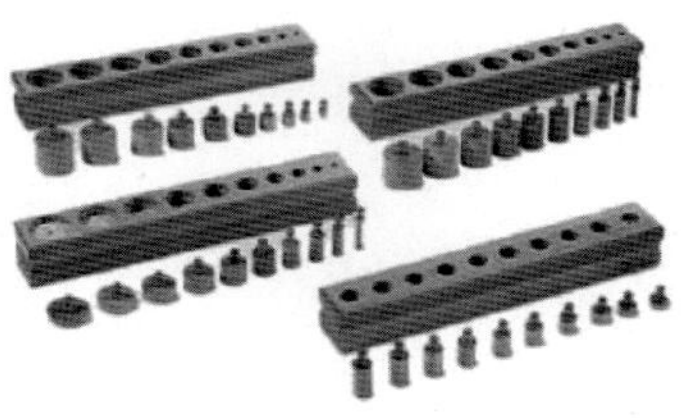

꼭지 원기둥

갈색 계단

빨강 막대

촉각판

〈감각 교구〉

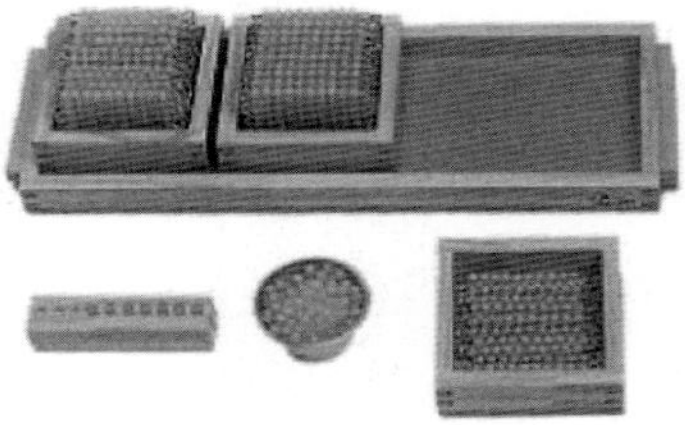

금색 비즈

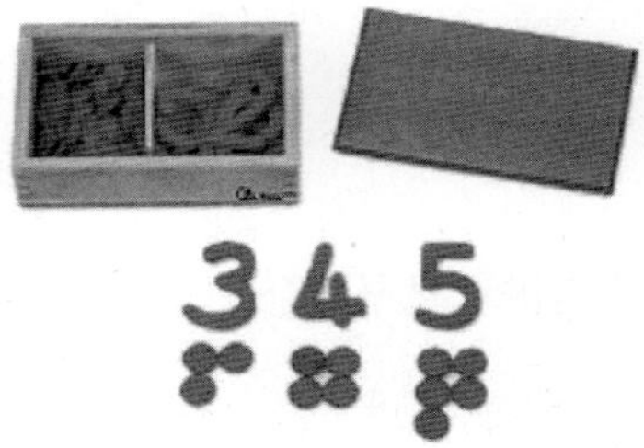

숫자와 바둑알

모래 숫자 판

수 막대와 숫자 카드

〈수 교구〉

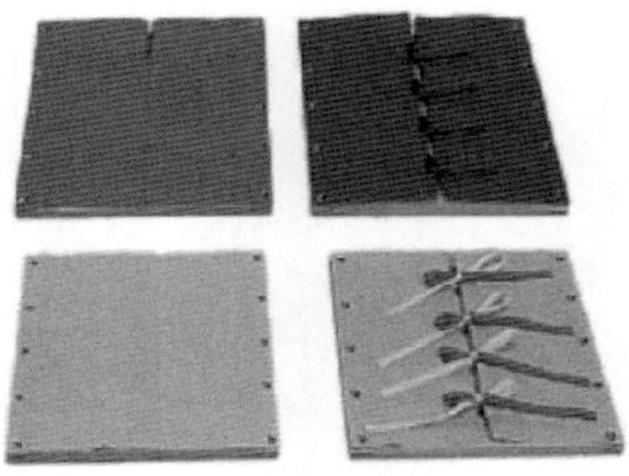

옷틀 – 지퍼 올리기, 벨트 매기,
단추 끼우기, 리본 매기

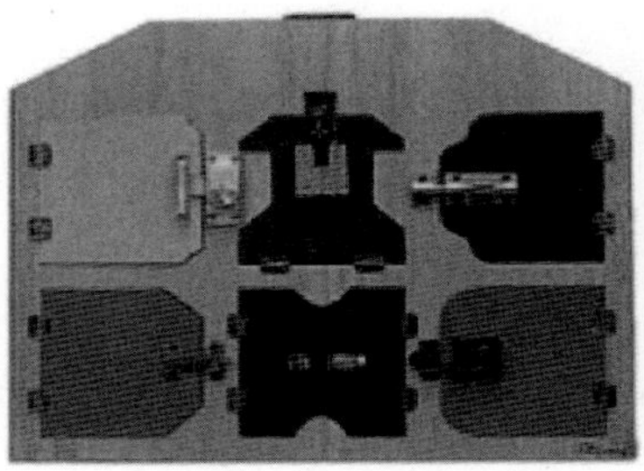

열쇠 잠그기

그림 카드

모래 글자 판

〈언어 교구〉

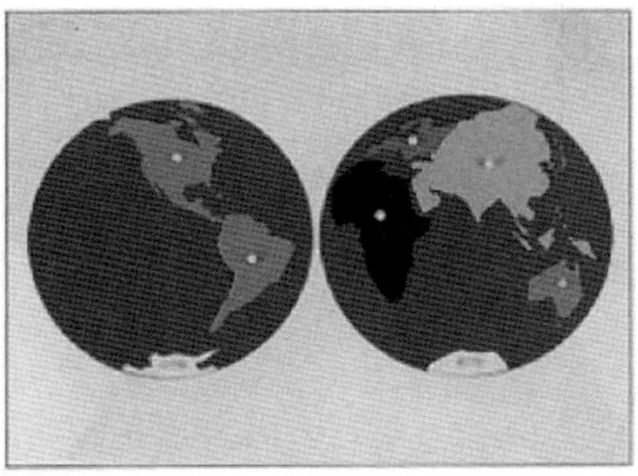

세계 지도 퍼즐

나뭇잎 모형 서랍

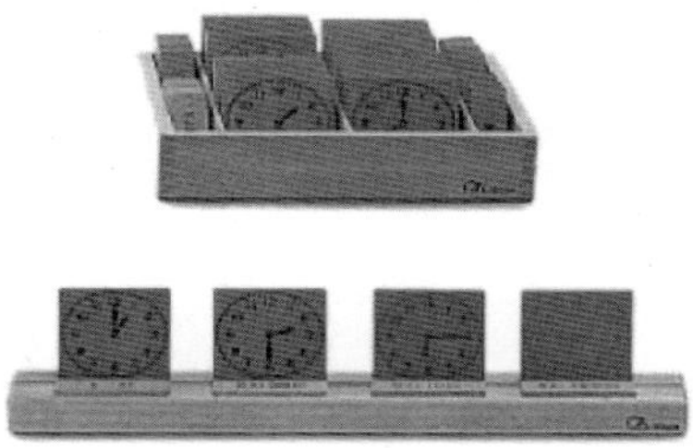

시계

〈문화 교구〉

[그림 1-8] 몬테소리 교구

CHAPTER 02

유아 교수 · 학습 방법과 교수공학

1 유아 교수 · 학습 방법의 이론적 기초

교수 · 학습 방법을 말할 때 흔히 "어떻게 가르칠 것인가?"와 관련된 분야라고 이해하고 있는 사람들이 많다. 유아교육 교사 양성 교육과정 중에 있는 학생들을 접할 때 이런 현상은 더욱 분명해진다. 예비 교사로서 그들은 현장에서 바로 사용할 수 있고 유아들에게 가장 효과적인 학습을 가능하게 해주는 어떤 구체적인 교수 방법을 가르쳐 주기를 원한다. 그러나 이러한 생각은 교수 · 학습 방법을 잘못 이해한 데에서 출발한다. 예비 교사들과 현직 교사들의 요구대로 방법만을 부각시켜 교육과정에 포함시킨다는 것 자체가 불가능하다. 바꾸어 말하면 구체적인 방법만을 소개하는 것 자체가 '무한'의 개념인 '방법'을 일부분만 소개하게 되는 오류에 빠지게 만든다는 말이다.

그렇다고 해서 방법이 중요하지 않다는 의미는 아니다. 이 장에서 강조하고자 하는 것은 수단으로서의 방법 이전에 목적으로서의 방법을 먼저 생각해야 한다는 말이다. 일반적으로 교수 · 학습 방법을 논할 때 '어떤 방법으로 가르칠 것인가?'만을 논하고, '왜 그 방법으로 가르쳐야 하는가?'를 논하는 것은 간과

되어져 왔다. 예를 들면 특정 주제가 선정되고 대상이 정해졌을 때, 교사들은 특정 주제를 가지고 현장에서 널리 사용하고 있는 방법을 찾아서 그대로 행하려고만 하지, 대상의 연령과 수준과 특성에 맞는 가장 적절한 방법을 교사 자신이 연구하여 적용해 보려고 하지는 않는다는 말이다. 그렇기 때문에 연수나 세미나에서 가장 최신의 기술적인 방법만을 배워와서 답습하고 똑같이 전달 연수하지 않으면 틀렸다고 말한다. 왜 그렇게 가르치는지 목적에 관심을 두기보다는 기술적인 부분을 배우는 것에만 급급하여 현장에서 몇 번 그대로 사용하고 나면 한계에 도달하고 또 다시 새로운 방법을 배우려고 찾아 나선다. 이는 전후가 바뀐 것이며 주主와 부副가 바뀐 현상이라고 할 수 있다.

교수 · 학습 방법의 이론적인 기초를 확립하고 목적을 우선시한다면 방법은 무한하다. 이론적 토대 위에서 교사들은 무궁무진한 방법의 개발이 가능할 것이며, 이는 몇 가지 유용한 방법을 가지고 유아들에게 적용하는 것과는 엄청난 차이가 있다.

일례로 현장에서 많이 사용되고 있는 몬테소리 교구 사용법을 가지고 '이 방법이 옳다, 저 방법이 옳다'라고 방법적인 측면에 쓸데없는 에너지를 소모하는 교사들에게 몬테소리 자신은 이렇게 말한다. "어떻게 가르칠 것인가의 제시를 나는 많이 하지 않습니다. 그렇지 않으면 나의 조언에 의하여 틀에 박힌 서투른 흉내가 되어서 도움이 되기는커녕 방해가 되어버리기 때문입니다 … 문제는 엄격하고 절대적인 규칙에 따르는 것이 아니라 교사도 새로운 세계 안에서 자기 자신을, 어떻게 적응시키는가에 달려 있는 것입니다."송미령 · 한종혜, 1992, 재인용. 이 말은 엄격하고 절대적인 규칙을 강요하는 것이 아니라 오히려 기본이 되는 일반적인 원칙만을 제공하는 것이며, 교사가 가장 자연스러운 방법으로 제시하더라도 그것을 실천하는 자유는 유아에게 남겨두어야 한다는 것을 뜻한다. 한국에서 몬테소리 교육이 일부 현장에서 잘못 적용되고 있는 이유도 어른에 대해 예의 바르고 순종하며 조용하고 규칙을 잘 지키는 유아를 '만들 수 있다'는 피상적인 가정 속에서, 전체적 원리에 대한 이해보다는 부분적인 방법에 집착한 결과가 아닐까 생각된다. 행동 방법을 배우고 그것을 생활 현장에 끌어들이는 것은 자기 나름의 방법으로 남겨 두어야 한다는 것이다.

이 장章에 제시되는 교수 · 학습 방법의 유형에 따른 교수 매체의 활용 또한 앞에서 언급한 것처럼 우리가 기술적인 측면에 관심을 가지고 습득할 것이 아니라 목적에 초점을 두고 이해함으로써, 각 유형들의 특성과 장 · 단점들을 정확히 파악하고 대상의 연령과 수준, 주제, 교육 현장의 상황에 따라 가장 적절한 교수 매체를 적용하거나 경우에 따라서는 통합하여 사용할 수 있어야 할 것이다.

1) 교수 · 학습 방법의 정의

교수 · 학습 방법의 정의를 내리기 이전에 먼저 교육 방법에 대한 정의를 명확히 내릴 필요가 있다. 교육에서의 방법은 학습자들이 교육 목표를 달성하고 내용을 학습할 수 있도록 선정된 수업 과정을 말하며, 교수 · 학습 방법뿐만 아니라 교육과정과 평가를 포함하는 개념이다. 이렇게 볼 때 교수 · 학습 방법은 교육 방법의 일부분으로서, 교육 내용을 선정하여 교육 목표를 효과적으로 달성할 수 있게 도와주는 수단이라고 할 수 있다.

'교수敎授'란 용어는 학습자의 흥미와 성취 욕구를 유발시켜 교육 목표를 달성하기 위한 수단이며, 교사의 의도적인 교육적 행위와 활동 및 우연적인 경험을 통한 활동을 모두 포함하는 개념이라고 할 수 있다. 교육공학의 발전으로 온라인 상에서 정보를 무작위로 선택하여 스스로 학습하는 상황이 되면서 '교수'와 '수업instruction'은 개념적으로 혼용되어 사용되기도 하지만, 교수가 수업보다는 포괄적인 의미로 해석되는 경우가 많다이희경, 2002.

'학습learning'이란 환경으로부터 얻어진 경험의 계속적인 결과에 따른 행동의 영속적인 변화를 말한다. 다시 말해 유아가 경험을 통해 자신의 내적 인지 구조를 변형시키고 정교화하여 행동에까지 변화를 가져올 때, 그 변화가 지속적으로 유지되는 상태를 '학습'이라고 한다.

흔히 협의의 개념으로서 '교수'와 '학습'을 '교사의 행위'와 '학습자의 행위'로 구분하기도 하지만, 보다 포괄적으로 접근한다면 교수와 학습은 학습 장면과 다양한 상황에 따라 연속적 혹은 비연속적으로 일어나기도 하고 동시다발적으로 발생하기도 하며 교수와 학습이 일치되어 일어나기도 하므로, 반드시 교사나 학습자의 행위로 구분할 수 있는 관계라고 할 수는 없다.

교수·학습은 교육의 내용과 가르치는 방법과 학생들의 학습이 유기적으로 연관되어 있으므로 각 요소들이 독립적으로 일어나는 것이 아니라 상호 유기적으로 연결되어 복합적으로 일어난다고 보는 것이 바람직할 것이다. 교사의 교수 행동에 관한 최근 연구de Kruif, McWilliam, & Ridley, 2000에서도 브레드캠프와 로즈그란트Bredekamp & Rosegrant, 1992가 제안한 여덟 가지 교수 행동 연속체처럼 단일 차원의 연속체로 보는 관점을 비판한다. 그러한 연속체 개념에서는 교사의 '반응적인 행동'과 '지시적인 행동'이 항상 상호 배타적이고 분리된 개념으로 이해될 수밖에 없다는 것이다. 이 연구에서는 교수 행동의 복합성, 이를테면 때론 반응적이면서도 지시적일 수도 있는 개념적 중층성 내지는 다차원성을 고려하여 새로운 재개념화를 제안한다. 종전처럼 지시적인 행동인가 아니면 반응적인 행동인가라는 단순 이분적 개념축에서 각각의 교수 행동의 개념을 이해하는 것이 아니라, 반응성responsiveness과 지시성directiveness의 개념을 융통성 있게 함축하는 복합적 차원에서 새롭게 이해하자는 제안이다. 이처럼 교사의 교수 행동 또한 고정 불변의 절대적인 유형과 원리가 존재하는 것이 아니므로 각 상황에 따라 적절하게 통합해서 활용하는 융통성을 발휘해야 할 것이다.

2) 유아 교수·학습 이론과 교육과정

교수·학습 이론은 교육과정과 유기적으로 연결되어 있기 때문에 각각 분리시켜 이해할 수 없다. 즉 교육과정, 교수 이론, 학습 이론, 평가 이론 등의 교육 영역들이 유기적으로 조직화되어 이해되고 운영되어야 한다. 따라서 교수·학습 평가라는 수직적인 연결체가 아니라, 교육의 이론적 기초를 근거로 형성된 교육과정 체계 하에서 교육 목적, 교육 내용, 교수·학습 방법, 교육 평가의 과정이 통합되고, 유아·교사·환경이 교육과정 체계와 서로 유기적으로 결합되어 순환되는 구조를 가지고 있다고 할 수 있다. 이렇게 유기적으로 상호 영향을 미치는 구조는 계속 역동적으로 변화한다.

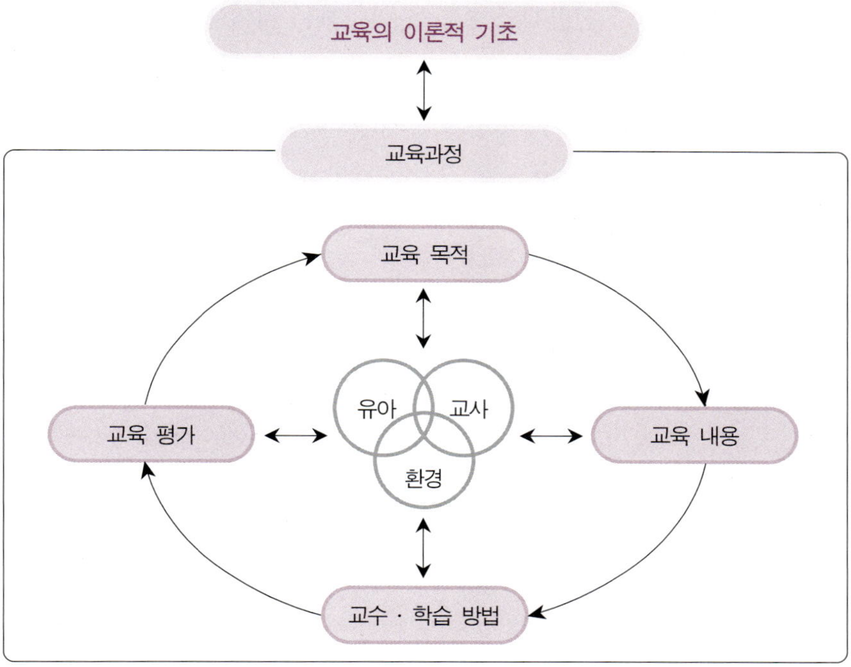

[그림 2-1] 교수 · 학습 방법과 교육과정의 역동적인 관계

교수 · 학습 방법은 이처럼 교육과정의 역동적인 모형 안에 속한 한 요소로서, 우리가 어떠한 관점으로 교육 내용 체계를 구성하고 이에 접근하는가에 따라 영향을 받는다.

유아 교육에서는 교육 철학이나 프로그램에 따라 다른 형태를 취하긴 하지만 일반적으로 통합교육과정으로 운영된다. 유치원교육과정 총론을 보면 교육과정 통합의 결과인 통합교육과정이란 '유아를 전인적 인격체로 보고 발달 영역별, 교과 영역별, 흥미 영역별로 통합하여 통합된 전체 경험 속에서 학습하도록 도와주는 교육과정'교육과학기술부, 2008: 64–65이라고 정의하고 있다. 교수 · 학습 방법에서도 '유치원의 교육 활동에서 교사가 유아의 발달과 흥미를 고려하여 놀이 중심의 통합적인 교육 활동을 전개한다'교육과학기술부, 2008: 76라고 제시하고 있다. 이는 생활 영역별 교육 내용과 하루 일과 중 다양한 활동별 교수·학습, 환경 구성에 따른 흥미 영역별 교수·학습의 통합까지도 포함한 개념이다. 통합이라는 개념 자체가 학문·교과 영역·유아의 경험·주제·발달 이론·지역과 가정·문화·연령 등의 전반적인 통합을 의미하는 것이므로 포괄적이기는 하다. 진정한 통합이란 단편 지식만을 연결한 여러 교과간의 통합만을 의미하는 것이 아니라, 이러한 교과간의 통합을 통해 유아 자신이 자발적으로 교육 내용을 통합하거나 다른 유아와의 연계를 통해 내부에서 스스로 이루어지는 '내면화된 통합'을 의미한다.

따라서 교육과정을 통해 실현되는 교수 매체의 활용도 이러한 '통합' 개념에서 바라볼 때, 각 교수·학습 유형에 따라 독립적으로 활용되거나 혹은 학습의 도구적 보조물로서가 아닌, 보다 포괄적인 개념으로 이해하여 활용하는 것이 바람직할 것이다.

2 유아 교수·학습 방법과 교수 매체

1) 하루 일과 활동별 교수·학습 방법과 교수 매체

유아교육기관에서의 교수·학습은 등원, 자유 선택 활동, 정리 정돈, 대·소집단 활동 등의 하루 일과를 중심으로 진행된다. 여기서는 이러한 활동별 교수·학습에서 교수 매체가 어떻게 활용될 수 있는지 살펴보기로 한다.

(1) 등원 및 귀가 지도

교사는 등원 시간을 통해 유아들의 건강 및 안전, 정서 상태를 간단히 파악하고 유아가 기분 좋게 하루를 시작하도록 도와준다. 주로 활용되는 교수 매체는 내용이 자주 변하는 달력판이나 출석판, 하루 일과 계획판 등이므로 부분적으로 융판의 특성을 적용한 매체로 제작하는 것이 적절하다.

한편 유아교육기관에서는 하루 일과를 마치면서 집으로 돌아가기 전에 귀가지도 시간을 가진다. 이 시간에는 하루 일과를 돌아보면서 간단한 평가를 하기도 하고 특별한 전달 사항이나 가정 통신문을 나누어 주거나 안전에 대한 유의사항 등을 알려 준다. 또 다음날에 이루어질 활동에 대한 소개를 통해 유아들의 흥미를 유발하거나 준비를 하게 할 수 있다. 따라서 디지털캠코더로 촬영한 유아들의 생활 장면을 평가 시간에 모니터링monitoring 형식으로 제시하여 기본생활 습관 형성에 도움을 주거나 그림 자료를 이용하여 하루 일과 평가를 할 수 있다.

[그림 2-2] 디지털캠코더에 녹화된 자신들의 일상생활을 평가하는 유아들

(2) 자유 선택 활동

자유 선택 활동은 유아가 유치원 실내 · 외에서 경험할 수 있는 다양한 종류의 영역 활동 중에서 자신의 요구와 흥미에 따라 선택하여 활동을 계획하고 수행하며 평가해 보는 활동이다교육부, 2000. 주로 언어 영역, 쌓기놀이 영역, 조작놀이 영역, 역할놀이 영역, 수 · 과학 영역, 조형 영역, 음률 영역, 목공놀이 영역, 물 · 모래 놀이 영역 등의 흥미 영역별 지도가 이루어지는 시간이며 교수 · 학습은 주로 소집단이나 개별적인 형태로 이루어진다. 따라서 교수자료도 흥미 영역 활동에서 개별적으로 활용할 수 있는 인형, 모형 등의 입체 교수 자료나 과학 실험을 위한 실물 자료, 주제 활동 과정 중에서 이루어지는 정보 수집을 위해 디지털카메라나 컴퓨터 등이 활용될 수 있다. 예를 들면 언어 영역이나 음률 영역에는 듣기활동을 위한 헤드셋과 녹음 자료음악, 효과음, 동화, 극놀이 영역이나 역할놀이 영역에서는 인형 자료, 디오라마나 소품 등의 실물옷, 생활소품 등 자료들을 비치해 놓을 수 있다. 또한 사물을 다른 시각에서 관찰하기 위해 실물 화상기나 OHP, 조명 탁자light table 등의 전자 매체가 유아들의 사고 확장을 위해 다양한 차원에서 활용될 수 있다.

[그림 2-3] 수 영역에서 자유 선택 활동을 하는 유아들

[그림 2-4] 자유 선택 활동 중 OHP 제시대 위에 TP를 올려놓고 활용하는 유아들

(3) 정리 정돈 및 전이 활동

자유 선택 활동이나 다른 활동들을 마무리하는 시간에는 반드시 정리 정돈 시간이 필요하게 된다. 자유 선택 활동이 진행되는 중에도 정리 활동은 수시로 이루어진다. 개별적인 정리는 자신이 활동하던 것들을 정리하는 것이므로 스스로 정리하기 쉽도록 평소에 유아들과 정리 방법과 규칙에 관하여 충분히 이야기를 나누는 것이 좋다.

자유 선택 활동에서 다른 활동으로 전이轉移할 때 필요한 전체 정리 정돈 시간은 너무 짧게 계획하면 유아들이 정리를 제대로 하지 못하고, 너무 길게 계획하면 정리를 하는 것보다는 친구들과 장난을 치거나 무질서를 유발할 수 있다. 보통 10분에서 20분 정도가 적절하나 상황에 따라 융통성 있게 조절한다. 한편 교사는 유아들의 정리가 잘 되었는지 함께 평가하는 시간도 가질 수 있는데, 지나치게 정리를 강조하면 활동을 시작하려 하지 않거나 자율성을 오히려 잃게 되는 역효과가 있다. 이때는 주로 정리음악에 필요한 CD 등의 녹음자료가 활용된다.

한편 전이 활동은 한 활동이 끝나고 다른 활동을 시작하기 전에 활동들을 연결해주는 활동이라고 할 수 있다. 짧은 시간이지만, 무의미하고 습관적인 음률 활동이나 손유희 등을 하면서 단지 다음 활동을 기다리기만 하는 지루한 시간이 되지 않도록 한다. 유아들에게 다음 활동을 설명하고 준비할 수 있게 해주며, 다음 활동 시에 장소나 집단 형태의 변화가 있을 경우 이를 명확하게 이해하도록 설명한다. 또 다른 유아들을 기다리는 동안 간단한 게임이나 기억 놀이, 개념 형성과 같은 활동을 함으로써 시간을 효율적으로 활용한다. 따라서 융판이나 인형자료 등의 교수 매체들을 상황에 따라 다양하게 이용할 필요가 있다.

(4) 대집단 및 소집단 활동

대집단 활동 지도는 언어에만 의존하여서는 효과적인 학습이 이루어지기 어려우므로 다양한 교수 매체를 활용한다. 또 소집단으로 자연스럽게 전이될 수 있는 활동을 제시하고, 제한적이기는 하지만 계획된 대집단 활동에 개별적으로 참여할 수 있는 경험을 많이 제공한다.

[그림 2-5] 대집단 활동 시간에 동극 활동에 참여하는 유아들

[그림 2-6] 소집단 활동에서의 다양한 토론

대집단 혹은 소집단으로 이루어질 수 있는 활동들은 이야기 나누기, 계획 및 평가 활동, 신체 활동, 게임, 동화 및 동시, 동극, 음률 활동, 미술 활동, 현장 학습, 간식 및 점심, 휴식 및 낮잠 등이 있다. 하지만 이러한 활동이 반드시 집단에서만 이루어지는 것이 아니라 개별 활동에서도 이루어질 수 있으므로 교사가 상황에 따라 융통성 있게 계획할 필요가 있다. 특히 소집단 활동에서는 유아들이 적극적으로 참여하여 교수 매체를 활용할 수 있게 계획하며, 사회적인 상호작용을 통해 서로 협력하는 경험을 많이 갖도록 계획한다.

집단 활동에서 주를 이루는 이야기 나누기 활동은 주제에 따른 이야기 나누기나 주말 지낸 경험 나누기, 토론 활동 등을 포함하는 포괄적인 활동이다. 교사가 고정적인 주제를 정하기보다는 일상의 문제나 우연적인 주제에 대한 개방성을 가지고 자유롭게 토론하는 분위기를 조성하여 활발한 상호작용이 일어나도록 하는 것이 중요하다. 또한 하루 일과에서 일정한 시간에만 운영하는 것이 아니라 전체 일과에 따라 시간 배치를 조정하거나, 흥미와 반응에 따라 시간 계획을 조절할 수 있다.

집단 활동에서는 OHP, 실물 화상기, 비디오 자료, 융판 등의 매체가 주로 활용된다. 이 중에서 특히 실물 화상기는 작은 그림 자료나 실물 등을 대집단에서 바로 활용할 수 있어 현장에서 많이 활용되는 매체이다. 특히 유아들의 소집단 활동에서는 교사가 시뮬레이션simulation 장면을 연출하기 위해 디오라마를 이용하거나 활동 과정을 심화시키는 데 도움을 주는 기록화documentaion를 위한 교수 매체로서 녹음기, 디지털카메라, 컴퓨터 등을 활용할 수 있다.

계획 및 평가 활동도 이야기 나누기의 한 부분에 속하는 활동이라고 할 수 있다. 주로 활동의 시작 및 마무리 단계 혹은 귀가지도에서 이루어지는데 대집단, 소집단, 개별 활동으로 다양하게 실시된다. 이 중에서 집단으로 이루어지는 평가, 특히 회상하기 형식으로 이루어지는 평가의 경우 시간은 많이 소모되지만 다른 사람의 활동을 공유함으로써 새로운 활동을 접할 수 있는 기회가 되며, 자신의 생각과 다른 사람의 생각을 비교해보는 경험을 가질 수 있다. 활동 후에는 반드시 평가가 필요하지만 잘못된 점에 대한 반성만 반복되면 형식적이고 지루하며 항상 같은 내용의 평가만 이루어질 수 있으므로, 평가가 다음 활동에서 어떻게 계획되고 반영될 것인지에 초점을 두고 지도한다.

최근 유아교육 현장에서는 유아에게 유의미한 수업이 이루어지도록 하기 위해 토론이나 평가 활동에서 디지털캠코더로 녹화된 유아들의 실제 활동 장면을 평가 자료로 활용하기도 하며 유아들이 직접 디지털카메라로 촬영한 자료를 주제 활동 수업에 이용하기도 한다.

2) 유형별 교수 · 학습 방법과 교수 매체

교수·학습 방법은 학자들의 분류 기준에 따라 〈표 2-1〉과 같이 다양하게 구분될 수 있다.

〈표 2-1〉 유아 교수 · 학습 방법의 유형

학자 또는 출처	유아 교수 · 학습 방법의 유형	
교육부(2000)	자기 표현, 토의, 문제 해결, 추론하기, 모델링, 개념 획득을 위한 설명	
권영례(1999)	질문 사용법, 탐구 - 발견 학습, 문제 해결 학습, 구성 학습, 협동 학습	
에겐과 코착 (eggen & Kauchak, 1996)	귀납적 모형	귀납적 모형, 개념 학습 모형, 통합적 모형
	연역적 모형	직접 교수 모형
	탐구 모형	일반적 탐구 모형
	협력 학습 모형	복합 수준 팀 구성 협력 성취 모형(STAD), 지그소(Jigsaw), 집단 조사 모형
김진영 · 백혜리 · 최윤정 (2002)	교사 중심 모형	직접 교수법, 개념 교수법, 발문 교수법
	유아 중심 모형	개별 학습, 탐구 학습, 협동 학습, 토의 학습

교수 · 학습의 각 유형들은 대개 현장에서 동시에 사용되거나 통합적으로 활용되는 경우가 많아 뚜렷이 분류하기가 애매하다. 특히 발문 · 질문 교수법의 경우에는 언어를 통한 질문의 형태이므로 모든 교수 · 학습 방법에 포함될 수 있다. 따라서 여기에서는 유아들과의 활동에서 가장 보편적인 교수 · 학습 방법을 중심으로 유용하게 활용될 수 있는 교수 매체를 소개하기로 한다.

(1) 직접 교수법

연역적인 교수 유형으로서 교사의 주도로 이루어지는 교수법이다. 유아들에게 개념을 설명하거나 정보를 분명하게 전달하고자 할 때 주로 이루어지며, 사회적 지식을 습득할 때 효과적이다. 반두라A. Bandura의 모델 관찰 학습과 모델링modeling, 비고츠키의 비계 설정의 원리에 기초한 교수법이다김진영 외, 2002; 이영자 외, 1999.

직접 교수법은 먼저 유아의 사전 지식을 토대로 새로운 내용을 소개하고, 그 주제가 유아에게 의미 있는 학습이 되도록 시범이나 모델을 보이며, 모델을 보인 주제를 가지고 유아가 교사의 비계 설정된 안내를 받으며 직접 시도해 보고, 마지막으로 개별적으로 연습함으로써 전이轉移를 이루는 과정으로 전개된다. 따라서 실물 자료나 시뮬레이션simulation을 위한 모형 혹은 디오라마 자료 등의 매체가 효율적으로 활용될 수 있다.

(2) 개별 학습법과 개별화 교수 · 학습법

개별 학습법이란 학습자 중심의 학습 유형으로서 집단이나 교사 주도형의 획일적인 수업이 아니라 유아가 스스로 학습하는 형태를 말한다. 교사는 유아가 학습하는 동안 흥미를 잃지 않도록 다양하게 학습 자료를 준비하고 필요한 경우 도움을 줄 수 있다.

개별화 교수 · 학습법은 유아들의 다양성을 고려하여 개개 유아 모두에게 가장 좋은 학습 과정을 경험하도록 교사가 사전에 계획하고 행하는 방법을 의미한다. 여기서 말하는 '개별화 교수 · 학습'이란 용어는 능력별 교수 · 학습을 의미하는 것이 아니라, 모든 유아들의 기본적 요구를 충족시키면서도 개개인의 요구를 채워주는 개인차를 고려한 방법이다.

개별화를 이루기 위해서는 교사가 유아들의 준비성, 흥미 등을 파악하여 학습 내용, 과정, 결과, 환경에 대한 다양한 접근을 사전에 철저히 계획하는 일이 선행되어야 한다. 또한 대집단보다는 소집단 활동이나 자유 선택 놀이 활동 경험을 많이 제공하고 개개 유아들에 대한 관찰을 체계적으로 행함으로써, 이러한 치밀한 평가에 기초하여 개별화가 이루어져야 한다. 개별 학습에 사용되는 교수 매체는 주로 자유 선택 활동을 위해 흥미 영역에 비치되는 그림 자료와 실물 자료가 많으며 개별화 교수 · 학습을 위해서는 유아의 지식수준 및 심화 단계에 따라 적절한 매체를 제시할 필요가 있다.

[그림 2-7] 유아의 개별 학습

[그림 2-8] 개별화 교수 · 학습법

(3) 발견적 교수 · 학습법과 탐구 교수 · 학습법

발견적 교수·학습 이론에 의하면, 인간의 인지적 성장은 인간의 기본 능력과 그 능력을 확장시키는 문화적 수단을 활용할 수 있는 능력을 개발함으로써 더욱 극대화 된다. 교수의 목적은 결국 각 유아로 하여금 자발적인 학습자가 되게 하는 것이므로 학습자의 특성에 맞는 활동을 통해 개념과 법칙을 발견하게 하고, 과학적 방법을 통해 가설을 검증해 보는 경험을 제공하여 분석적 사고 기술을 가지게 도와주어야 한다. 또 기존 지식 구조와 관련지으면서 심화시키거나 새로운 원리와 법칙을 발견하도록 도와주는 방법이다.

한편 탐구 교수·학습법은 주제에 대한 일반적인 이해를 꾀하는 목적에서보다, 기존의 이해를 고차원적으로 발전시키고 비판적 사고를 길러주는 것을 목표로 한다. 가설을 설정하여 자료를 수집하고 검증한 후 일반화시키는 일련의 과학적 과정으로 이루어진다.

관심 있는 주제를 스스로 탐구하여 지적인 성장을 할 수 있게 하는 이 방법은, 유아가 어떤 사건이나 사물에 의문을 가지고 질문해 보는 능력과 입수한 정보를 분석하는 능력, 그리고 창의적으로 문제 해결의 방법을 찾아내는 능력이 어느 정도 발달하였는지에 따라 학습의 성패가 좌우된다.

포만과 쿠슈너Forman & Kuschner, 1993는 유아들의 탐구를 지원해 주는 일반적인 기술들을 다음과 같이 제시하였다. 첫째, 특정 부분을 인식하게 하는 방법에서는 자연스러운 대화를 통해 사물의 전체와 부분간의 기본적인 차이를 구별해 내도록 한다. 둘째, 사물을 서로 다른 각도에서 바라보게 하는 방법을 통해 유아들이 그때까지 인식하지 못했던 특징들을 발견하게 도와준다. 셋째, 대상물을 유사한 사물과 대조하게 해봄으로써 그것에 대해 다양한 정보들을 종합할 수 있고 자신이 알게 된 지식을 정리·종합할 수 있게 한다. 마지막으로 구조와 기능을 관련짓게 하여 사물의 외형과 활용 목적에 대한 상호 관련성, 즉 구조와 기능간의 관련성을 발견하게 도와준다.

두 교수·학습법 모두 유아의 능동적 활동이 주가 되므로 이런 학습이 일어나기 위해서는 유아가 일정한 지식 구조를 지니고 있어야 하고, 교사는 새로운 학습 자료와 정보를 구조화하여 충분히 제시함으로써 유아가 자신의 기존 지식 구조와 그것을 관련지으면서 새로운 원리와 법칙을 발견하고, 새 지식 구조로 발전시켜 나갈 수 있는 것이다. 학습 과정의 초기 단계에서보다는 기존에 이미 지니고 있는 개념적 이해를 심화시키는 데 보다 효과적인 방법이므로 유아가 여러 유형의 활동 속에서 문제 해결의 실마리를 찾을 수 있도록 교수 매체 활용에 있어서도 실물 관찰 혹은 실험, 영화, 녹음 자료 등 다양한 교수 자원을 경험할 수 있게 해 준다. 또한 실물 화상기나 OHP 등의 각 교수 매체 고유의 활용 특성에서 벗어나 복합적으로 활용하게 하여 2차원에서 3차원을 넘나들거나 비시각적 경험을 시각적 경험으로 나타내는 다양한 교차 양식 표상이 이루어질 수 있게 함으로써 새롭게 사물을 바라볼 수 있는 다매체多媒體 학습이 이루어지도록 지원할 수 있다.

(4) 협력적 교수 · 학습법

피아제와 비고츠키의 사회적 구성주의 이론에서 출발한 이 교수 · 학습법은 여러 유형으로 개발되어 있다. 각 유형들은 활동의 전개 과정이나 팀 구성에 따라 각기 특성이 조금씩 다르지만, 공동의 목표를 달성하기 위해 구성원간의 협력 활동이 활발히 일어나도록 하는 데 주안점을 둔다는 점에서는 공통적이다. 유아들이 각자 개별적인 책무를 맡으면서 팀의 의사 결정에도 함께 참여하여 협력적인 상호작용의 경험을 하게 되므로, 자신의 적극적 참여와 노력이 자기 팀의 성취도와 연결된다는 점을 깨닫게 되어 책임감도 길러진다.

협력적 교수 · 학습법은 슬래빈Slavin, 1980에 의해 개발된 STADStudent Teams Achievement Division와 같이, 집단 구성원 모두가 협력했을 때 그 집단의 성취도가 높아지게 되면, 일정한 보상 혜택이 주어지는 집단 간 경쟁을 하는 팀 학습 유형Student Team Learning: STL과, 지그소Jigsaw 협력 학습처럼 한 주제에 대하여 유아들이 알아보고 싶은 사항을 몇 가지 정하고 그 중에서 유아들이 희망하는 대로 선택하여 여러 집단으로 팀을 구성하고, 각 팀별로 해당 내용에 대한 탐구 활동을 전개한 후 그림 차트로 제시하거나 수집물을 분류 · 전시하여 소개하거나, 극놀이 또는 전체 프로젝트 형식으로 전체 집단에서 발표함으로써 학급 구성원들이 지식을 공유하는 형태의, 경쟁을 하지 않는 협동 프로젝트 유형Cooperative Project: CP으로 나뉜다이영자 외, 1999 ; 최형원 · 김덕건, 2002, 재인용. 현재 유아교육 현장에서 많이 활용되고 있는 프로젝트 접근은 주로 협동 프로젝트CP 유형으로 이루어지고 있다.

협동 프로젝트 활동은 하위 주제를 더 세부적인 주제들로 나누어 조사를 통해 자료를 수집하고 정리, 해석하여 결론을 도출하고, 중점적으로 보고할 내용과 가장 효과적인 보고 형식을 결정한다. 기록물은 전시, 구두 발표, 극 형태의 발표 등 다양한 방법으로 이루어지므로 이 과정에서 사용되는 교수 매체는 주로 유아들의 활동 과정과 대화 내용을 녹음하여 전사, 활자화하거나 디지털카메라나 캠코더로 촬영한 것을 유아들의 결과물과 함께 수집, 조직하여 벽이나 공간에 게시하는 용도로 활용됨으로써 활동이 더욱 심화되도록 만든다.

3) 유아의 학습 유형과 교수 매체

유아의 학습 유형은 어떠한 측면을 기준으로 분류하느냐에 따라 여러 가지가 있을 수 있다. 그러나 여기서는 유아 학습 활동의 대부분이 주로 사물의 판별 학습이나 순서 또는 과정의 학습, 개념 및 원리의 학습, 의사 결정 기술 학습, 실제 조작 기술 학습의 형태를 취하고 있다는 점을 감안하여 이러한 각각의 학습 유형에 적합한 대표적인 매체는 어떠한 것이 있는지 살펴보기로 한다이영자 · 박미라 · 최경애, 1999: 57–59.

(1) 사물의 판별 학습

사물의 독특한 특징을 알아내어 다른 것과 구별해서 알아보거나 이름을 붙이는 능력을 기르는 학습 유형이다. 예로서, 동물의 종류를 알아맞히거나, 일용품의 이름과 용도 등을 구별하여 말할 수 있게 되는 학습이다. 이러한 학습은 혼자서 충분히 반복 연습하여 습득할 수 있도록 하기 위해 집단보다는 개별적으로 학습할 기회를 주는 것이 바람직하다. 가장 효과적인 매체로 실물을 제시하는 것이 좋으나 불가능할 때는 실물에 가까운 그림카드나 그림책, 플래시 카드, 사진, 모형, 동영상 자료 등을 활용한다. 최근에는 정보 탐색이 용이한 스마트 기기를 활용하여 '꽃' 검색 프로그램으로 실물을 판별하기도 하는 등 과학 및 자연 탐구 활동에서 스마트 교수 매체를 다양하게 활용할 수 있다.

(2) 순서 또는 과정의 학습

이 학습을 위해서는 유아가 어떤 한 과정에 포함되는 여러 단계를 구별하여 알아내는 능력과 그에 따라 실제로 정확히 따라할 수 있는 신체적 운동 반응 능력이 요구된다. 다시 말해서 이 두 가지 기능이 연쇄적으로 연결되어야 한다는 것이다. 간단한 예로 숫자 쓰기 학습을 들 수 있는데, 여기에서 유아는 먼저 숫자를 그리는 순서를 파악하고 그 순서에 따라 실제로 연필을 쥐고 그려 보는 두 가지 형태의 학습을 하는 셈이다. 대개 교사가 먼저 시범으로 보여 주고 유아가 따라하는 형태를 취하는데, 교구 활용 순서나 과학 실험 순서와 같은 경우에는 융판 자료나 동영상 자료 등을 같이 활용하여 과정을 설명하는 것도 좋은 방법이다. 이때 동영상이나 사진 자료를 사용할 경우에는 시청이 끝난 다음 교사가 직접 요약된 시범을 한 번 더 보이면서 유아의 이해도를 알아보고 적절한 피드백을 통해 확인하는 것이 좋다.

(3) 개념 및 원리의 학습

개념 학습은 여러 사물의 추상적인 특징을 이해하고 다른 것과 구별할 수 있는 능력을 기르는 학습이며, 원리 학습은 개념 학습이 이루어진 다음 두 가지 이상의 개념들이 어떤 원리에 입각하여 연결 또는 복합되는 것을 학습하는 것이다. 예를 들면, 0과 1이라는 숫자의 개념을 먼저 이해하고, 또 빼기의 개념을 이해한 후 '1－1＝0'이라는 원리를 이해하게 되는 것이다. 다양한 시각 매체, 즉 그림이나 사진, 융판 자료 등을 사용할 수 있는데, 특히 OHP의 자료인 투시화$_{TP}$는 낱장으로 제시할 수 있음은 물론 겹쳐서$_{overlay}$ 제시할 수도 있어 매우 효과적이다.

(4) 의사 결정 기술 학습

주어진 문제를 두 가지 이상의 원리들을 종합하여 해결하는 능력을 기르는 학습으로 유아의 사고와 추리 능력, 실제 훈련이 필요하다. 교사가 어떤 문제를 유아에게 제시하고 스스로 탐구하여 해결해 보도록 할 수도 있으나, 경험이 적은 유아의 경우에는 우선, 문제와 관련된 기본 개념과 원리를 바탕으로 해결에 이르는 여러 방안들을 알아낼 수 있어야 하며, 그 후에 방안들 중에서 가장 타당한 것을 결정하여 만족할 만한 해결에 이르도록 하는 '결정 및 시행' 단계가 요구된다. 유아에게 적절한 난이도의 문제를 제기하고 스스로 해결 방안을 모색하고 의사 결정하여 시도해 보는 기회가 많이 주어져야 할 것이다. 이러한 학습을 위해서는 대집단보다는 2~4명의 소집단이나 개별 활동이 바람직하며 몇몇 문제 해결의 과정을 극화하거나 그 같은 사례를 담은 영화나 동영상 자료 등을 활용하여 유사한 성격의 문제를 다양하게 접할 수 있는 기회를 제공한다.

(5) 실제적 조작 기술 학습

옷 단추 끼우기, 신발 바로 신기 등 일상적인 생활 훈련뿐만 아니라, 유아용 정원 손질 도구로 식물을 직접 손질해 보는 방법 등 여러 가지 조작 기술 학습이 가능하다. 이때 교수 매체에 의한 메시지 전달보다는 도구를 가지고 직접 행해 봄으로써 도구와 사물의 중량감과 촉감 등을 체감體感하게 되는데, 이러한 감각적 경험은 조작 기술의 습득에 있어 매우 중요한 역할을 한다. 적절한 연습용 조작 도구나 감각 훈련 도구를 제작하여 조작이 특별히 어려운 부분을 골라 유아가 반복적으로 연습할 수 있도록 하는 것도 좋은 방법이다.

3 유아 교수 · 학습 방법 및 교수 매체의 평가

교사는 유아들의 교수·학습이 이루어지는 활동 안에서 다양한 교수 자료를 경험할 수 있도록 교육 환경을 구성하고 유아들의 활동에 각 교수 매체가 어떻게 활용되는지를 지속적으로 평가하여 효율적인 활용이 이루어지도록 해야 한다.

1) 유아 교수 · 학습 방법의 평가

유아 교수·학습 방법의 평가는 하루 일과의 전반적인 측면에서 이루어져야 하는데, 학자마다 다양한 내용으로 제시하고 있으나 여기서는 교수 활동 요소를 중심으로 제시한다.

- 각 활동이 목표를 달성할 수 있으며 내용과 방법이 유아의 수준에 적합한가?
- 활동에 필요한 다양한 연구와 교육 자료 수집에 최선을 다했는가?
- 교수 방법이 학습 환경을 조절할 수 있으며 활동을 융통성 있게 운영하는가?
- 활동 특성에 맞는 장소가 선정되었는가?
- 활동 내용 특성과 인원에 맞게 교사의 언어는 분명하고 질문과 음성은 적절했는가?
- 각 상황에서 교사의 개입은 효율적이며 유아들의 독립성을 고려하였는가?
- 특별한 요구를 가진 유아를 고려하였는가?
- 명료하고 공정한 규칙을 설정하고 일관성 있게 지도하는가?
- 교수 행동과 활동 유형은 다양하게 이루어지며 균형이 유지되었는가?
- 교수 자료 준비는 활동 목표 달성에 적절했으며 효율적으로 활용되었는가?
- 교육과정, 계절, 주제, 연령, 흥미, 유아들의 수 등을 고려하여 영역별로 적합하고 충분한 수의 자료를 준비하였는가?
- 활동의 시작과 마무리를 잘 하도록 유도하는가?
- 관찰과 평가에서 얻은 정보가 활동에 반영되었는가?

2) 교수 매체의 평가

이영자와 동료들2001은 교수 매체를 교사, 유아, 자료의 측면에서 평가 요소를 제시하고 있으나, 여기서는 전반적인 교수 매체 활용에 있어서의 평가 요소와 유아들이 활용하는 흥미 영역별 교재를 교사가 제작할 경우 고려해야 할 평가 요소들을 제시하였다. 교수 매체의 활용에 있어서 평가할 내용들은 다음과 같다.

- 활동의 특성과 목적에 맞게 매체가 준비되었는가?
- 사용한 매체가 유아들의 연령이나 수준에 맞으며 흥미를 유발하는가?
- 매체를 활용 특성에 맞게 효과적으로 사용하였는가?
- 활동에 따른 매체의 배치가 적절했는가?
- 매체 활용에 있어서 안전에 대해 고려하였는가?

한편 유아가 자유 선택 활동 시간에 선택하는 영역별 교재는 다음과 같은 요소들을 고려하여 평가한다.

- 제작 및 준비 · 활용 면에서 교재의 목표를 달성할 수 있게 고안되었는가?
- 내용과 활용 방법이 유아의 발달 수준에 적합한가?
- 독립적으로 사용하면서도 다양한 방법으로 효율적으로 활용될 것인가?
- 계속적인 사용이 유아의 개념, 아이디어, 기술 발달에 도움이 될 것인가?
- 동기 유발 면에서 유아의 흥미에 맞게 사용 방법이 용이하고 명확하게 제작되었는가?
- 견고하게 제작되고 미적으로 아름다운가?
- 크기가 적절하고 유아 또는 교사가 사용할 때 불편함이 없는가?
- 재료 선택과 제작 방법이 목적에 적절하고 효율적 가치가 있는가, 즉 경제적인가?
- 보완 · 수정해야 할 점이 있는가?
- 교재 활동에 따른 장소 배치가 적절한가?

CHAPTER 03

유아의 발달적 특성과 교수 매체

교수 매체를 활용하는 목적은 유아에게 가르치고자 하는 내용을 보다 인상적인 자료로 제시하여 학습이 효과적으로 일어나도록 하는 데 있다. 이를 위해서는 교수 매체를 고안하기에 앞서 유아기의 고유한 발달적 특성에 대한 충분한 이해가 선행되어야 할 것이다. 훌륭한 유아 교수 매체란 유아의 감각에 잘 호소할 수 있고 자연스러운 발달적 특성에 맞게 제작되고 활용되는 것을 말하기 때문이다. 본 장에서는 유아의 발달적인 제반 특성과 지각의 원리를 살펴보고, 이를 교수 매체에 효과적으로 적용하는 방법을 알아본다.

1 유아의 발달적 특성

1) 유아의 감각 및 신체 · 운동 발달

신생아는 대부분의 감각 기능면에서 불완전한 특성을 보인다. 특히 시각이나 통각은 초보적인 수준으로서, 강도가 높은 자극에 대해서는 반응을 보이지만 강도가 낮은 미세한 자극에 대해서는 적절한 반응 능력이 부족하다. 형태와 크기의 시각적 지각에 있어서 생후 2세까지는 멀리 있는 물체를 가까이 있는 것과 같은 크기와 형태로 지각한다고 한다. 이는 생후 2개월 정도가 될 때까지는 물체의 원근에 따라서 눈의 초점을 원활히 조절할 수 없기 때문이다. 그러나 신생아들도 물체가 움직이면 이를 따라서 눈을 움직일 수는 있다. 생후 2개월된 영아의 시각은 아직 삼원색 시각으로 발달하지는 않았지만, 색채 변별이 어느 정도 가능하다. 생후 4세경에 이르면, 동일한 물체가 방향이나 각도에 따라 그 형태가 사실상 달리 보임에도 불구하고 여전히 같은 물체라고 인식하는 형태 항등성의 지각 능력이 성인의 수준으로 발달한다고 한다Gibson & Spelke, 1983; 김정희 외, 1993: 86에서 재인용. 반면, 일반적으로 유아기에는 인쇄물에 눈의 초점을 오랫동안 맞추는 능력이나 장시간 주의 집중을 하는 능력이 부족한 상태이다.

신생아의 청각 기능은 완전하지는 않지만 소리 나는 방향을 알아차리거나 자기 어머니의 목소리와 다른 여성의 목소리를 구분할 수 있을 정도이다. 생후 1개월 정도가 되면 매우 미세한 소리의 차이까지 구별할 수 있다. 그러나 후각과 미각은 상당히 일찍 발달하는데, 신생아의 경우에도 냄새와 맛에 따라 서로 다른 신체 움직임을 보인다. 생후 약 1주일된 아기가 단 며칠간이라도 어머니의 모유를 맛본 경우에는 어머니의 젖 냄새와 다른 여성의 젖 냄새를 구별할 수 있다고 한다Russell, 1976. 냄새를 구별할 수 있는 이 같은 선천적인 능력은 생존 능력이 약한 아기가 자신을 보호해 줄 양육자의 체취를 민감하게 파악할 수 있게 하여 유해한 물질이나 환경으로부터 스스로를 보호할 수 있게 한다.

성장과 함께 유아의 감각 기능은 빠른 속도로 발달하여 감각적 탐지를 통하여 주변 환경에 대한 이해와 지식을 쌓아간다. 소리의 강약과 리듬, 음색을 파악하는 능력이 예민해지고 특정한 사물에 대한 시각적 기호를 형성하기도 한다. 영아나 어린 유아의 경우 평이한 형태보다는 뚜렷한 형태나 복잡한 형태를 더 선호하고, 사람 얼굴을 닮은 형태를 좋아하는 경향을 보인다.

영아 및 유아의 촉각은 주변 환경을 파악하고 그것에 대한 느낌을 형성하는데 매우 중요한 역할을 하는 기능이다. 촉각은 차고 더운 것, 축축한 것, 눌리는 것 등을 구별하는 기본적인 기능 외에, 따스하고 보드라운 느낌, 시원한 느낌, 거친 느낌 등, 환경이 주는 쾌·불쾌의 정서를 형성하고 심리적 안정감 및 신뢰감을 구축하게 한다. 그러므로 양육자와의 애정 어린 신체 접촉이 중요하다. 또한 다양한 자연 사물을 고유한 느낌 그대로 보고 만지고 냄새 맡고 신체로 접촉하는 기회를 많이 가지게 하는 것이 중요하다. 감각 기관을 자극시키고 인지적 탐색을 격려하여 사물간의 구별과 현상에 대한 이해력이 깊어지도록 하며, 폭넓은 지식의 기초를 형성하도록 하기 위함이다.

유아의 운동 발달을 보면, 2세 이후에 들어서면서 다양한 대근육 및 소근육 발달을 이루어 간다. 계단 오르기, 한 발로 서서 균형 잡기, 공 던지기와 받기 등의 활동에 필요한 유연성이 높아져서, 자신의 감정이나 느낌을 신체 동작을 통해 자연스럽게 표현할 수 있게 된다. 이 시기에 여러 신체 운동 및 조절 능력을 요하는 실외 게임이나 놀이를 할 기회를 충분히 제공하여 유아의 운동 발달을 원활하게 촉진시켜 주는 일이 필요하다. 또한 반복적인 운율을 가진 의성어와 의태어, 간단한 동화 이야기에 따라 자신의 느낌을 여러 가지 신체 동작으로 거리낌 없이 표현하도록 하는 것도 운동 발달 및 언어 발달, 인지 발달의 좋은 기회가 된다.

대체로 유아기에는 대근육은 빨리 발달하나 소근육은 천천히 발달한다. 그러므로 유아들은 달리기, 뛰어내리기, 기어올라가기 등의 대근육 활동을 즐겨하지만, 정교한 소근육 운동을 요하는 섬세한 손작업은 힘겨워하기 마련이다. 섬세한 그림을 그리도록 강요하거나 윤곽 그림을 정확히 따라 그리는 일, 또는 글씨를 정자로 잘 쓰도록 요구하는 것은 이 시기 유아에게는 무리이다. 오히려 유아의 자신감을 잃게 하고 정서적 억압을 초래할 수 있다.

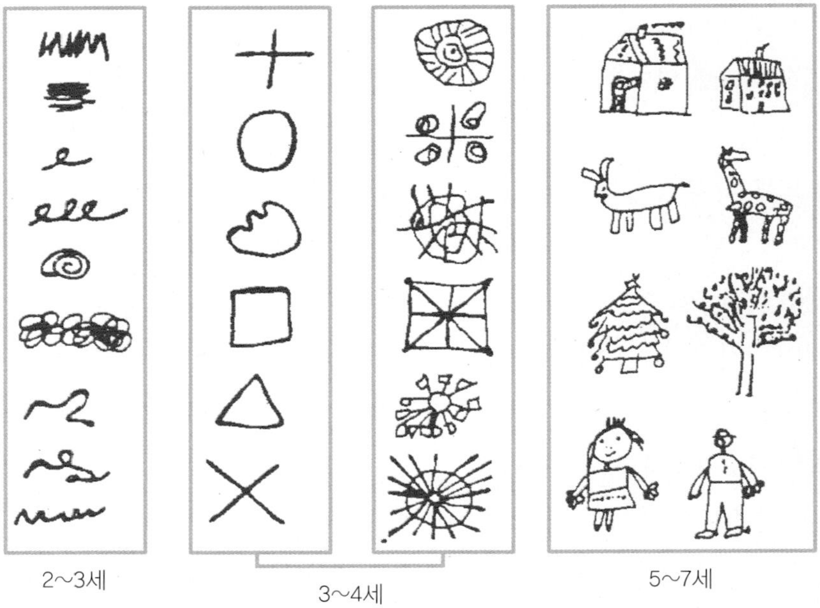

[그림 3-1] 묘화 기술의 발달

출처: Kellog, 1970.

반면, 눈과 손의 협응력은 유아기에 현저히 발달한다. 손 운동은 지적 발달과 관계가 있고, 신체 각 부분이나 감각 기관과도 밀접히 연관되어 발달한다. 생후 3세 정도가 되면 유아는 손을 사용하여 혼자 옷을 벗을 수 있고, 4세경이 되면 옷 입는 것이 부분적으로 가능하며, 신을 혼자 신고 벗을 수 있다. 그 밖에 연령이 높아짐에 따라 단추 끼우기, 젓가락 사용하기, 종이 접기, 가위로 자르기, 상징적 그림 그리기, 작은 블록 쌓기, 작은 구슬 끼우기 등을 점차 보다 정교하게 할 수 있게 된다.

유아기는 신체 활동량이 급격히 증가하는 시기이다. 잠시도 가만히 있지 못하고 움직이며, 내달리고 미끄럼을 타고 철봉이나 문손잡이 등에도 매달리며, 높은 데서 뛰어내리고 소리치는 등의 대담한 대근육 활동이 활발해진다. 이에 따라 유아의 바깥놀이 활동과 견학, 산책 등을 적극 장려하는 동시에, 자연 환경을 경험하고 자연물에 대한 직접적인 접촉이 많이 일어나도록 배려하는 것이 좋다. 또한 위험한 곳이나 위험한 행동을 알아채고 방지하는 방법을 일러 주고, 경우에 따라 자신의 행동을 조절할 수 있는 자제력도 길러 주도록 노력해야 한다.

2) 유아의 정서 및 사회성 발달

유아기의 정서적 특징은 이 시기에 일어나는 사회 관계의 확대와 관련이 깊다. 주로 공포, 울음, 분노, 질투, 기쁨과 애정 등의 정서가 강렬한 정도로 표현되기 시작한다. 제1반항기라 불리는 3세경에 이르면 자기 주장이 강해지는 한편, 친구 및 가족 관계는 이전보다 더욱 세분화되고 복잡한 양상으로 발전하게 된다. 아기 때인 영아기와는 달리 생활상의 규칙이나 규범 준수를 더욱 엄격히 요구받게 되고, 친구들과의 관계 형성 및 유지에서 오는 즐거움이나 긴장감 및 갈등이 고조된다. 또한 신체적인 운동 충동이 강해지며, 언어가 급격히 발달하게 된다. 따라서 3세경부터 유아는 이전의 영아기와는 또 다른 치열한 삶 속으로 들어가는 것이다.

이 시기에 유아는 하루에도 수없이 많은 자잘한 마찰이나 갈등, 기쁨, 흥분을 겪으며 감정의 기복을 경험하게 되는데, 이는 유아의 제반 발달적 능력이 급격히 확장되는데다 주위의 사회 관계 또한 복잡하게 질적·양적으로 심화되기 때문이다. 특히 유아의 표현 행동이 점차 사회적 의미를 지니면서 사회적으로 보다 용납될 수 있는 수준으로 발달하게 된다. 유아기 초에는 팔다리를 버둥거리며 전신으로 격렬하게 표현하던 기쁨이나 흥분, 분노 등을, 이제는 점차 상대방을 향해 구체적인 행동을 가하는 수준으로 나타내게 된다. 즉 쾌快 정서의 경우에는 끌어안기나 쓰다듬기, 불쾌 정서의 경우에는 발로 차기, 때리기, 깨물기 등으로 표현한다. 이는 유아가 자신이 처한 사회 문화적 환경으로부터 쾌와 불쾌의 정서를 표현하는 보편적인 방식을 습득한 결과로 볼 수 있다.

그리하여 4, 5세 전후가 되면 자신의 정서를 사회적으로 세련된 방식으로 표현하려는 노력을 하게 된다. 울음소리란 수치스러운 것이라고 생각하기 시작하면 소리 없이 눈물만 흘리기도 하고, 화가 나면 대상에 대해 구체적인 신체적 공격 행동을 하던 데서 벗어나서 이제는 보다 원활해진 언어 능력으로 "나빠", "바보" 등의 비난의 뜻이 담긴 공격적 언어를 통해 자신의 감정을 표현하게 된다. 이 시기에 유아의 정서가 원만한 사회화 과정을 거쳐 보다 온화하고 성숙한 표현 행동을 지니도록 해주는 것이 중요하다. 폭력적인 언사나 행동은 유치한 것이라는 점을 배우고, 자신의 감정을 자연스러운 방법으로 해소하거나 원만하게 표현할 수 있는 방법을 배워야 할 것이다. 특히 유아기는 초보적인 양심, 즉 초자아superego가 발달하는 시기이므로, 사회적으로 용납될 수 있는 행동의 기준과 그 가치, 공동체적 선善의 개념 등을 습득하여 내면화하는 일이 중요하다.

유아의 쾌快 정서는 유아기 초반에는 감각 운동적 자극에서 발생하다가, 유아의 사회 생활이 확대되면서 서서히 사회적 자극으로부터 발생하게 된다. 한 예로, 유아는 주변 사람들로부터 자기를 인정받고 과시할 수 있을 때 기쁨을 느낀다. 자신의 존재에 대한 자의식이 강해지면서 자아 개념이 발달하고, 타인에게 좀 더 잘 보이고 싶어 하는 타인 지향적 성향이 나타나기도 한다. 자신의 옷차림이나 생김새에 민감해져서 예쁜 옷이나 장신구를 원하게 되고, 선생님의 사랑을 받기 위해 애쓰며, 부모의 사랑을 독차지하는 듯한 동생을 질투하게도 된다. 또 무언가 신기한 것, 익살스러운 것에 대해 자극을 느끼고 이를 흉내내면서 재미있어 한다. 대개의 유아들이 이때 은어나 비속어를 배워서 재미로 사용하거나, 또래를 집단으로 골탕 먹인다든지, 활동이 자유롭지 못한 사람이나 말더듬이를 흉내 내는 경우도 많이 있다. 그러나 한번 흥미를 느끼는 대상에 대해서는 깊이 몰두하는 성향을 보이지만 곧 익숙한 것이 되어버리면 신기함의 흥분이 사라지고 더 이상 흥미를 보이지 않는다. 그와 함께 유아의 이상한 행동도 사라지게 된다.

이 시기는 유아들이 주변 현상에 대해 많은 호기심을 가지고 끊임없이 "왜?" "어떻게?"라는 질문을 하며, 짧은 기간 동안 많은 개념 학습과 기술 학습을 이루는 시기이다. 그러므로 매우 강도 높게 분주한 활동을 하고 경험 세계를 확장해 가면서 지식을 넓히는 시기인 동시에, 그만큼 시행착오적인 실수나 또래와의 갈등이 많은 시기이기도 하다.

유아기는 사회성 면에서도 급격히 발달하는 시기인데, 이 시기에 '친구'의 개념을 몸소 터득하게 되고 기본적인 인간관계술을 익히게 된다. 유아가 생후

3세경이 되면 자기와 같은 또래에 대한 관심이 증가하며, 친구의 존재를 원하면서 혼자 있으면 무료해한다. 그리하여 낯설어하던 어린이집이나 유치원에 친한 놀이 친구가 생기게 되면 아무런 거부감 없이 즐겨 다니게 되고, 친구가 즐기는 음식이나 옷, 놀이를 같이 즐기게 되는 등, 동류의식이 생기기도 한다.

만 4세가 되면 다른 친구와 노는 것을 즐기는 경향을 보이고, 만 5세가 되면 세 사람 이상의 친구와도 놀이하는 방법을 알게 되어 무난하게 놀이에 열중할 수 있다이정환, 1993: 14. 친구와 노는 방법을 터득해 가는 과정에서 곧잘 다투기도 하는데, 이것은 물론 유아의 자기 중심적 특성이 이전보다 더욱 다양해진 놀이 종류와 새로이 확장된 사회 관계에 제대로 적응하지 못해 일어나는 것이다. 그러나 사회적 교류가 지속되면서 유아는 협력하고 양보하며 다른 사람의 입장에서 생각하게 되는 등, 또래들 속에서 적응하는 방법을 배우게 된다.

유아기에는 대체로 3~4명이 함께 모여 놀이하는 소집단 규모의 놀이를 즐기고, 또래들과 자신의 인상적인 경험을 극화하며 재현하기를 즐긴다. 엄마, 아빠 또는 텔레비전 만화 영화의 주인공, 유치원 선생님을 흉내 내곤 하는데, 자연적인 놀이 상황에서는 엄마 아빠 놀이와 만화 주인공 놀이가 가장 보편적으로 즐기는 역할놀이의 유형이다유혜령, 2003. 자연히 자신의 성性 역할에 대한 의식도 증가하기 시작하여, 점차 성역할 놀이가 많아진다. 4세경에 이르면 자신의 성에 따라 동성끼리 놀이 집단을 구성하거나 특정한 성역할을 고정적으로 맡는 경우가 많아지는데, 이때 교사는 유아가 성에 대한 고정된 편견을 지니지 않도록 지도하는 일이 중요하다. 성역할 고정 관념의 구속 없이 유아들이 자유로운 상상 속에서 마음껏 다양한 역할을 즐기고 융통성 있는 가상 세계를 구성해 나가게 함으로써, 사고의 창의력과 탄력성을 기를 수 있을 것이다.

3) 유아의 언어 및 인지 발달

생후 2개월 정도부터 8, 9개월까지 옹알이babbling를 통하여 주변 사람들이 사용하는 언어의 음소를 익혀 나간다. 그리하여 생후 6~8개월의 영아는 '바바', '마마'

와 같은 반복적인 유사음을 소리내며 발음 연습을 시작하여, 생후 1년쯤 되면 부모의 언어를 구별하여 기본적인 음소를 재생한다. 이 시기에 영아가 하는 말은 뜻을 전달하려는 의도 없이 소리를 '흉내'내는 것이거나, 반사적으로 익힌 단어나 음절을 반복하면서 스스로가 그 음을 즐기는 형태이다. 즉, 이러한 독백과 반복은 영아의 자기 중심적 언어이다.

유아가 1세경이 되면 자신의 생각을 타인과 나누려는 의도로 말을 시도하는데, 이때의 언어야말로 비로소 의사소통을 목적으로 한 사회적 언어라고 할 수 있다. 자기가 재미있다고 생각하는 사건을 타인에게 전달하기도 하고, 타인의 행동에 영향을 주려고 시도하기도 한다. 대개 "맘마", "무무", "뚜뚜빵빵" 등의 유사음 내기lallation를 통해 단일 언어로 포괄적인 관련 의미를 전달하는 것이 가능해진다. 이를테면, "무무"는 "물 주세요.", "우유 주세요.", "저기 우유가 있어요?", "지금 엄마 손에 들려 있는 것은 우유예요." 등을 상황과 맥락에 따라 적절히 의미하는 소리이다유안진, 1999: 266.

아기는 출생 직후부터 어머니와 계속적인 시선 교환과 언어적 자극, 신체적 접촉 등을 통해 일련의 '질문과 응답'을 주고받는 데 익숙해진다. 이를 통해 사회적 의사소통의 기본적인 틀을 학습하는 셈이다. 영아도 주변에서 말을 건네면 마치 대답이라도 하는 듯한 억양과 소리로 옹알이를 하며 화답하는 것을 볼 수 있다. 기본적으로 사회적 의사소통은 타인과 말을 '주고받는 것'이라는 사실을 터득한 것이다. 이같이 영아기에 가지는 어머니와의 '말 주고받기'가 어머니의 웃음 띤 얼굴을 보며 반복적인 패턴 속에 의사소통의 느낌을 갖는 유쾌한 것일 때, 영아는 언어 교환이 주는 즐거움을 알게 되고 적극적으로 자신을 언어로 표현하고자 한다.

2세 말경부터 유아는 두세 개의 단어를 사용하여 문장을 만들다가 점차 부사와 형용사를 사용하게 된다. 그러나 대명사나 관사의 사용은 상당히 후에나 가능하다고 한다. 우리나라 3~5세 유아의 어휘 발달을 보면 동사와 명사를 가장 많이 사용하고, 그 다음에 부사, 형용사, 대명사의 순이라고 한다. 이후 3세경에는 4~5개의 단어를 사용하여 불완전한 문장으로 말하다가, 4세경에 3~7개의 단어를 조합하여 완전한 문장을 만들어 말할 수 있게 된다. 그러나 약 5세까지 유아는 성인의 언어 속에 곧잘 포함되는 이면적인 유머, 뉘앙스, 비유 등을 잘 이해하지 못한다. 그러나 표정이나 몸짓, 정서적 맥락을 통해 의미를 유추해 가며 어휘 감각을 발달시킨다. 이때 언어적 비유나 은유, 고어古語 등이 포함된 시詩나 동화, 소설, 시조 등의 문학 작품 및 역사 이야기 등을 접하게 하면 유아의 어휘 감각과 문장 이해력에 도움이 된다. 프랑스에서는 유아기 및 아동기에 우수한 전래 문학 작품과 시를 외우게 하는데, 우리의 교육 기관에서도 유아를 위한 시詩나 시조詩調 놀이 등을 통해 언어에 대한 민감한 감수성을 길러주는 일이 필요하다.

대개의 유아들은 학령기에 이르기 전에 이미 부모나 손위 형제 자매가 읽는 신문이나 책 등의 문자 매체를 동경하며 책을 거꾸로 들고 글을 읽는 흉내를 내기도 한다. 또 문자 쓰기에 대한 욕구가 강해져서 종이에 낙서하듯 문자 모양을 그린다. 이때 교사는 가급적 유아 자신과 관련된 의미 있는 문해 상황 또는 쓰기 상황을 만들어 유아가 즐거움을 가지고 문자에 친숙해지도록 하는 것이 좋다.

6세경의 학령기가 되면 글자의 해독과 함께 언어 발달이 매우 빨라져서 어휘 및 구문 이해가 매우 성숙한 수준에 이른다. 단어에 대한 어의적인 이해와 지식이 증가하고, 또 단어의 사용을 결정해 주는 구문의 규칙을 이해할 수 있게 되는 것이다. 또한 유아의 연령이 증가함에 따라 상대방과의 대화 상황을 예민하게 파악할 수 있게 되면서, 상대방의 신분과 나이, 자신과의 관계, 대화의 분위기 및 맥락에 따라 적절한 호칭을 사용할 수 있게 되고, 상황에 맞는 존칭어나 평어를 효과적으로 선택하는 능력도 발달하게 된다. 따라서, 유아에게 있어 언어의 발달은 사회성 발달과 관련됨은 물론이며, 반드시 적절한 인지 능력의 발달을 요하는 일이다.

인지認知, cognition란 감각 기관을 통해 받아들인 자극을 의미 있게 해석하고, 이것을 저장했다가 필요할 때 기억해내어 사고하고 추리하며 문제를 해결하는 데 활용함으로써, 주변 환경에 대한 지식과 생각을 획득하는 능력을 말한다. 출생부터 약 2세 사이에 이루어지는 인지 구조의 발달을 보면, 우선 생래적인 반사 행동에서 시작하여 구체적인 감각 운동 기관에 의존하여 사물 및 현상을 파악하는 특징을 나타낸다. 따라서 보이지 않는 것, 만질 수 없는 대상에 대해 추상적으로 개념을 형성하는 일은 매우 어렵다. 눈앞에서 사라진 물건에 대해서도 개념적인 추론을 할 수 있는 대상 영속성object permanence의 발달은 생후 10개월이 지나면서 싹트기 시작하여 2세경에 이르면 비로소 완성된다.

약 2세 이후부터는 언어를 중심으로 한 표상적인 지적 활동이 활발해진다. 그러나 아직 구체적인 개념을 획득하기가 어려워서 사물을 일정한 모양, 크기, 색깔 등의 기준으로 분류하는 데 있어 자주 오류를 보이고, 대상물의 외양이 조금만 바뀌어도 동일 사물로 인정하지 않는 등, 상황 변화에 대한 개념적 적응이 융통성 있게 이루어지지 못한다. 따라서, 이들 유아기 초반의 아동들을 위한 교수 매체에 지나치게 많은 인물들이 등장하거나 그들간의 관계가 복잡하게 얽히게 되든지, 변화무쌍한 장면들이 삽입되는 경우에는 유아가 혼란을 일으킬 수도 있다.

표상적 사고 활동은 3세를 전후로 매우 활발해져서, 이 시기에 현저히 발달하는 언어 능력과 함께 지연된 모방이나 상징놀이를 즐길 수 있게 된다. 예를 들어, 볼펜을 입에 물고 담배 피우는 아저씨의 모습을 기억해 내어 흉내 낸다거나 만화 영화의 주인공인 로봇이나 공주님의 행동을 재현하고 어설프게 이야기를 꾸미며 놀기도 한다. 본격적인 극놀이 활동은 4, 5세에 이르러 절정에 달한다.

피아제의 인지 발달 이론에 따르면 4~7세의 시기는 '직관적 사고기'이다. 아직 전前 논리적 단계에 머물러 있는 상태이기 때문에, 사고와 지각이 분리되어 있지 않다. 따라서 논리적인 판단을 해야 하는 경우에도 지각에 의존한 판단을 내리는 경향이 많다. 그래서 현재 보이는 지각적 현실에 압도되어 논리적인 추론을 하기보다는 눈에 띄는 한 가지 느낌이나 특성, 직관적인 인상에 따라 판단을 내리고, 그 외의 다른 요소들을 고려하는 능력은 결여되어 있다. 또한 아직 가역성reversibility이 부족하고 분류 및 서열화하는 능력이 미숙하다. 이때 교사가 유아로 하여금 구체물을 가지고 실제적인 활동을 하는 기회를 많이 가지게 함으로써, 유아는 물체의 변화와 논리적인 변화 과정을 직접 경험할 수 있게 된다. 다양한 물질과 사물을 가지고 자신의 손과 눈으로 직접 다루어 보는 실제적인 활동이 매우 필요한 시기가 이때이다.

이 시기의 유아는 물활론적 사고가 지배적이어서 상상과 실제의 구별이 어려울 때도 있는데, 동화의 내용을 상상하여 실제로 자신이 경험한 것이라고 착각하기도 한다. 그러므로 유아가 교사에게 자랑하거나 꿈꾸듯이 말하는 내용 중에는 허구인 경우가 많이 있다. 그러나 이는 유아가 거짓말을 지어내는 것이 아니라, 자신의 바람이나 소망을 시각적인 이미지로 상상하고 거기에 자신이 몰두하는 가운데 발생하는 것이다.

학령기에 이르는 7세경부터 유아는 사물의 보존 개념conservation이 가능해진다. 즉, 수, 길이, 양 등의 개념을 인지하는 데 있어 현상적인 특성이 바뀌어도 원래의 수, 길이, 양이 변함없음을 깨달을 수 있게 된다. 예를 들면, 직관적 사고기에는 넓은 밑면적을 가진 비커에 담긴 물을 좁고 긴 컵에 따르면 물의 높이가 달라지므로 물의 양이 갑자기 많아졌다고 보았으나, 이제는 물의 양에는 변함없이 형태만 달라졌음을 알 수 있는 것이다. 그리고 간단한 수 계산의 개념적 조작을 할 수 있는 능력이나, 한두 가지 기준에 따라 사물을 분류, 서열화할 수 있는 능력이 발달한다. 이러한 발달로 인하여 유아는 점차 자기중심적 사고에서 벗어나 타인의 관점에서 주변을 조망할 수 있는 탈중심화를 이루게 된다.

4) 유아의 주의력 발달

인간의 지각은 선택적이다. 이는 무수한 감각 자극들로 이루어진 환경 속에서 소수의 자극들을 고립시켜 지각 과정에 도입하는 주의력의 기능을 의미한다. 유아의 주의력은 일반적으로 다음과 같은 특징을 보인다.

① 유아의 주의 집중은 물체의 외관적 특성이나 자극의 질과 강도, 자신의 주관적 기분과 관심에 지배된다. 즉, 색깔이 유난히 돋보이는 것이거나, 흥미로운 소리를 내는 것, 빠르게 움직이는 물체, 부드러운 시각적 느낌을 주

는 물체, 자신이 평소 가지고 싶어 하던 물체 등에 강한 주의 집중을 보인다. 이웃집 친구가 자신이 평소 가지고 싶어 하던 공주님 왕관을 쓰고 나타났을 때, 하루 종일 시선이 그 친구의 왕관만을 따라다니는 경우도 있다.

② 유아는 성장함에 따라 이전에 축적된 경험을 바탕으로 하여 주변 환경을 해석하고 기억하는 일종의 인지 도식을 형성해 나간다. 그 과정에서 새로운 자극을 받아들이는 데 있어, 이를 자신이 기존에 가지고 있는 도식과 대조하면서 불일치한 부분을 중심으로 수정·조절하여 발전시켜 나간다. 따라서 대조가 불필요할 만큼 아주 익숙한 자극 또는 대조가 전혀 불가능할 만큼 전혀 생소한 자극은 유아의 주의를 오래 끌지 못한다. 오히려 '약간의' 불일치 정도만 보이는 다소 차이나는 자극에 대해 오래 주의 집중을 한다고 한다Kegan, 1974: 137-147.

③ 약 2세 이후의 유아는 단순한 지향적 성격의 주의 집중보다 탐색적 성격의 주의 집중을 한다. 다시 말해, 자극이 주어질 때 그 자극을 향해 감각기관을 맞추어 놓고 자극의 정체에 대해 '이것이 무엇일까?'라고만 반응하던 이전의 단계에서 한 걸음 더 나아가는 것이다. 그리하여 이제는 '이것으로 무엇을 할 수 있을까?'라는 탐색적 성격의 흥미를 가지고 주의 집중을 하게 된다. 그러므로 변화의 가능성이 많은 조립식 놀잇감에 매력을 느끼고 비교적 오랜 시간 동안 이것에 주의 집중하여 놀 수가 있다. 또한 분명하고 뚜렷한 시각적 이미지를 연출해 주는 언어적 자극에도 곧잘 주의를 집중하여 탐색적 상상을 즐길 수 있는 능력이 생기게 된다.

④ 물체를 지각하는 데 필요한 전체와 부분들 간의 관계를 통합적으로 파악하는 능력은 3, 4세 이후에야 발달한다. 즉, 전체를 구성하는 부분들 간의 의미 있는 통합의 원리를 말하는 것이다. 예를 들면, 혼잡한 거리에서 어머니를 잃었을 때, 어머니의 특징적인 옷차림이나 머리 모양, 걸음걸이 등을 체계적으로 통합하여 어머니의 전체적인 모습을 기준으로 어머니를 찾으려는 시도가 불가능하다. 오히려 단편적인 머리 모양이나 부분적인 옷차림만 기억하여 어머니를 찾으려고 하기 때문에, 그러한 특징을 지닌

여인이 지나갈 때마다 자신의 어머니로 오인하고 뒤를 따라가기도 한다 Ambron, 1981: 270-271.

⑤ 3, 4세 이후 6, 7세에 이르는 동안 유아의 주의력은 안정성과 효과성 면에서 급속한 발달을 보인다. 영아기의 순간적이고 산만했던 주의력과는 달리, 비교적 오랜 시간 동안 특정 물체나 상황에 안정적인 주의를 보내면서 집중할 수 있고, 주어진 과제를 수행하는 데 필요한 자극들과 불필요한 자극들을 효과적으로 잘 가려내어 과제 수행을 원활하게 할 수 있게 된다. 이 시기 동안 유아의 주의 집중 시간은 약 2배 혹은 3배의 증가를 보인다고 한다.

⑥ 의도적인 학습을 수행하기 위해 필요한 수의적隨意的 주의는 사회역사적인 요인의 영향을 받는다. 수의적 주의라 함은 물체의 외관적 특성이나 자극의 강도에 의해 유발되는 비수의적非隨意的 주의와는 달리, 반응자의 동기나 의도에 의해 유발되고 의지적으로 지속시킬 수 있는 주의를 말하는데, 대개 의도적인 노력을 기울여 주어진 과제를 수행하는 데 필요하다. 이러한 수의적 주의는 유아가 속한 사회의 구성원들이 오랜 기간 형성해 온 방식에 따라, 유아가 점차로 자신의 주의를 조직하고 활용하는 것을 배움으로써 발달한다. 주로 성인들의 행동 양식, 언어적 특성, 지역 사회의 규범이나 관습의 영향을 받는다.

이상과 같은 특성을 지닌 유아의 주의력은 기억력 발달과 관련이 깊다. 기억은 감각 저장, 단기 저장, 장기 저장의 단계로 이루어진다. 특정한 내용이 감각 저장에서 시작하여 몇 초나 몇 분간 지속되는 단기 저장을 거쳐 장기 저장으로 이어지려면 언어와 같은 기호에 의해 기호화되는 것이 효과적이다. 그러나 유아의 경우에는 언어나 문자 등의 기호 체계에 아직 익숙하지 못하기 때문에, 기호화 능력도 미숙한 상태이다. 따라서 유아의 기억은 기호화 과정이 효과적으로 일어나지 못하는 탓에 성인의 것보다 빨리 소멸된다 Lefrancois, 1982: 238-257.

이러한 점을 고려할 때 유아가 기억해내어 말하는 내용에 대해 그 신뢰도를 성인과 같은 기준으로 평가하지 않는 게 좋다. 왜냐하면 그 말 속에는 유아 내면에 활성화된 동기나 욕구가 반영되어 있거나, 또는 그것에 의해 구성된 상상적 요소가 포함되어 있기도 하기 때문이다. 유아기에서 아동기로 옮아가는 성장 과정에 이르러서야 유아는 비로소 많은 내용을 반복하고 주의 집중하는 습관을 쌓아서 장기 기억의 저장 능력을 발달시켜 나갈 수 있다.

2 지각의 원리

우리는 일상생활 속에서 외부로부터 오는 수많은 종류의 자극들을 접하면서 주위 환경의 상태와 변화를 알아채게 된다. 그러나 시시각각으로 접촉하는 무수한 자극을 알아채고 이에 반응하게 되기까지는 일종의 물리적이고 심리적인 처리 과정을 거치게 되는데, 이 과정이 다름 아닌 우리의 지각perception 과정이다.

일반적으로 신경생리학에 따르면 지각 과정에는 다음과 같은 단계들이 포함된다. 우선, 외부로부터의 자극이 감각 기관을 통해 신경계에 전달되는 단계를 들 수 있다. 이렇게 전달된 자극은 신경계에서 전기 자극으로 변화되어 뇌에 전달된 후, 고도의 정밀한 전기적 · 화학적 변화를 거쳐 의미를 구성하고 해석하며 비로소 인지하는 단계에 이른다. 지각은 넓은 의미에서 다음과 같은 네 단계로 이루어진다.

자극에 노출 → 주의 집중 → 해석 → 기억

그러므로 극히 짧은 순간에 일어나는 작용이긴 하지만, 지각은 우리 인식의 기초가 되며 지적 능력의 발달에 매우 중요한 역할을 하는 작용이다.

우리는 현상이나 사물을 이해함에 있어 눈에 띄는 것을 모두 다 지각하는 것은 아니다. 예를 들어, 버스를 타고 가면서 차창 밖으로 보이는 수많은 사물들이 그대로 우리의 망막에 투사되지만, 이 모두가 시각적 지각 과정을 거쳐 기억되는 것은 아니다. 오직 우리의 특별한 주의를 끄는 것만이 지각된다. 이러한 지각 현상은 자극이 얼마나 선명하고 강한지, 다른 사물들과 대비를 어느 정도 강하게 이루는지, 우리의 관심이나 흥미에 얼마나 부합되는지에 따라 신속하고도 강렬하게 지각되기도 하고, 매우 느리게 지각되거나 전혀 무의미하게 지나쳐버릴 수도 있다.

인간의 지각 현상을 지배하는 일반적인 원리로는 다음과 같은 것이 있다.

1 선택적으로 지각한다

인간의 지각 과정에 모든 자극이 다 처리되는 것이 아니라 자극의 특성 및 강도, 개인의 경험과 그 당시의 욕구나 관심에 따라 선별 과정을 거쳐 몇 가지의 자극에만 주의가 집중된다. 색다르고 신기한 내용의 자극이라든지, 깜빡이는 불빛이나 신속히 움직이는 물체, 큰 소리나 밝은 빛과 같이 강렬한 강도나 대비를 보이는 자극, 또한 지각자의 평소 관심사에 관련된 자극 등이 주로 일차적으로 지각된다. 이러한 선택적인 지각selective perception은 지각 현상의 '병목 이론bottleneck theory' 및 '용량 이론capacity theory'에 의해서 설명된다. 즉 인간의 주의력은 선택적으로 발휘되며병목 이론, 일정한 한계 용량이 있어서 자극의 특이성 및 자신의 필요성에 따라 주의력이 특정한 강도로 할당 · 분배된다용량 이론, Reed, 1988; Neisser, 1976: 79-101.

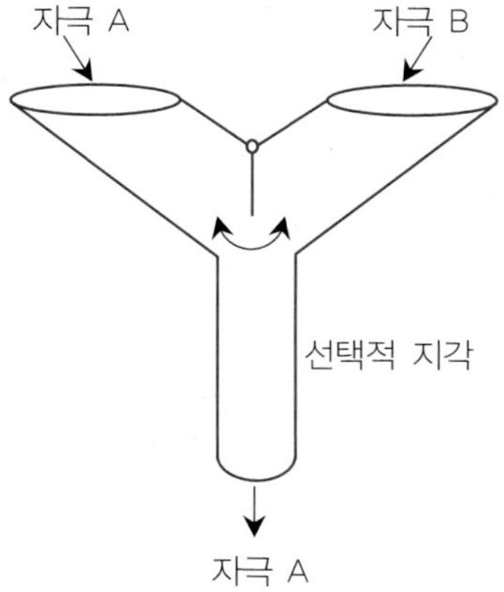

[그림 3-2] 지각의 병목 현상

2 상대적으로 지각한다

인간의 지각은 환경의 물리적 조건과 자신의 경험이나 심리적 상태에 의해 많은 지배를 받는다. 예를 들면, 회색이 흰색과 인접해 있을 때는 어둡게 보이나, 검은 색과 대비될 때는 밝게 보이는 현상이라든지, 형광등과 백열등 불빛 아래에서 옷 색깔이나 피부색이 달리 보이는 현상을 들 수 있다. 또한 유아의 눈에 비친 어른의 몸집은 객관적 크기에 상관없이 매우 거대하게 느껴질 수가 있고, 자신의 기분에 따라 평소에는 의식하지 못했던 시계의 초침 소리조차 시끄럽게 들리기도 하는 것이다. 이렇듯 물체의 색깔이나 크기, 소리의 강약을 지각하는 데 있어 인간의 감각 기관은 절대적일 수 없다. 순간적인 착시 현상optical illusion도 흔히 일어난다.

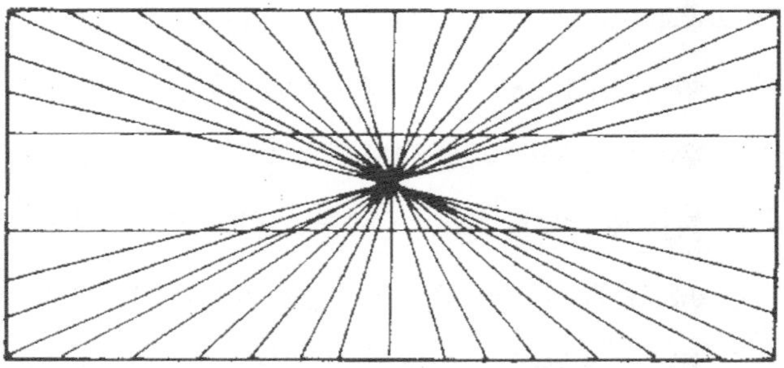

가로로 그어진 두 선은 직선인가, 곡선인가?

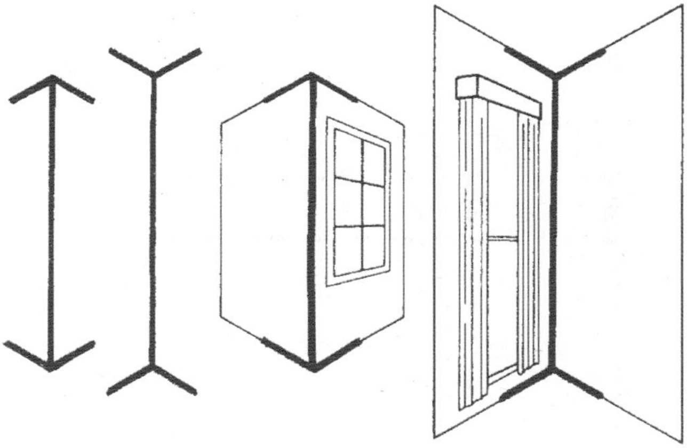

(a) (b) (c) (d)

두 직선 가운데 어느 선이 더 긴가?(Mueller-Lyer 착시 모형)

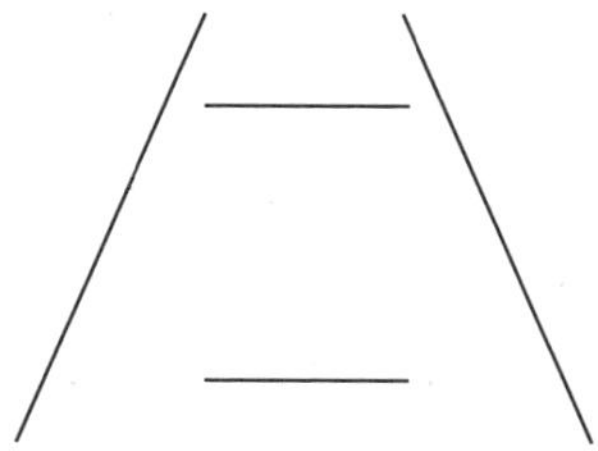

가로로 그어진 두 선분 중 어느 것이 더 긴가?(Ponzo 착시 모형)

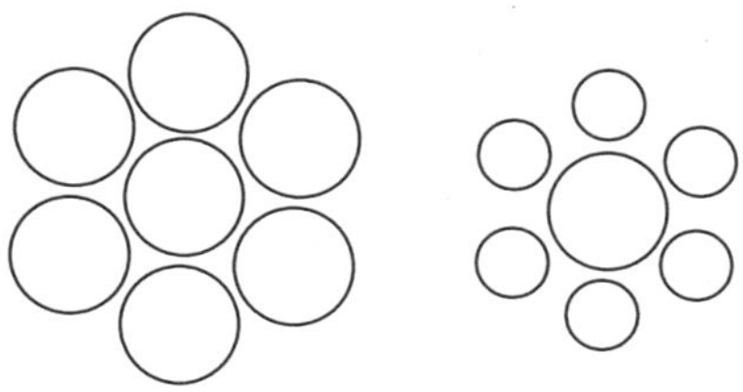

가운데 있는 원의 크기는 어느 쪽이 더 큰가?(Ebbinghaus 착시 모형)

[그림 3-3] 지각의 상대성

출처: 김정희 외, 1993, p.84.

3 경제적으로 지각한다

자극의 내용을 처리하는 데 소요되는 노력을 최소화하는 방향으로 지각하는 최소 노력의 원리이다. 복잡하고 산만한 내용보다는 간단하고 익숙한 내용을 더 빨리 지각하며, 자극의 내용이 지나치게 새롭거나 복잡할 때는 지각 도피 현상perceptual defense이 일어나기도 한다. 예를 들어, 좌우 대칭의 그림과 수평선이나 수직선으로 이루어진 형태가 빨리 파악된다. 그 이유는 우리 주변에서 일상적으로 익숙한 사물이나 장면들이 대개 좌우 대칭적인 구조이거나 수직과 수평 구조를 띠고 있기 때문이다. 만약 한 그림이 두 가지 형태를 중복적으로 담고 있을 때는 전체적인 체제로 보아 간단한 형태와 익숙한 형태가 먼저 지각된다.

4 전체적인 형태와 맥락으로 지각한다

어떤 자극들이 주어졌을 때 우리는 그 자극들의 합合을 그대로 지각하는 것이 아니라, 그 자극의 상황과 관련된 주관적인 맥락 속에서, 또한 부분들에 집중하기보다 일정한 의미를 갖는 전체적인 형태로 체제화하여 받아들인다. [그림 3-4]에서 원과 네모가 혼재되어 있으나, 원은 인접한 원과의 유사성에 따라, 네모는 인접한 네모와의 유사성에 따라 전체적으로 수직 배열이나 대각선 배열로 지각된다.

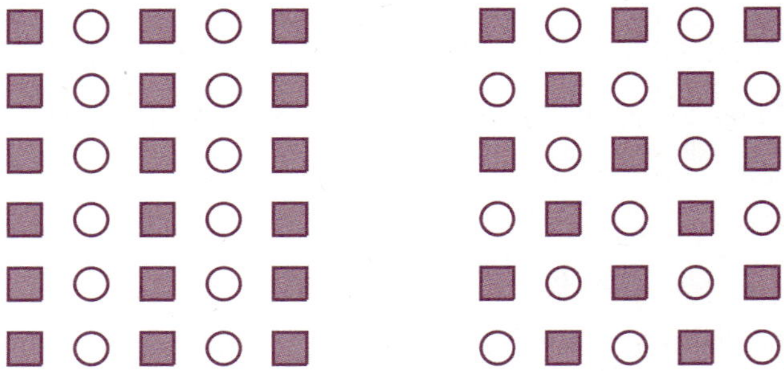

[그림 3-4] 전체적인 형태로 지각하기

이것이 형태주의 심리학자들Gestalt psychologists이 주장하는 체제화의 원리laws of organization이다. 이 원리의 예로서 첫째, 우리는 자극들 간의 근접성이나 유사성에 따라 하나의 군집으로 '묶어' 지각하는 경향을 들 수 있다근접성, 유사성. 둘째, 직선적으로 또는 완만하게 이어지는 자극들은 하나의 '연속되는' 형태로 조직화하여 지각하는 경향이 있다연속성. 셋째, 끊어진 부분이나 생략된 부분, 미완성된 부분이 있어도 그 부분을 보완하여 '완성된' 형태로 지각하는 경향완결성이 있다김정희 외, 1993: 81. 예를 들어, 사람 얼굴 형태를 그린 만화의 선은 매우 간략하고 세밀한 묘사가 거의 다 생략되어 있는 것이지만, 우리는 그것이 사람 얼굴을 그린 것이라는 사실을 금새 알아차릴 수 있다. 교수 매체를 제작할 때는 이상과 같은 체제화의 원리를 이용하여 물체의 전체적인 특징만 간단히 스케치하여도 충분히 의미를 전달할 수 있다.

5 전경(前景)과 배경(背景)으로 나누어 지각한다

어떠한 물체에 대해 제대로 지각하려면 그 물체가 놓여 있는 배경으로부터 그 물체의 형태를 분리해 낼 수 있어야 가능하다. 이것은 전경 – 배경의 원리law of figure and ground로서, 대개 전경은 배경보다 더욱 형태를 갖춘 물체처럼 지각되며, 배경보다 더 앞에 있는 것으로 지각되고 더 오래 기억된다.

우리는 보통 깊이나 거리, 색깔, 명암, 형태 등의 차이를 단서로 하여 배경으로부터 전경을 분리해 내는 데 익숙한 편이다. 만약 거리나 깊이, 색깔, 형태 등의 단서가 결여된 장면을 접하게 된다면 전경과 배경의 분리가 어렵게 되기 때문에, 그 장면은 우리에게 분명한 의미를 주는 시각적 경험이 될 수 없다. 그 유명한 예로 '루빈의 컵Rubin's cup'이라는 형태를 들 수 있다. 전경과 배경의 구분이 어려운 루빈의 컵 그림에 약간의 시각적 단서를 첨가하면 전경과 배경이 명확하게 분리되면서 분명한 의미를 가진 그림이 된다.

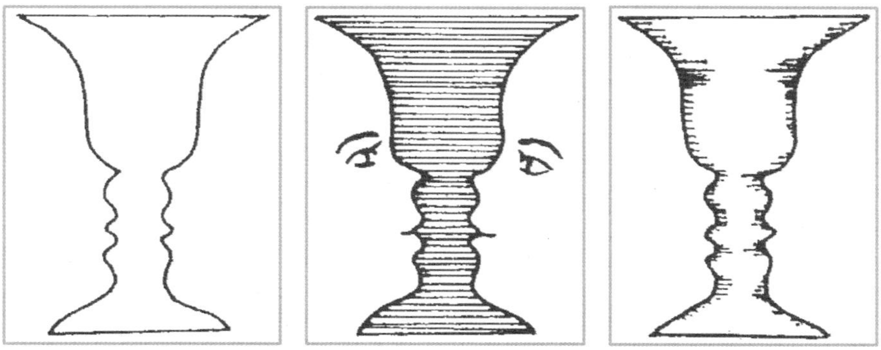

[그림 3-5] 전경과 배경의 분리 단서를 첨가한 루빈의 컵

6 같은 물체나 장면에 대해서는 상황에 따라 망막 속에 투영되는 상의 실제가 달라지더라도 항상 동일한 것으로 지각된다

탁자 위에 놓인 꽃병은 보는 위치나 시각, 실내 조명 상황에 따라 그 형태 및 색깔, 명암 등이 달라진다. 즉 그 꽃병을 위에서 내려다볼 때와 아래에서 올려다볼 때, 그리고 석양이 비쳤을 때와 비가 내릴 때, 멀리서 볼 때와 가까이에서 볼 때, 비록 미세한 차이이긴 하지만 분명히 각기 다른 상으로 우리의 망막에 투영된다. 그러나 우리는 그때마다 그 꽃병이 다른 것이라고 생각하지 않고 같은 병으로 해석한다. 이처럼 대뇌에 전달된 빛 에너지의 자극 속성이 다르다 하더라도 대뇌가 달리 해석하지 않는 현상을 지각 항등성perceptual constancy이라고 한다.

이 지각 항등성은 상황에 따라 물체 색채나 명암이 달라지고, 지각자와 물체와의 거리가 변화함에 따라 형태 및 크기, 위치가 달라짐에도 불구하고 지각자가 항상 동일한 물체로 지각하는 것을 말한다. 저녁 석양빛을 받아 금빛으로 빛나는 유리창을 보고 우리는 그 유리창이 진짜 금빛으로 바뀐 새 유리창이라고 생각하지는 않는다. 햇볕 아래에 있는 나뭇잎의 명도가 연한 녹색을 띠는데 반해, 그늘진 부분의 나뭇잎은 어두운 녹색을 띤다. 그러나 우리는 나뭇잎 자체는 동일한 명도를 띤다고 생각한다. 직사각형의 방문이 열리거나 닫힐 때 방문의 운동 방향과 지각자의 눈의 위치에 따라 방문은 직사각형으로 보이는 것이 아니라, 미세한 각도의 차이를 가진 사다리꼴로 보인다. 그러나 우리는 방문이 사다리꼴이 아닌 직사각형이라고 항상 인식한다. 또한 나에게 가까이 앉아 있는 사람에 비해 복도 저 끝에 앉아서 나를 바라보고 있는 사람의 크기는 실제로 망막에 손바닥만한 크기의 매우 작은 상으로 맺힌다. 그러나 우리는 그 사람의 크기 자체가 손바닥만큼 작다고 생각하지는 않는다. 고정된 위치에 있는 탑 주위를 지나치면서 걷고 있는 나에게 있어 탑의 위치는 내 망막에 다양하게 달리 맺히게 된다. 그러나 이러한 변화에도 불구하고 나는 탑의 위치가 고정된 것이라고 지각한다. 이러한 현상들을 각각 색채 항등성, 명도 항등성, 형태 항등성, 크기 항등성, 위치 항등성의 원리라고 부른다김정희, 1993: 83-84.

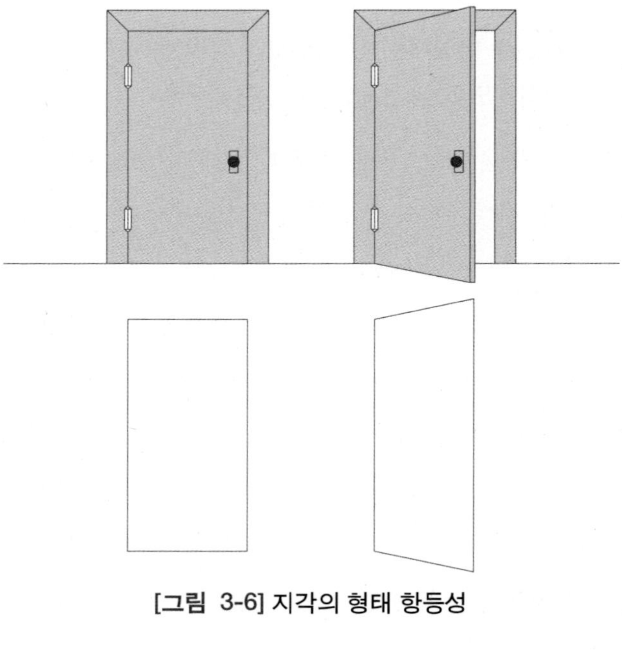

[그림 3-6] 지각의 형태 항등성

3 유아 교수 매체의 제작 및 활용을 위한 시사

1) 유아의 발달적 특성과 교수 매체

유아기가 감각 및 인지 등의 제반 능력이 급속히 발달하는 시기인 만큼 유아들 사이에서도 연령에 따라 많은 차이가 나고, 같은 유아라 하더라도 몇 개월 사이에 몰라보게 성숙한 모습을 보이기도 한다. 그러나 초임 교사 시절에는 간혹 유아들이 마치 성인과도 비슷한 수준의 개념 이해 능력과 상식을 갖추고 있는 것으로 오인할 때도 있다. 교수 매체를 제작하거나 활용하고자 할 때 다음과 같은 점을 고려하여 유아의 눈높이 수준을 잘 파악하고 효과적인 학습 활동을 계획하여야 할 것이다.

① 교수 매체가 유아의 감각 운동적인 학습의 특성을 고려한 것이어야 한다. 앞서 살펴본 바와 같이 유아기에는 논리적 사고보다는 직관적 사고를 하며, 감각 운동적인 방식으로 개념을 형성한다. 따라서 복잡한 논리적 추론을 담은 내용보다는 다양한 감각적인 구체물들을 제공해 주어, 유아가 이것을 실제로 다루면서 체험적인 방법으로 학습하도록 하는 것이 중요하다. 이를테면, '강아지'라는 추상적인 문자보다는 강아지 인형이나 그림 같은 반半 구체물 또는 살아 있는 실물 강아지 같은 구체물이 학습에 더 효과적이라 할 수 있다. 그러나 유아기 후반에 이르면 지나치게 구체물만 다루는 경험보다는 어느 정도 추상적인 개념 조작이 일어나도록 언어 및 문자 기호 등의 상징을 통한 학습이 적절한 수준에서 병행되어야 한다.

② 교수 매체의 내용이 유아의 인지 능력에 알맞은 수준으로 제작된 것이어야 한다. 간혹 유치원이나 어린이집 현장에서 사용되는 과학 교재가 초등학교 3, 4학년 수준의 우주 개념 및 천체 지식을 담고 있거나, 어려운 한자어 설명을 첨부한 것이 발견되는 경우도 있다. 이처럼 유아기의 인지 수준을 지나치게 뛰어넘는 내용을 주어 유아가 적절한 이해 없이 무조건

암기하게 하는 것은 곤란하다. 그렇다고 유아의 현재 능력 수준에만 맞추어 학습 내용을 제공할 것이 아니라, 약간의 호기심과 도전 의식을 가지도록 다소 새로운 학습 내용을 지속적으로 첨가해 가는 방식이 좋다.

③ 유아기에는 3, 4명이 모여 소집단 놀이 활동을 즐겨하면서 친구 관계를 형성해 나가는 시기이기 때문에, 교수 매체의 내용이나 자료의 수량에 있어 다양한 소집단 내지 중집단 활동에 맞도록 제공하여야 한다. 물론 대집단 활동이나 혼자 노는 개별 활동도 나름대로의 교육적 의의를 지니고 있으므로 중·소집단 활동과 적절한 균형을 이루어야 할 것이다. 그러나 유아기가 사회성이 급격히 발달하는 시기라는 점을 고려하여, 특히 두세 명에서 대여섯 명에 이르는 소집단 유아들이 자주 함께 활동하도록 해주면 친밀하고 개인적인 또래 관계를 경험할 수 있고 개별적인 상호 접촉과 활발한 교류가 발생할 수 있게 된다. 그러한 환경적 조건을 구성해 주는 것이 바람직하다.

④ 생활 주제에 맞추어 다양하게 극놀이 환경이 구성될 필요가 있다. 유아들의 놀이 활동의 기본 형태는 표상 행동 및 가작화 행동make-believe을 겸한 가상놀이pretend play나 극놀이dramatic play 형태이다. 유아 놀이의 상당 부분은 무언가 그 언행을 흉내 내는 놀이의 연장선상에서 쌓기 놀이나 조형 활동, 이야기 꾸미기 등을 통합하는 형태로 행해진다. 따라서 교수 매체는 이러한 유아기의 놀이 경향을 고려하여, 유아가 일상 생활에서 접할 수 있는 여러 인물 형태 및 다양한 생활 상황의 가작화 자료를 제공함으로써, 유아가 이것을 발판으로 활발한 표상 활동을 벌이면서 인지적, 언어적, 사회, 정서적으로 제 능력의 발달을 이루어 나갈 수 있도록 하는 것이 좋다.

⑤ 유아의 일상적인 경험 수준에 부합되는 내용이어야 한다. 유아의 생활 경험과 전적으로 다른 내용은 유아에게 혼란을 주고 고정된 편견을 형성하는 결과를 초래한다. 예를 들면, 아직도 초가집이 있고 한복 차림의 농부가 일하는 농촌 풍경이라든지, 이제는 더 이상 찾아보기 어려운 돛단배가 떠 있는 어촌 마을, 아직 이글루 속에 살고 있는 것으로 묘사되는 에스키

모인, 반라半裸의 옷차림으로 이웃 마을과 전쟁을 하는 아프리카 원주민 등의 모습은 유아들이 경험하며 살고 있는 현대 사회의 생활 실태와 차이가 있을 뿐만 아니라, 대중매체를 통해 일상적으로 간접 경험하고 있는 외국의 풍경도 더 이상 아니다. 역사적 시점을 거슬러 올라가 전통을 탐구하는 경우나 공상 과학 이야기나 로봇 게임, 환상적인 메르헨이나 전래 동화 같은 경우를 제외하고는, 불필요하게 비현실적인 요소들을 첨가하여 인지의 혼란을 초래하는 일은 삼가는 것이 좋다.

⑥ 유아의 흥미를 끌 수 있는 매력적인 자료가 되도록 한다. 유아는 연령의 증가와 함께 점차 자신의 수의적 주의를 어느 한 곳에 집중하여 의도적인 학습을 할 수 있게 되지만, 여전히 학습의 많은 부분은 순간적으로 지각되는 물체의 외관적 특성이나 자신의 동기나 관심에 이끌리는 비수의적 주의력에 의존하고 있다. 따라서 유아가 흥미를 가지고 일차적인 주의를 집중하여 자료를 대할 수 있도록 가급적 유아의 생활 경험이나 현재 관심사를 반영하여 동기 유발을 꾀하고, 자료의 모양이나 색을 특이하고 아름답게 하며, 때에 따라서는 청각적인 요소나 즉흥적인 조작을 첨가할 수 있도록 융통성 있게 제작하는 등 다양한 방법으로 흥미를 유도하는 것이 필요하다.

⑦ 유아의 감각 기관들이 다양하고 구체적으로 활용되도록 계획한다. 유아기는 시각이나 청각, 후각, 촉각 등의 감각 기관이 급속히 발달하는 시기이며, 이러한 발달은 유아의 지적, 정서적 발달을 돕고 주변 환경에 대한 이해력을 길러준다. 따라서 시각이나 청각만이 아니라 기타 여러 감각 기관들이 다양한 자극을 경험할 수 있도록 자료를 창의적으로 고안하고 제시하는 것이 중요하다. 간단한 예를 들면, 그림 물감만으로도 그림 카드를 충분히 제작할 수 있지만, 헝겊이나 털실, 나뭇가지, 모래, 인조털, 직물, 구슬 등 각종 사물과 주변 소품들을 첨가하여 그림 카드를 입체적으로 제작할 수가 있다. 또한 각종 동물의 소리, 사물의 냄새나 향기 등도 인형극 장면이나 동화 들려주기 시간에 잘 활용하면, 주변 환경에 대한 감각적인 지각 능력을 예민하게 기르는 데 도움이 될 것이다.

⑧ 유아의 발달이 신체, 인지, 언어, 정서, 사회성 등 다방면에 걸쳐 조화롭게 이루어지도록 고려한다. 현재 우리의 유아교육 현장에서는 유아의 각 발달 영역들이 통합적으로 연계되어 전인적인 발달로 이어지도록 노력하고 있으나, 간혹 자료별로 각기 특정 영역의 발달만을 목표로 하는 듯이 구분지어 활용하는 경우도 있다. 한 자료 안에서도 가급적 많은 관련 영역들이 연계되어 통합적 발달을 촉진할 수 있도록 제작 및 활용상의 적극성을 띠어야 할 것이다. 또한 한 자료의 제시에 이어 관련되는 다른 형태의 학습 활동이 연계적으로 일어날 수 있도록 일과 활동 계획을 하는 일도 필요하다. 이를테면, 투시화TP: OHP 자료나 그림 자료를 보여 준 다음에 유아들에게 느낀 점을 동작으로 표현하는 활동을 하게 한다거나, 그림 자료의 내용과 유사한 경험을 유아들이 직접 조형 활동으로 제작하도록 할 수 있으며, 그림 카드를 통한 개념 학습을 또래와 짝지어, 또는 소집단으로 할 수 있게 사전에 통합적인 활동 계획을 세울 수가 있는 것이다.

⑨ 유아기는 모방을 통한 학습이 대단히 활발한 시기이므로 유아에게 제시하는 교수 매체가 특정한 사회 문화 집단의 고정 관념이나 편견을 담고 있지나 않은지 세심한 검토와 수정이 있어야 한다. 자료의 시각적 표현이나 문자화된 내용이, 또는 교사가 자료를 제시하면서 부주의한 언어적 표현을 통해 남녀 성역할 고정 관념이나 폭력성, 경직된 선악의 가치 체계, 특정한 직업이나 종교, 인종, 국가에 대한 무비판적 선호나 찬양, 또는 비하 의식을 무의식적으로 반영하는 경우가 많다. 따라서 매체의 제작 및 활용에 있어 항상 엄밀한 검토가 따라야 할 것이다.

2) 지각의 특성과 교수 매체의 고안

교수 매체를 제작하는 교사는 유아의 지각적인 능력과 주의력의 특성을 고려하여 가장 효과적인 제시 방법을 모색하여야 한다. 흔히 자료를 감각적으로 예쁘게 만드는 데만 치중하여, 정작 그 자료를 제시할 대상인 유아들의 특성은 고려하지 않는 경우가 많다. 간단한 내용의 자료라 하더라도 고안된 형태가 유아의 제한된 지각력을 넘어서는 것일 때는 그저 예쁜 '볼 거리'에 그쳐버릴 수가 있다. 자료가 구체적으로 어떠한 감각적 자극을 유아에게 제공할 수 있는지, 또한 그 자극이 유아 속에서 어떠한 복잡한 정보 처리 과정을 거치게 될 것인지를 신중하게 고려하여야 할 것이다. 교수 매체를 고안할 때 다음과 같은 점을 염두에 두도록 한다.

① 전달하고자 하는 내용을 체계적으로 잘 조직하고 구조화하여야 한다. 앞 절에서 살펴본 '지각의 원리' 중 '체제화의 원리'가 이를 잘 설명해 주고 있다. 우리는 주어지는 감각적 자극들의 세부적인 요소들 하나하나에 단편적인 주의를 보내는 것이 아니라, 그 자극들을 전체적으로 특정한 형태로 체제화하여 지각하기 때문이다. 이는 새로이 주어지는 정보에 대해 우리가 기존에 가지고 있는 인지 도식에 따라 일정하게 조직하여 인식하는 경향을 가리킨다. [그림 3-7]에서는 체계적으로 잘 구조화된 우측 그림이 더 쉽게 지각된다.

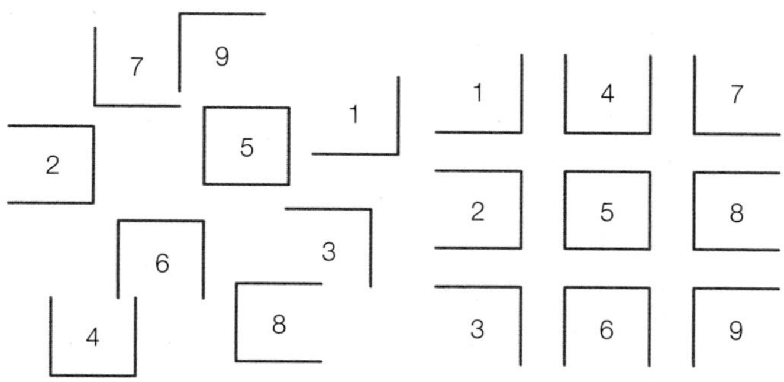

[그림 3-7] 메시지의 구조화

② 체제화의 원리를 응용하여 시각 매체를 고안할 때 중요한 것은 자료에 대한 일반적인 시선의 움직임을 고려하고 효과적인 구도를 잡는 것이다. 시각 매체를 접할 때 우리 눈의 움직임은 주로 좌측에서 우측으로, 그리고 상단에서 하단으로 이동하는 보편적인 경향이 있다.

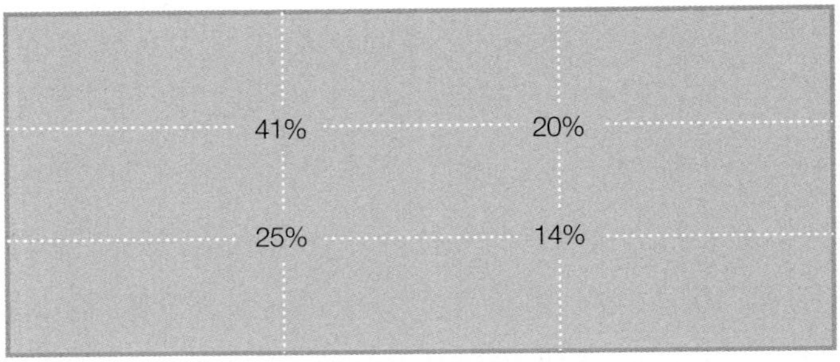

[그림 3-8] 눈의 움직임

출처: 권성호, 1990, p.131.

또한 시선을 움직이는 데는 일관된 선線의 흐름이 중요하다. 예를 들어, 정보가 C, O, S, Z, L, T자형과 같이 연속적인 선의 구도를 띠게 하는 것이다. 어떠한 경우든지, 대체로 수평 구도가 지배적일 때는 안정감과 휴식의 느낌을 주고, 수직 구도를 중심으로 할 때는 강한 의지나 흥분을 유발시킬 수 있으며, 대각선 구도는 움직임과 역동감, 호기심의 느낌을 준다. 또한 교차된 대각선은 투쟁이나 갈등적 요소를 나타내는 데 효과적이다. 그리고 커브형C, S, Z자형 구도는 움직임의 전개에 효과적이다.

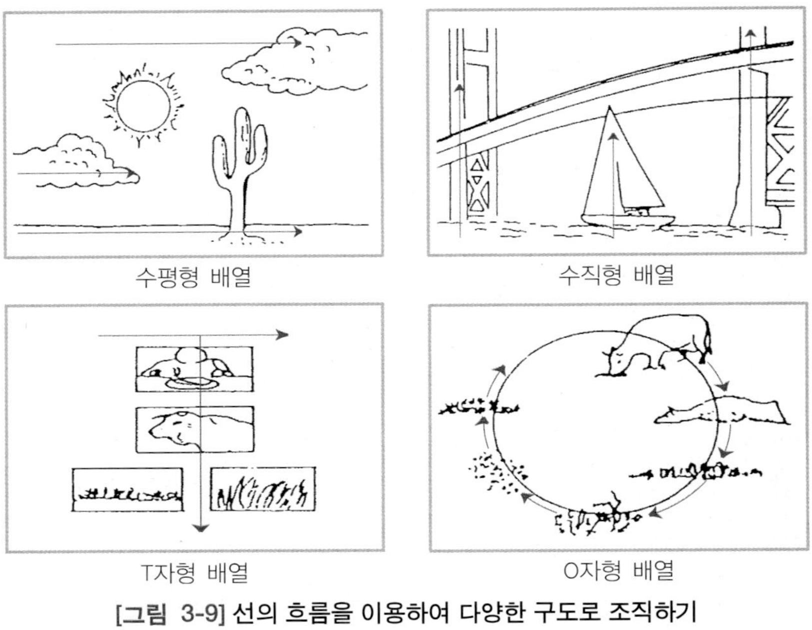

[그림 3-9] 선의 흐름을 이용하여 다양한 구도로 조직하기

출처: 권성호, 1990, pp.131-132.

③ 제시하는 내용이 크기, 모양, 색깔, 정보의 양 등에 있어 시각적인 균형감balance를 주도록 고안하는 일이 중요하다. 좌우 대칭이나 상하 대칭적인 구도는 형식적인 균형감과 조직적인 인상을 주지만, 장면마다 반복되면 지루함을 주게 되니 주의해야 한다. C, L, T자형의 구도와 같이 좌우 · 상하로 비형식적인 균형감을 주는 구도나 불균형적인 구도는 역동적인 인상을 주어 흥미 유발에 효과적이다. 그러나 계속 반복될 경우 산만함과 불안감을 주어 정보 간의 총체적인 연계성이나 조직성을 방해하게 된다. 또한 문자가 삽입될 경우에는 글자 간의 배열이 시각적 균형감을 주도록 하는 것이 중요하다. 예를 들어, '꽃', '별', '형' 같이 자음, 모음, 받침이 있는 복잡한 글자의 경우에는 '고', '벼', '이' 등의 글자에 비해, 첫 자음과 받침, 모음의 크기를 다소 축소된 형태로 써야 글자가 전체적인 균형감을 가지게 된다. 단어와 단어 사이의 여백도 전체적인 조화를 고려하여 조절하여야 한다.

국기 형아 벌레

[그림 3-10] 글자 간 균형감: 앞글자와 뒷글자의 자음(ㄱ, ㅇ, ㄹ)의 크기와 형태 비교

④ 우연적이고 부차적인 요소를 줄이고 중점 내용이 명확하게 강조되도록 고안한다. 흔히 유아 교사들이 범하기 쉬운 실수로, 한 장의 투시화TP나 한 장면의 융판 자료, 또는 한 프레임의 파워포인트 자료에다 많은 내용을 복합적으로 포함시켜 산만한 느낌을 주고 내용이 복잡하다는 인상을 주게 하는 경우가 있다. 가장자리에 충분한 음적 공간negative space을 두지 않고, 즉 여백을 두지 않고 내용물들로 가득 채우게 되면 보는 이로 하여금 심적 부담감을 느끼게 하고 복잡하다는 인상을 주어 흥미를 감소시킨다. 한 장면에 양적 공간positive space이 지나치게 많을 때, 즉 정보가 담긴 공간이 과다할 때, 이를 보는 유아가 시선을 산만하게 움직이게 되고 정보

의 내용에만 전적으로 몰두하게 되어 교사의 말에 주의를 집중할 여유가 없어진다. 그러나 그렇다고 하여 지나치게 음적 공간을 많이 남기게 되면 여백이 많아져서 각 정보 단위 간에, 그리고 한 장면과 다음 장면간에 정보의 전체적인 연계성을 인지하기가 어려워진다. 유아의 이해력은 간단한 것에서 복잡한 내용으로, 구체적인 개념에서 추상적인 개념으로 점차적으로 발전해 간다. 각 장면마다 시각적으로 편안함을 주도록 여백을 충분히 주면서 중점 내용을 한두 가지만 간단하게 제시하도록 고안한다.

⑤ 전달하고자 하는 메시지의 특성을 가능한 한 많이 강조하고, 주변적인 요소는 형태나 크기를 축소하거나 강한 색을 피하는 등의 방법으로 자극의 강도를 낮추거나 아예 생략함으로써 중심 메시지나 이미지를 뚜렷하게 부각시킨다. 앞 절에서 살펴본 '완결성의 원리'를 통해 알 수 있듯이, 주어지는 정보가 아무리 간단하더라도 그것이 어떠한 사물이나 장면의 특성을 잘 나타내고 있을 때, 표현되지 않은 나머지 부분을 우리가 지각 속에서 스스로 보완하여 인식하는 경향이 있다. 이를테면, 토끼를 그린다고 할 때 토끼의 가장 큰 정의적定義的 특징인 귀 모양이 확실하게 표현된다면, 그리고 고양이의 경우에는 꼬리 부분이 특징적으로 강조된다면, 나머지 부분이 과감히 생략되더라도 그것이 토끼나 고양이임을 쉽사리 인식하게 된다. 그러므로 꼭 필요한 경우가 아니면 토끼나 고양이의 미세한 부분까지 정밀하게 묘사하지 않아도 되는 것이다.

[그림 3-11] 정의적 특성이 잘 나타난 그림

또한 자료를 입체적으로 만든다고 하여 털실이나 모래, 나무 열매 등의 실제 입체물을 사용할 때는 강조하고 싶은 캐릭터나 장면의 일부분에만 한정하여 입체물을 사용함으로써 그 부분만 강조해 주는 것이 바람직하다. 지나치게 여러 부분을 강조해 놓으면 그 감각적인 산만함으로 인하여 유아의 시선 집중을 방해하고, 시각적으로도 말끔한 인상을 주지 못한다.

⑥ '전경과 배경의 원리'에 따라 중심되는 이미지가 전경前景으로 잘 드러나도록 하고, 배경背景과 뚜렷하게 구분될 수 있도록 고안한다. 흔히 그림극 같은 시각 자료는 평면적이기 때문에 거리, 깊이, 감촉 등의 느낌이 부족하기 쉽고, 그에 따라 중심되는 사물의 형태figure가 배경ground으로부터 지각적으로 뚜렷이 구분되기 어렵다. 그러므로 확실한 형태감을 줄 수 있는 다양한 시각적인 단서나 원근감을 주는 깊이 단서 등을 첨가하여, 전경과 배경을 시각적으로 명확히 구분 지을 수 있게 하는 것이 필요하다. 앞 절에서 예로 들었듯이, 전경과 배경의 구분이 어려운 로빈의 컵 그림에 간단한 시각적 단서를 첨가하면 아무런 지각적 혼란을 주지 않는 명확한 그림이 된다. 그 밖에 물체를 겹치게 제시하는 방법중첩 기법을 활용하거나, 지각상의 '크기 항등성의 원리'를 역이용하여 물체의 크기를 서로 다르게 제시함으로써 작은 물체가 더 먼 거리에 있는 듯이 보이게 하는 방법을 쓸 수 있다. 또한 포물선을 이용하거나 물체의 조밀도를 달리하여 먼 거리에 있는 물체는 더 조밀하게 표현하는 방법 등을 이용할 수 있다.

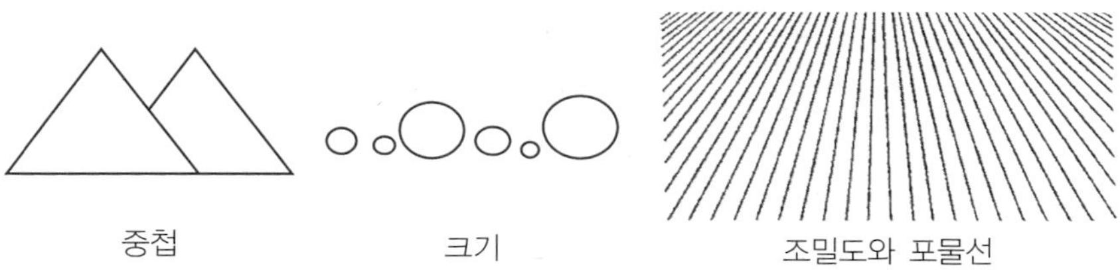

[그림 3-12] 전경과 배경 구분을 위한 깊이 및 거리 단서

⑦ 전경과 배경의 원리 및 착시 현상optical illusion을 역이용하여 자료의 이미지를 일부러 이중적으로 보이게 제시함으로써, 유아들의 탐색적 흥미를 유발시키거나, 기존의 익숙한 시각에서 벗어나 새로운 시각으로 사물을 보는 훈련을 하게 유도할 수 있다.

토끼와 오리,
어느 것일까?

이 그림은 마귀 할멈과 젊은 여자 가운데
어느 것으로 보이는가?

[그림 3-13] 이중적 이미지의 그림

⑧ 생소-친근의 원리principle of novelty-familiarity를 활용하여 적절한 수준의 흥미도를 유지하도록 한다. 자료의 내용이 전혀 생소한 정보로만 이루어져 있으면 비록 외관적으로 유아의 일시적인 흥미를 유발시킨다 하더라도 곧 지각 도피를 일으키게 된다. 왜냐하면 '경제적 지각의 원리'가 의미하듯이, 인간은 가장 최소한의 노력으로 가장 짧은 시간 안에 필요한 정보를 재빨리 지각하고자 하는 경향을 가지고 있기 때문이다. 따라서 지속적으로 많이 주의를 집중하여야 그 의미를 이해할 수 있는 자료의 경우에는 지나치게 많은 노력을 요구하기 때문에, 유아들이 쉽사리 지치게 되고 흥미를 잃게 된다. 반면에, 자료에 제시된 정보의 모든 내용들이 지나치게 익숙한 것일 때도 쉽사리 흥미를 잃어버린다. 그러므로 익숙한 요소들 속에서 새롭고 신기한 요소가 어느 정도 강조되도록 배합하는 것이 중요하다. 유아의 경우 생소한 내용과 친근한 내용을 50 : 50의 비율로 배합하는 것이 좋다.

만약 생소한 내용이 지배적일 때는 가급적 직선이나 좌우 대칭적인 구도를 사용하여 유아가 지각하는 데 드는 노력을 최소화시켜 주는 것이 좋다. 이는 곡선보다는 직선, 끊어진 선보다는 이어진 선, 그리고 비대칭보다는 대칭적인 형태가 더 용이하게 지각되기 때문이다. 또한 전달하고자 하는 중점 내용은 색상이나 크기, 또는 형태면에서 감각적인 강조 기법을 써서 두드러지게 지각되도록 한다. 색상을 통한 감성적 자극은 빨강, 주홍, 노랑 등의 따뜻하고 밝은 색을 사용하여 시선을 끌어들이는 방법으로 시도하거나, 따뜻한 색이나 중간톤의 간색間色을 배경색으로 쓸 경우에는 파랑, 초록, 보라 등의 차가운 색을 써서 일부러 시선이 멀어지도록 함으로써 중점 내용을 역으로 강조할 수가 있다. 특정한 요소를 색상의 대비를 통해 강조하고자 할 때는 노랑과 검정, 흰색과 검정파랑 또는 빨강, 회색과 자주색을 함께 쓰면 효과적이다.

보편적으로 분홍, 빨강, 주홍, 보라 등의 색상은 여성스러움과 부드러움을, 어두운 빨강, 갈색, 회색은 남성스러움을 나타내고, 금색과 검은색은 부와 명성을, 그리고 검은색과 회색은 지성적인 분위기를 표현한다. 분홍, 노랑, 자주, 초록은 냄새를 연상시키는 효과도 있다. 그러나 자료의 색상을 지나치게 복잡하게 썼을 때는 정작 내용상의 구심점을 강조하지 못하여 지각의 혼란과 시각상의 피로를 일으킨다. 따라서 가급적 일정한 톤의 조화를 이루도록 색상을 사용하고, 4색 이상을 사용할 때는 중간색을 포함시키는 것이 좋다.

⑨ 자료에 담긴 내용이 여러 컷에 걸쳐 연속적으로 전개되는 것일 경우, 유아의 지각상의 혼란을 방지하기 위하여 중심이 되는 내용 및 캐릭터의 외관상 특징이 일관성을 띠도록 제작한다. 유아의 지각은 논리적인 추론보다는 감각적 특성에 압도되는 직관적인 사고를 하는 특성을 가지고 있다. 그러므로 주인공 영희의 옷차림이나 머리 장식의 색상이나 형태가 갑자기 바뀐다거나, 배경으로 제시되었던 꽃밭이나 울타리의 색상이나 모양이 달라지게 되면, 유아들은 다른 인물이나 상황으로 오인할 수가 있다. 또한 앞 장

면에서 왼쪽으로 나간 인물이 다음 장면에서 오른쪽 방향에서 들어오게 되면 방향의 연속성을 잃게 되어 다른 인물로 인식하는 경우도 있다. 제작상의 사소한 부주의가 유아의 지각에 혼란을 초래할 수 있는 것이다.

⑩ 과학적인 개념이나 생태 환경적인 개념을 담은 메시지는 가급적 사물의 실제적 크기 및 색상, 형태 등을 있는 그대로 관찰할 수 있게 하는 게 좋다. 이러한 경우에는 예쁘고 아름다운 자료로 보이게 하는 것보다는 사물의 사실적인 특성에 충실하게 제작하는 것이 더 중요하다. 만약 개구리의 생태에 관한 학습 내용을 다룰 경우, 올챙이를 개구리보다 더 큰 크기로 제작한다면 이 자료는 교수 매체로서의 목적을 상실한 것이다. 크기 개념에 대한 매우 사실적인 정보가 제공되어야 하는 경우에는 대상물 옆에 손가락이나 사람 얼굴, 전체 인물 모습을 함께 삽입하여 사물의 실제 크기를 상대적인 비교에 의해 가늠할 수 있도록 제작하는 것이 좋다.

⑪ 대상물이 처한 환경적 맥락을 고려한다. 우리는 일상 생활에서 어떠한 사물을 보든지 항상 교실이나 운동장, 마당 한 구석, 방안 등 어느 특정한 장소 속에서 대하게 되고, 또한 그것을 사용하는 사람이나 상황과의 일정한 관계 속에서 지각하고 있다. 따라서 대상물이 그 주변 사물이나 사람, 사건 등과 가지는 일상적인 맥락이 잘 지각될수록, 유아는 더 쉽게 그 대상물을 지각하게 되고, 그만큼 그 사물의 의미에 대한 이해가 빨라진다. 예를 들면, 산타 할아버지는 크리스마스트리 옆에서, 또는 눈 쌓인 굴뚝 위나 벽난로 옆에 있는 모습이 가장 전형적인 의미를 갖는 것이고, 소방수 아저씨는 불자동차와 함께 의미화되는 것이 좋다. 모자는 사람의 머리 위에 씌워져 있는 모습으로, 주전자는 탁자 같은 데 놓여져 있는 모습으로, 캥거루는 새끼를 배에 넣은 채 풀밭에서 도약하는 모습으로 그리는 것이 좋다. 그림 카드를 제작할 때는 주전자라는 그림 밑에 약간의 음영만을 첨가함으로써도 탁자 위에 놓여 있다는 느낌의 시각적 안정감을 주는 동시에, 주전자가 갖는 공간적 관계를 암시할 수 있다.

[그림 3-14] 사물의 상황적 맥락 표현하기

이와 같이 중심되는 내용의 지각을 방해하지 않는 한도 내에서 대상물이나 사건이 다른 것들과 갖는 대표적인 관계를 암시해 줌으로써, 항상 어떠한 맥락과 상황 속에 처해 있는 대상물을 지각하게 하는 것이 중요하다. 모든 사물이나 사건은 주위 세계와 단절된 채로 독립적으로 의미를 지니는 것이 아니라, 항상 상황적인 맥락 속에서 고유한 의미를 지니게 되기 때문이다.

⑫ 학습된 내용이 장기 기억으로 저장될 수 있도록 하기 위해 확인 및 피드백 과정을 자료의 뒷부분에 첨가하여 제작하는 것이 효과적이다. 유아의 기억은 학습된 내용을 언어나 문자 등을 통하여 기호화하여 기억하는 능력이 부족하므로, 단기 기억에 그치는 경우가 많다. 그러므로 자료의 뒷부분에다 중점 내용의 요약이나 인상적인 장면을 몇 개 첨가하여 피드백 부분으로 활용함으로써, 학습된 내용을 유아의 기억 속에 다시금 재생시켜 반복해 줄 필요가 있다. 예를 들어, 사진 자료 시리즈나 그림극 시리즈 등을 제작할 때, 자료의 뒷부분에 중점 내용을 요약한 장면 몇 장을 포함시킨다든지, 앞장에서 제시되었던 동일한 장면을 몇 개 다시 활용한다든지 하는 것이다. 앞부분에 나왔던 중점 내용을 약간 응용된 상태로 변형시켜 삽입하는 것도 좋은데, 이 방법은 유아에게 이미 학습한 내용에 대한 응용 능력을 길러준다는 점에서 바람직하다.

CHAPTER 04

유아를 위한 교수 매체

유아교육기관에서 활용할 수 있는 교수 매체로는 흔히 간편하게 사용하는 그림이나 사진, 융판, 인형, 모형, 게시판, 포스터 등이 있는가 하면, 비디오 자료와 텔레비전, 영화 등과 같이 청각적 기능까지 포함된 매체도 있으며, 유아가 자율적으로 학습할 수 있는 컴퓨터 학습 프로그램이나 영상 자료 등도 있다. 이들 매체는 메시지 전달 방법 및 감각적 경험의 성격 면에서, 또한 전달 효과 면에서 서로 다른 특징을 가지고 있다. 그러므로 학습 목표와 내용, 유아의 특성, 환경적 조건에 따라 어떤 매체를 활용할 것인가를 결정하는 일은 대단히 중요하다.

1 교수 매체의 분류

1) 동원되는 감각에 따른 분류

교수 매체는 그 활용 장면에서 유아의 어떠한 감각이 동원되는가에 따라 간단히 분류할 수 있다. 유아교육기관에서 주로 활용하는 교수 매체는 시각을 필

〈표 4-1〉 동원되는 감각에 따른 교수 매체의 분류

시 각	청 각	시청각
그림, 사진, 융판, 자석판, 게시판, 투시물 자료, 모형, 실물, 괘도, 인형, 표본, 디오라마, 포스터, 그림(동화)책, 입체동화책	녹음 자료, 악기, 음악 CD, 라디오	소리동화책, 비디오 자료, 컴퓨터 동영상 자료, 텔레비전, 인형극, 그림극

요로 하는 것, 청각을 필요로 하는 것, 시각과 청각을 겸하여 필요로 하는 것으로 분류할 수 있다.

시각을 주로 필요로 하는 매체에는 교사가 비교적 쉽게 자작自作할 수 있고 별다른 기재 없이도 사용할 수 있는 간이 자료가 많다. 그러나 엄밀히 살펴보면 시각 매체는 그 내용이나 디자인의 구성 면에서 특히 신중한 고려와 검토를 하여야 하는 자료이다. 유아기의 예민한 감수성과 모방 능력으로 인하여 유아는 시각 자료의 내용을 후일 성장한 다음에까지 시각적 이미지로 기억하고 있는 경우가 많다. 다각적인 분석과 검토, 그리고 철저한 사전 계획을 통해 자료를 제작하고 분석하는 일이 중요하다.

청각 매체는 대개 시각 자료나 학습 활동을 보조하는 보조물로 인식되는 경우가 많은데, 이러한 관점은 시정되어야 한다. 청각 매체는 유아의 청각을 자극하여 예민한 청각적 기능을 기르고 상상력을 높이는 등 중요한 역할을 한다. 특히 시각 매체가 학습 내용을 시각적 이미지로 구체화시켜 보여주는 데 반해, 청각 매체는 유아의 상상력을 자극하여 자유로운 상상의 세계로 인도하는 특징이 있다. 따라서 풍부한 감수성과 지적 능력의 발달에 큰 영향을 주는 매체라 할 수 있다.

이에 반해 시청각 매체의 특징은 생생한 현장감을 제공하는 데 있다. 시각적 경험과 청각적 경험이 동시에 일어나므로 유아가 마치 현장에서 직접 경험하는 듯한 느낌을 갖게 한다는 것이다. 그 까닭에 유아의 주의를 효과적으로 집중시킬 수 있긴 하지만, 그런 만큼 시청하는 동안에 의문을 던질 기회나 스스로 생각하는 기회를 주지 않으므로 자칫 유아가 주어지는 내용만을 흡수하는 수동적인 자세를 취하게 되기 쉽다. 주의할 점은 사후 토의나 피드백 과정을 첨가하여 유아의 이해도를 알아보거나 유아에게 자신의 의견을 형성할 수 있는 기회를 주는 것이 좋다.

이 밖에 유아의 시각과 촉각을 이용하는 매체로서 모래종이 글자 카드, 비밀 주머니 속의 기하 도형 게임, 블록 놀이, 일상 생활 훈련 도구 등은 유아의 감각 기능과 균형감, 소근육 발달에 큰 역할을 하는 중요한 학습 매체에 속한다. 또한 최근 들어 유아교육기관에서도 유아교육용 컴퓨터를 많이 활용하고 있다. 사고의 순발력과 동작의 기민성, 주의 집중력, 상상력을 기르는 데 컴퓨터 게임과 컴퓨터 학습이 도움이 된다고 한다. 그러나 유아 교사와 학부모는 유아가 지나친 기계 의존성이나 첨단 전자 기재에 대한 맹신, 과학적 논리성에 대한 절대 신뢰 등의 부작용을 갖지 않도록 주의하여 지도해야 할 것이다.

2) 기재의 종류에 따른 분류

학습 자료를 사용하기 위해서 특정한 기재나 도구가 필요한 경우가 많이 있다. 예를 들어, TP 자료transparency material를 사용하려면 투시물 환등기overhead projector가 필요하고, 컴퓨터 학습 프로그램은 컴퓨터 기자재와 조작 능력이 있어야 활용할 수 있다. 반면 그림이나 사진, 모형, 표본 등과 같이 별다른 기재의 도움 없이도 간편하게 사용할 수 있는 간이 자료들도 유아교육기관에서 많이 활용되고 있다. 이들을 종합하여 간이 매체, 입체 매체, 전자 매체로 나누어 본다.

간이 매체는 대체적으로 손쉽게 구하거나 간편하게 제작할 수 있고 비용이 저렴한 장점이 있어 유아교육기관에서 가장 많이 활용되고 있는 자료이다. 흔히 사진이나 융판 같은 평면적인 자료가 포함되나, 투시물 환등기OHP를 이용하여 다양한 자료를 창의적인 방법으로 제시하는 일이 간편하게 이루어질 수 있기

〈표 4-2〉 기재의 종류에 따른 교수 매체의 분류

구분	내용
간이 매체	그림, 사진, 융판, 자석판, 포스터, 그림(동화)책, 괘도, OHP TP 등
입체 매체	디오라마, 입체 동화책, 모형, 표본, 실물, 인형 등
전자 매체	텔레비전, 영화, 라디오, 녹음 자료, 소리 동화, CD, DVD, 각종 컴퓨터 자료, 평면 매체나 입체 매체를 컴퓨터 자료화한 것 등

때문에 OHP도 일종의 간이 매체로 분류될 수 있을 것이다. 입체 매체는 글자 그대로 자료의 특성이 입체성을 띤 것으로, 학습의 효과 면에서 사물이나 사건의 입체성이나 실물성이 중요하게 강조되는 경우에 많이 쓰이는 자료이다. 간단한 입체 그림극이나 인형극을 유아 교사들이 스스로 제작하여 제시하는 경우도 종종 있다.

최근에는 과학기술의 발달과 함께 교수·학습 과정에서 활용할 수 있는 매체의 종류와 형태가 다양해지고 하루가 다르게 새로운 매체가 추가되고 있는 실정이다. 또한 평면 매체나 입체 매체가 모두 디지털카메라나 컴퓨터로 자료화되는 경우가 많아서 전자 매체의 활용이 크게 증가되고 있다. 기존의 그림 자료나 동영상 자료가 컴퓨터 자료로 활발하게 저장, 재생, 유통되기 시작하면서 자료의 수명이나 재생이 반영구적으로 확장되었다. 유아교육기관 교육 활동에서도 다양한 전자 매체나 인터넷과 컴퓨터 활용이 일상화되어 있는 만큼, 수업 매체의 속성에 따른 새로운 분류방식이 필요한 시점이다.

앞으로 ICTInformation & Communication Technology를 중심으로 교육현장에서 광범위하게 활용되고 있는 상호작용 비디오 시스템, 인터넷, 모바일, 유비쿼터스 기술, 로봇 등의 도입으로 매체 활용의 미래는 예측할 수 없다. 유아 교사는 발달된 다양한 매체의 기능을 활용하여 학습 자료를 자유자재로 제작, 활용, 변용하는 능력을 개발하는 일이 필요하다.

2 교수 매체의 특성과 교육적 기능

유아 교사는 각 교수 매체의 특성을 잘 이해함으로써 학습 자원으로 유용하게 활용할 수 있고, 교사가 직접적인 도움을 받을 수도 있다. 또한 어떠한 방식으로 활용해야 보다 효과적인지 파악할 수도 있게 된다매체별 특성은 제2부의 제작 편을 참조할 것.

1) 교수 매체의 특성

교수 매체는 각각 다양한 특성을 가지고 있으나 이들을 종합하면 다음과 같은 몇 가지 특성으로 대표될 수 있다.

첫째, 사진이나 그림, 녹음 자료, 동영상 자료 등의 교수 매체는 학습에 대한 흥미를 높여 준다. 유아의 감각적 기호에 맞게 구체성을 띤 시청각 자료는 학습 내용에 대한 궁금증을 불러일으키며 활기 있는 학습 분위기를 조성하여 유아로 하여금 적극적으로 학습 활동에 임하게 하는 특성이 있다.

둘째, 메시지의 편집이 가능하다. 실물이나 실제 장면에는 우연적이고 주변적인 내용이 많아 유아가 이것을 직접 경험할 경우 중심 되는 내용을 파악하기 곤란한 경우가 많다. 시청각 매체를 통해 필요 없는 부분을 생략하고 중심 내용을 확대하거나 강조할 수 있으며, 유아의 지적 능력에 맞게 내용의 난이도를 조절할 수 있다.

셋째, 시간적으로 일회성을 지니는 사건이나 사물을 고정하여 보존함으로써 필요한 때에 재생시킬 수 있는 기록성이 있다. 예를 들어 사진, 영화, 녹음 자료, 영상 자료 등을 들 수 있다. 사진을 찍거나 녹음 또는 녹화하게 되면 그 시각 정보나 청각 정보가 반영구적으로 보존되어 언제라도 재생할 수 있게 된다.

넷째, 다양한 교수 매체를 이용하면 메시지의 형태를 여러 가지로 바꾸어 자료의 조작성操作性을 높일 수 있다. 예를 들어, 씨앗이 싹트는 과정을 녹화 촬영하여 느린 동작이나 스피드업, 그리고 역逆조작으로, 또한 필요한 내용을 언제든지 간편하게 찾아낼 수 있게 된다.

다섯째, 공간적인 제약을 받지 않고 필요한 모든 사람에게 같은 내용을 전달할 수 있는 보편성이 있다. 유치원에서 활용할 수 있는 창의적인 새 시각 자료나 희소성이 있는 자료를 인쇄 또는 복사하여 같은 지역 내 유아 교사들과 함께 공유할 수 있다.

이 밖에 교수 매체의 구체적인 매체별 특성은 〈표 4-3〉과 같다.

〈표 4-3〉 교수 매체의 특성

교수 매체 \ 구분	사용 편리도	시각	청각	대그룹	중그룹	소그룹	개별 학습	자기 교육	순서 조절	반복 가능성	유아 속도 조절 가능성	동작 표현	암막 장치	교사 제작 가능성	시간
교사의 직접적 담화				높다	높다	보통			높다	보통	낮다		낮다	높다	보통
모델 또는 실물	보통	보통		낮다	낮다	높다	높다		보통	높다	낮다	낮다	낮다		
정사진 또는 그림	높다	높다		낮다	보통	높다	높다	높다	높다	높다	높다	낮다	낮다	보통	
투시화	높다	높다		높다	높다	보통	낮다	높다	높다	높다	보통	낮다	보통	높다	
녹음	보통		높다	높다	높다	높다	보통	높다	보통	높다	보통			보통	높다
비디오 동영상 자료	보통	높다	높다	높다	높다	보통	낮다	낮다	낮다	보통	낮다	높다	보통	낮다	높다

출처: 이영자, 1981, p.79에서 부분 발췌.

2) 교수 매체의 교육적 기능

교수 매체들은 〈표 4-3〉에서와 같이 제각기 고유한 특성을 지니고 있으므로 교육적 기능 면에서도 서로 다른 차이가 있다. 학습 목표에 따라 어떠한 매체를 가지고 어떤 학습 과정을 전개할 것인가를 결정하기 위해 각 매체가 지니는 교수 기능에 대해서 충분히 파악하여야 한다.

〈표 4-4〉 각종 매체의 교수 기능

교수 기능 \ 매체	시 범	그 림	교 사	문 서	정사진 화면과 해설	영 화	컴퓨터 학습 프로그램
자 극	○	○	△	△	△	○	○
주의 활동	×	×	○	○	×	○	○
성과 모형	△	△	○	○	△	○	○
학습 촉구	△	△	○	○	△	○	○
사고 지도	×	×	○	○	×	○	○
전이 유도	△	△	○	△	△	△	△
평 가	×	×	○	○	×	○	○
피 드 백	△	×	○	○	△	○	○

〈표 4-4〉는 가네Gagné, 1965: 184가 제시한 교수 기능의 종류와 교수 매체 간의 관계를 나타낸 것이다. 교수 기능은 그림에 나타난 대로 자극 제시, 주의 활동 촉구, 성과 모형 제시, 학습 활동의 촉진, 사고 방향 지도, 전이轉移 유도, 평가 및 피드백으로 분류하여 각종 매체들의 가능성과 관련시켜 놓았다.

교사에만 의존하는 학습 활동은 그림이나 영화 등에 비해 학습에 대한 자극을 제공하는 데 다소 효과적이지 못한 점이 있어 유아의 학습 동기를 유발시키기 힘들다고 보이나, 다른 교수 기능에 있어서는 모두 만족할 만한 잠재력을 가지고 있다고 할 수 있다. 즉, 교사의 노련한 교수 기술과 유아들과의 친밀도, 경험에서 우러나오는 적절한 상황대처 능력은 유아들의 주의를 집중시키고 학습을 촉구하며 사고를 촉진하는 등 매우 우수한 교수 기능을 가지고 있으므로, 교사를 전적으로 능가할 수 있는 교수 매체는 단연코 어디에도 없다.

영화나 컴퓨터의 경우, 여러 교수 기능 가운데 유독 전이 유도 기능만이 떨어지는 것으로 나타나는데, 이는 영화의 생생한 현장감, 컴퓨터가 지니는 고도의 내용 조직성과 주의 집중성으로 인해 학습 내용의 전이가 일어날 시간적이고 공간적인 여유가 부족해지기 때문이다. 이와 같이 각 매체가 가지고 있는 순기능, 역기능적인 측면을 자세히 살펴서 부족한 기능은 교사의 언어적 유도나 다른 매체와의 통합을 통해 보충해 가야 한다.

3 교수 매체의 선택

교수 매체를 선택할 때는 다음과 같은 점을 기준으로 고려하도록 한다.

첫째, 매체의 적절성適切性을 검토한다. 교사가 가르치고자 하는 내용의 성격과 목적에 따라 가장 효과적이라 여겨지는 매체를 선정한다. 크기나 형태의 판별 학습에서는 시각 매체 중 융판이나 그림 자료보다 실물을 제시하는 것이 가장 좋으나, 불가능할 경우에는 실물을 담은 사진이나 그림, 모형 등으로 대체할 수 있다. 색의 판별을 위해서는 색감의 변화가 따르는 사진이나 영상 자료보다 직접 제작한 그림 카드가 더 효과적일 수 있다.

둘째, 자료가 담고 있는 메시지의 난이도를 검토한다. 비록 학습 목표에 맞는 적합한 내용이더라도 유아의 능력에 맞지 않으면 좋은 자료가 될 수 없다. 지구와 해, 달의 운동 등 초보적인 태양계의 질서를 관찰시키고자 할 때, 적합한 모형을 구하기 힘들다 하여 중학교 과학 시간에나 적합한 우주 모형을 가져다 제시한다면 효과적인 학습을 기대할 수 없다. 자료의 내용이 지나치게 복잡하고 어려우면 유아들에게 회피적이고 부정적인 인상을 줄 우려가 있기 때문이다.

셋째, 매체의 경제성을 고려한다. 매체의 경제성은 금전적인 측면에서뿐 아니라 학습의 효율성 측면에서도 고려되어야 한다. 즉 특성 매체를 사용할 때 학습 활동에 드는 시간과 노력 등의 투입input에 비하여 학습의 효과output가 어느 정도인가, 만약 다른 매체를 사용한다면 보다 적은 양의 시간과 노력으로 같은 효과를 낼 수 있지 않은가 등을 검토한다.

넷째, 매체의 이용 가능성을 고려한다. 즉, 자신의 유치원에서 실제로 활용할 수 있는 매체를 선택하기 위해서는 유치원이 현재 보유하고 있는 호환 가능한 기자재의 종류와 공간, 시설암막 시설, 교실의 크기 등에 대해 정확한 판단을 하여야 한다.

다섯째, 매체가 질적으로 양호한 상태인지 확인한다. 우선 객관적으로 자료의 색감이나 음질, 또는 노후 정도, 자료의 크기와 안전성, 견고성 등이 양호한지 검토한다. 또한 자료의 제작 연도가 오래된 것이어서 삽화나 내용 면에서 최근 유아의 생활 환경이나 문화 양식과 너무 차이나는 내용은 없는지, 그리고 동화집이나 그림책, 비디오 자료 등의 경우에는 메시지의 교육성이나 예술성이 만족할 만한 수준인지 살펴본다.

여섯째, 메시지의 중립성을 검토한다. 매체에 담겨 있는 내용이 직접적 또는 간접적으로 고정된 성역할관이나 직업관, 문화적 · 경제적 편견을 암시하지는 않는지 주의 깊게 검토하여야 한다. 편견을 가진 내용이 유아들에게 미치는 영향은 매우 잠재적이고 간접적이므로 교사나 부모의 입장에서는 잘 알아차릴 수가 없다. 그러나 이것은 장기적으로 유아가 사회와 자신을 이해하는 의식에 깊은 영향을 미칠 수 있다.

다음 [그림 4-1]은 교수 매체의 특성과 학습 내용 및 학습 형태의 성격을 고려하여 가장 효과적인 매체를 선택할 수 있도록 안내하고 있다.

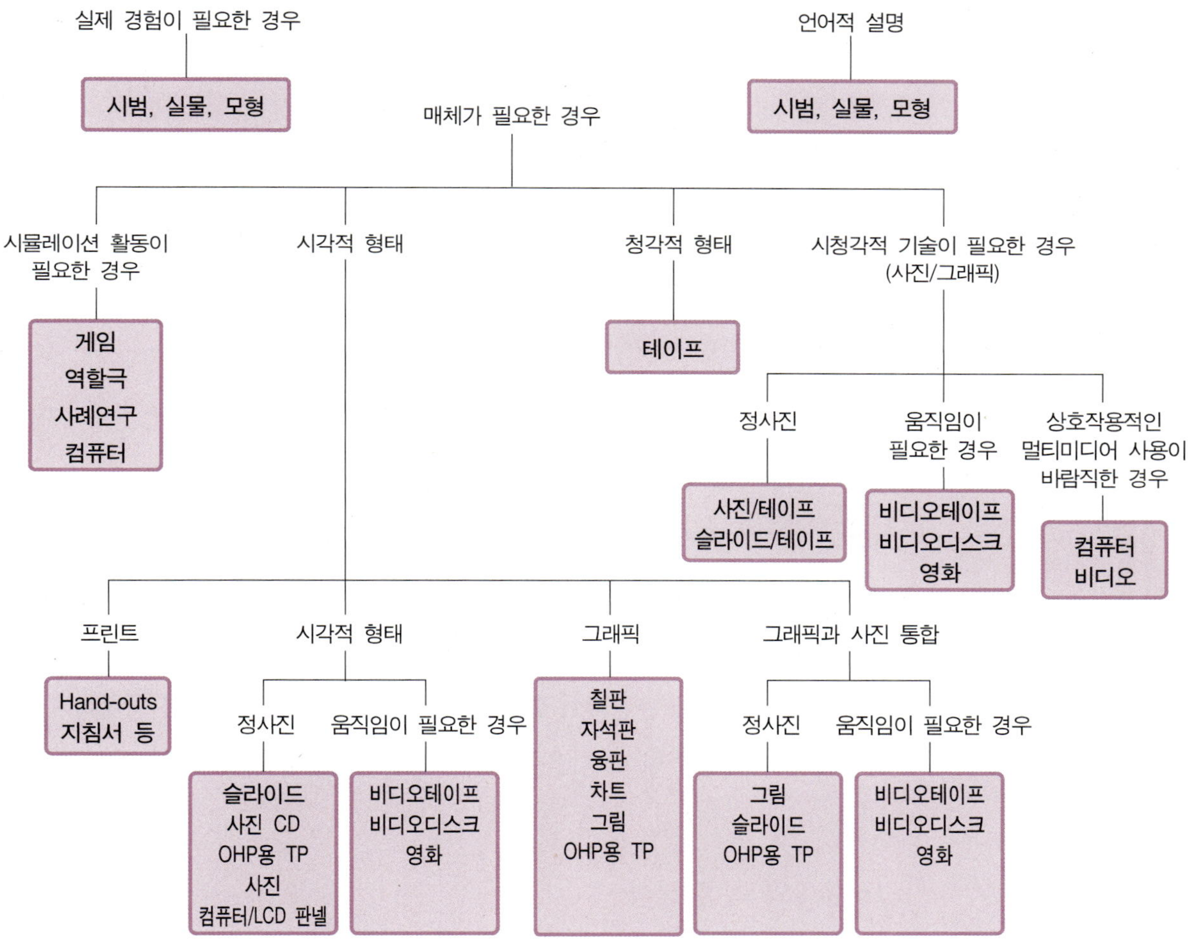

[그림 4-1] 매체 선택 매트릭스

출처: Kemp & Smellie, 1994, p.59.

4 유아 교수 매체의 효과적인 활용

교수 매체의 체계적인 활용을 위해 하인니히와 동료들Heinich et al., 1996이 고안한 ASSURE 모형[그림 4-2]을 중심으로 살펴보기로 한다.

A	S	S	U	R	E
Analyze Learners	State Objectives	Select Methods, Media and Materials	Utilize Media and Materials	Require Learner Participation	Evaluate and Revise

[그림 4-2] ASSURE 모형

ASSURE 모형에서는 학습자의 특성 분석Analyze learners, 목표 진술State objectives, 교육 방법, 매체, 자료의 선정Select methods, media and materials, 매체와 자료의 활용Utilize materials, 학습자의 참여 유도Require learner participation, 평가와 수정Evaluate and revise의 여섯 단계가 교수 매체의 체계적 활용을 위한 절차로서 제시되고 있다. 종합적으로 볼 때, 이 각 단계는 서로 긴밀하게 관련되어 상호 연관성 속에서 학습의 효과를 최대화하는 방향으로 실행되어야 한다. 다음에 각 단계별 내용을 구체적으로 알아본다.

1) 유아의 특성 분석

교수 매체들을 효과적으로 사용하기 위해서 교사가 가장 먼저 해야 할 일은 유아의 지적, 신체적, 심리적, 환경적 특성을 파악하는 일이다. 그 이유는 유아의 특성 및 능력 수준에 따라 학습 목표 수준이나 매체의 내용 및 제시 방법이 달라지는 등 전반적인 계획에 영향을 주기 때문이다. 이때 교사가 기본적으로 파악해야 할 내용은 다음 두 가지로 나눌 수 있다.

첫째, 유아의 연령, 적성, 흥미, 신체적 · 정서적 특성, 감각적 기호, 가정의 사회 · 문화 · 경제적 환경, 경험 배경 등과 같은 일반적인 특성을 알고 있어야 한다. 이들 일반적인 특성은 학습 내용과 직접적으로 관련되는 것은 아니지만 유아가 참여할 학습 활동의 수준이나 동기 유발의 방법을 결정하는 데 참고가 된다. 또한 학습 지도 도중 유아에게 적절한 내용의 예를 제시하고자 할 때 생활 주제와 관련된 내용을 사례로 들 수 있는 등 많은 도움이 된다.

둘째, 유아의 출발점 능력이다. 이는 유아가 이 학습 활동을 하기 위해 기본적으로 갖추어야 하는 기술이나 능력을 가지고 있는지, 만약 있다면 어느 수준까지 도달해 있는지 하는 일종의 선수先受 학습의 정도를 말한다. 예를 들어, 분류 개념을 가르치기 위해 땅에서 사는 동물과 물에서 사는 동물을 구별하는 활동을 계획한다면 우선 유아가 각 동물에 대한 개념을 이해하고 있어야 가능하다. 비슷한 예로, 날짜와 요일의 개념을 가르치기 위해 달력 만들기 등의 활동을 염두에 두고 있다면 우선 유아가 숫자와 글자를 읽을 수 있는 능력이 있어야 할 것이다. 이 출발점 능력을 알아볼 때 교사는 유아가 학습 주제에 대해 편견이나 잘못된 개념을 가지고 있지나 않은지 살펴보는 것도 필요하다.

이와 같은 유아의 특성을 파악하는 방법으로는 평소 유아의 행동과 말을 관찰하고 유아와의 잦은 대화를 통해 유아에게서 나타나는 특성을 파악하는 간접적인 방법이 효과적이다. 그러나 학습 능력을 측정하기 위해서는 간단한 직접 테스트를 사용할 수도 있다. 그 밖에 유아의 성장 배경이나 가정의 생활환경 또는 문화를 파악하기 위해서 유아의 생활환경 기록부를 참조하거나 부모와의 대화, 지역 사회의 특성 조사 등을 통해 도움을 받을 수 있다.

일단 유아의 전반적인 특성이 파악되면 학습 목표의 수준을 설정하고 학습 자료를 준비하는 데 이를 적극적으로 활용하도록 한다.

2) 학습 목표 진술

두 번째 단계는 학습 주제에 따라 학습 목표를 진술하는 일이다. 미리 결정된 학습 주제를 중심으로 유아의 학습 결과를 구체적으로 명시하는 것이다. 즉, 유아가 성공적으로 학습을 마친다고 할 때 어떠한 결과를 기대할 수 있느냐에 관한 것으로, 교사가 유아를 대상으로 무엇을 하는가가 아니라 유아가 어떠한 능력이나 태도를 보이게 되는가를 나타내는 '도착점 행동'을 의미한다. 매이거 Mager, 1962는 학습 목표를 구체적인 행동적 목표로 진술하기 위해서는 우선 도착점 행동을 명시하고, 그 행동이 일어나는 조건을 기술하며, 유아가 어느 정도로 잘 해야 성공적인 학습이라고 판단할 수 있는지 그 판단 기준을 제시해야 한다고 하였다. 학습 주제가 '속성에 따라 사물을 분류하기'라고 할 때, 매이거가 말하는 구체적인 행동적 목표란 어떤 것을 말하는지 다음 예를 통해 살펴본다.

> 20개의 다양한 나무토막으로 이루어진 적목 세트를 가지고(행동 조건) 세 번의 시도 중 적어도 두 번 이상 성공적으로(판단 기준) 크기와 모양에 따라 나눌 수 있다(도착점 행동).

위의 예는 매우 구체적이고 명확한 내용을 담고 있다. 유아가 과연 성공적으로 분류 개념을 이해하였는지를 평가하기 위해 행동 조건, 판단 기준, 도착점 행동이 모두 확실히 기술되었으므로 담당 교사가 아니더라도 학습의 성패를 분명히 알 수 있게 되어 있다. 또한 '나눌 수 있다'라는 어휘를 사용하여 학습 목표를 교사의 입장이 아닌 학습자의 입장에서 기술하고 있다.

그러나 유치원 교육 현장에서 이 같은 진술 방법이 과연 어느 정도 바람직한 것인지에 대해서는 의문을 갖지 않을 수 없다. 왜 하필이면 적목을 20개로 한정하였는지, 또 세 번의 시도 중 두 번이 성공적이면 곧 성공적인 학습이라고 보는 판단 기준은 어느 정도 타당성이 있는지 등의 질문이 생기게 된다. 학습 목표가 구체적이고 명확하게 진술되어야 효율적인 학습이 된다고 하나, 지나치게 구체성과 명확성에 얽매인 나머지 정작 학습할 내용을 축소하거나 목표와 활동을 너무 세분화하여 교실에서 학습 활동 중에 발생할 수 있는 우연적인 학습의 기회를 무시하는 결과를 낳을 수 있다.

따라서 교사가 학습 목표를 진술할 때 염두에 둘 것은, 교육 상황이란 교사가 유아 및 환경적 조건들과 상호작용하는 하나의 가변적인 상황이고 지극히 인간적인 관계의 형성 과정이라는 점이다. 그러므로 지나치게 기계적인 절차나 계획을 강조하기보다는 어느 정도 개방성과 융통성이 포함되도록 여유를 주고, 동시에 유아의 학습 활동의 방향이 분명히 드러나도록 하여야 한다. 이러한 점을 고려하여 다음과 같은 형태로 목표를 진술할 수 있다.

적목과 같이 다양한 크기와 모양, 색깔을 가진 놀잇감을 같은 크기, 모양, 색깔에 따라 나눌 수 있다.

신체적, 정서적, 인지적 발달이 급속히 일어나고 있는 유아들의 경우에는 개개인에 따라 능력의 차이가 나는 경우가 많다. 그러므로 20~40명의 한 학급 어린이 전체가 모두 동시에 학습 목표에 도달하리라고는 기대할 수 없다. 유아에 따라 여러 번의 반복 학습 후에 만족할 만한 결과를 보일 수도 있고, 가정에서의 지도 여하에 따라 학습 활동에 채 들어가기도 전에 이미 목표 능력을 시범해 보이는 유아도 있다. 따라서 하나의 학습 목표만을 준비하는 것보다는 유사한 목표들을 능력 수준별심화 확대 활동 또는 보충 활동로 준비해 두는 것이 바람직하다.

3) 교육 방법, 매체, 자료의 선정

일단 유아의 특성이 파악되고 학습 목표의 진술이 끝나면 교수·학습 과정의 처음과 끝 지점이 확실해진 셈이다. 따라서 제3단계의 작업은 이 처음과 끝 지점을 잇는 다리를 놓는 일이다. 즉 학습목표 달성을 위해 적절한 교육 방법, 매체 및 자료를 선정하는 일이다. 교육 방법은 설정된 학습목표의 성공적인 달성과 선정된 교육내용의 효과적인 전달을 위한 절차이다. 이러한 교육방법은 유아교사의 교육철학, 유아의 능력 및 태도, 교육내용, 시설, 교육 시간 등에 따라 결정된다.

교육 방법의 유형은 첫째, 학습의 주체가 누구에게 주어지느냐에 따라 교사중심의 교육 방법과 유아중심의 교육 방법, 혼합식 교육 방법으로 나눌 수 있다. 교사중심의 대표적 교육 방법은 직접 교수, 개념 교수법이고 유아가 주체가 되는 유아중심의 교육 방법은 프로젝트법, 토의법, 발견학습법 등이 있다. 혼합식은 교사중심 교육 방법과 유아중심의 교육 방법을 혼합한 방법으로서 교사가 설명하고 이와 관련하여 유아가 관찰, 놀이, 질문에 대한 대답, 이야기 나누기 등을 통해 학습을 주도하는 형태로 이루어질 수 있다. 둘째, 집단의 크기에 따라 20명 이상의 대집단 교육 방법, 10명 내외의 중 · 소집단 교육 방법, 개별교육 방법으로 분류할 수 있다.

유아 집단의 크기별로 효과적인 교수 매체를 분류해 보면, 20명 이상의 학급 전체를 대상으로 하는 대집단 활동에서는 큰 그림이나, OHP 투시화, 실물 화상기, 비디오 녹화 자료, 멀티미디어 자료 등을 활용하여 비교적 큰 규모의 스크린을 통해 이미지를 전달하는 방법이 있다. 소집단 활동에서는 흥미 영역의 각종 교재 · 교구를 비롯하여 녹음 자료, 그림책, 다수의 실물이나 모형 자료, 게임 자료, 인형 세트 등 소수의 유아들 사이에 오붓한 상호작용을 촉진시키는 매체가 필요하다.

유아 각자의 개별 활동을 위해서는 기본적으로 소집단 활동에서의 매체가 공통적으로 활용될 수 있으나, 극히 개별적인 집중력이나 손조작을 통해 손과 손가락 근육의 발달과 눈과 손의 협응력 또는 추상적인 개념 발달을 도와주는 퍼즐이나 컴퓨터, 그림동화책, 미술 재료 등이 준비될 수 있다.

4) 매체와 자료의 활용

일단 사용할 자료를 준비하고 난 다음에는 자료를 실제로 활용하는 단계로 들어간다. 그러나 자료를 효과적으로 활용하기 위해서는 다음과 같은 사전 준비 과정이 필요하다.

첫째, 사전 시사preview를 한다. 앞 단계에서 자료를 준비할 때에 이미 자료의 내용을 결정했지만, 실제 교수·학습 장면에 들어가기에 앞서 자료를 면밀히 검토하고 평가한다.

둘째, 유아에게 실제로 자료를 제시하기에 앞서 필요한 기재를 시험적으로 직접 다루어 보며 모의 교수 장면을 연출해서 적어도 한 번 이상 연습하도록 한다. 이렇게 함으로써 교사는 보다 여유 있고 익숙하게 교수 활동을 전개할 수 있어서 유아에게 학습 경험에 대한 신뢰감을 주게 된다.

셋째, 필요한 환경을 준비한다. 쾌적하고도 조용한 환경이 준비되었는지 점검하고, 영사 자료일 경우에는 암막 시설, 전원 공급을 위한 연결 코드, 조명 조절 장치 등을 확인한다.

넷째, 실제 교수·학습 활동을 시작한다. 학습 목표에 대한 설명과 함께, 사용하게 될 교수 매체에 대한 소개를 재미있게 하여 동기 유발과 주의 집중을 시도한다.

다섯째, 교재를 제시한다. 사전에 연습한 경험을 바탕으로 자신감 있게 전개하도록 한다. 교사가 직접 설명하면서 교재를 제시할 때는 이삼십 명의 유아가 모인 대집단이라 하더라도 개인적인 시선 접촉을 각 유아와 자주 하고 가끔 질문을 던져 유아가 수동적으로 앉아서 그저 자료만 쳐다보며 듣기만 하는 일이 없도록 한다.

5) 유아의 참여 유도

교재를 제시하고 학습 활동을 전개한 후 유아가 어느 정도 학습하였는지 유아의 참여를 유도함으로써 알아본다. 유아의 참여를 유도하는 방법은 학습내용과 관련된 놀이, 관찰 등의 기회를 주고 과제를 제공하거나 질문이나 퀴즈를 내는 등의 형식적인 방법과 교사가 유아의 표정이나 학습에의 참여도 등을 보아 간접적으로 판단하는 비형식적인 방법이 있다. 유아의 특성과 학습 내용의 성격, 상황적 특성, 분위기, 시간적 여유 등 여러 요인을 참고하여 교사의 재량에 따라 방법을 결정한다.

그러나 사실 교수·학습 활동을 전개하는 교사의 입장에서는 어떤 형식적인 절차를 밟아 유아의 학습 정도를 일부러 분석해 보지 않아도 이미 교수 활동 도중에 유아의 눈동자, 표정, 주의 집중도, 자신의 교수 기술에 대한 스스로의 중간 점검 등으로 어느 정도 정확하게 학습의 진행을 알아차릴 수 있다. 따라서 활동 도중에 보충 설명을 해야 할 때라든지 예를 더 들어야 할 때를 스스로 알아 적절히 대처해 나가면 된다. 그러나 영화 상영이나 슬라이드 상영 등과 같이 일정 시간 동안 교재에 의해서만 학습 활동이 이루어질 때는, 상영이 끝난 다음 유아의 이해도를 파악하기 위해 필요한 질문이나 테스트 과정을 준비하여 주도록 한다. 필요하다면 방금 상영한 영화에서 중점 부분을 찾아 그 내용에 대한 질문을 던짐으로써 이해도를 점검하는 것도 좋은 방법이다.

6) 평가

ASSURE 모형의 마지막 단계이다. 이 단계에서의 평가는 크게 형성 평가Formative Evaluation와 총괄 평가Summative Evaluation의 형태로 나눌 수 있다.

형성 평가는 유아의 학습 성취도를 평가하는 것으로, 대개 교수·학습 과정 중 그때그때 유아의 반응을 살펴 매체의 사용이 어느 정도 학습에 도움을 주고 있는지 알아보고 적절한 피드백과 강화를 제공함으로써 효과적인 학습이 일어나도록 하는 것이다.

총괄 평가는 유아가 학습 목표를 어느 정도 달성했는지를 측정하는 전체적인 성취도 측면에서뿐만 아니라, 교수 매체의 효율성과 이를 활용한 교수 방법의 적합성, 그리고 형성 평가의 방법이 적절한 측정 방법이었나를 검토하며, 교수·학습 활동에 소요된 시간과 경비 등도 학습의 효율성 면에서 검토하는 등 교수·학습 활동에 관련된 모든 요인에 대해 전반적인 검토를 하는 평가 형태를 말한다. 이러한 여러 측면은 각각을 독립적으로 떼어 놓고 평가하기보다는 상호 관련성을 띠고 밀접하게 연결되어 있는 공동의 관계 속에서 검토하는 것이 바람직하다. 예를 들어, 특정한 시청각 매체의 사용이 효과적인 교수 매체로 작용하지 못하고 오히려 매체의 신기성 효과만 낸 데다, 교수·학습 활동 시간을 불필요하게 연장시킨 결과를 초래했다면 부적절한 매체의 사용으로 말미암아 학습의 성취도 측면은 물론, 교수 방법의 부적합성, 시간과 경비의 낭비 등 모든 측면에서 비효율성을 가져오게 된 것이다.

평가를 하여 일단 문제점이나 부족했던 부분이 드러나게 되면 이를 수정, 보완하고 다음 교수·학습 활동 계획 시에 참고로 하여 보다 효과적인 방법으로 교수 매체가 활용될 수 있도록 노력하여야 한다.

ASSURE 모형은 교사가 매체를 효과적으로 활용할 수 있도록 도움을 주는 매체 활용 지침서를 작성하는 데 유용한 참고가 된다.

〈표 4-5〉
매체 활용 지침서

매체 활용 지침서

1. 제 목 : 나는 어떻게 태어났을까?
2. 제작자(또는 회사) : 오주향, 김경미, 최현정
3. 매체의 종류 : 그림 자료
4. 자료의 수량 : 그림 6장
5. 대상 유아의 연령 및 집단 크기 : 만 4~5세 유아 15명
6. 학습 목표
   ① 아기가 어떠한 과정을 통해서 태어나는지 말할 수 있다.
   ② 아기의 탄생에 대해 긍정적인 태도를 갖는다.
7. 누리과정 관련 요소
   자연탐구 〈과학적 탐구하기〉의 하위 내용 〈생명체와 자연환경 알아보기〉
8. 자료의 내용 : 잉태에서 출산에 이르는 과정
   (아기의 신체적 발달, 운동 기능적 발달, 태내 환경의 변화 등의 측면)
9. 자료의 교육적 특징 및 기대효과
   ① 아기의 탄생에 대한 유아의 호기심을 만족시키고 기초적인 성 지식을 갖게 한다.
   ② 유아가 직접 자료를 활용하면 유아의 적극적인 참여 및 반응을 기대할 수 있다.

10. 교육 방법

① 먼저 아기가 어떻게 태어나는지 유아가 아는 대로 말해 보게 한다.

② 그림 자료를 이용하여 교사가 아기의 탄생 과정을 설명해 준다.

③ 교사의 설명이 끝난 후 3번 그림 자료를 이용하여 유아가 직접 정자와 난자가 만나는 과정을 설명해 보게 한다.

④ 유아에게 아기가 태어나는 과정을 신체로 표현해 보게 한다.

⑤ 6번 그림 자료를 다시 보여 주며 부모님이 유아를 사랑한다는 것을 상기시킨다.

PART 02

유아 교수 매체의 제작 및 활용

CHAPTER 05

그림 자료

1 그림 자료의 특성

그림 자료는 책이나 잡지에서 오려 낸 그림이나 사진, 그리고 교사나 유아가 직접 그린 그림 등을 의미하는 것으로, 사용이 간편하여 유아교육기관에서 가장 많이 활용되는 평면적 시각 자료이다.

그림 자료의 매체적 특성은 다음과 같다.

첫째, 실제 상황이나 사물이 유아의 능력으로는 이해하기 복잡한 내용인 경우, 간단하게 중심 내용만 강조되도록 그림으로 그려서 명료한 이미지를 연출할 수 있다.

둘째, 다양한 색상과 구성으로 유아의 주의 집중을 유도하며 학습에 대한 흥미를 불러일으킨다.

셋째, 오래 보존할 수 있다. 한번 제작하거나 구입한 그림 자료는 카드보드지에 드라이마운팅dry-mounting하거나 라미네이팅laminating, 플라스틱 코팅하여 반영구적으로 보관할 수 있으므로, 희귀한 사물이나 일회성의 자연을 효과적으로 보존할 수 있다.

넷째, 각종 잡지나 책, 신문 등 일상생활에서 접할 수 있는 인쇄 매체에서 쉽게 구할 수 있으며 직접 제작한다 하여도 비용이 적게 든다.

다섯째, 기본적인 필기구와 채색 도구만으로도 훌륭한 그림 자료를 만들 수가 있어, 다른 매체에 비해 제작이 쉽고 간단하다.

여섯째, 별다른 기재나 시설의 도움 없이 장소에 구애받지 않고 간편하게 제시할 수 있다. 또한 언제든지 교사가 개입하여 필요한 설명을 할 수 있다.

그러나 그림 자료를 실제로 사용하고자 하는 경우, 우리는 그림 자료가 지니고 있는 한계성으로 인해 다음과 같은 몇 가지 제한점에 부딪치게 된다.

우선 그림이나 사진의 크기가 적합하지 않을 때가 많다. 대집단의 유아들에게 보여 주기에 크기가 너무 작은 경우에는 실물 화상기나 칼라 복사기를 사용하여 확대하는 번거로움을 거쳐야 한다.

둘째, 정적인 매체이기 때문에 움직이는 사물이나 과정을 관찰할 수가 없다. 그러나 동작이나 진행 과정을 분절하여 단계별로 제시하는 데는 효과적이다.

셋째, 평면적인 성격으로 인해 원근감이나 심도depth of field의 느낌이 부족하다. 특히 입체성이나 심도의 지각이 중요한 개념 및 기술의 학습에서는 주된 학습 자료로 사용되기보다는 보조 자료로 사용되어야 할 것이다.

넷째, 그림 자료는 한 장씩 제시되는 단일 매체적 성격을 띠므로 낱장으로 수집된 자료를 모아 활용할 때는 전체적인 일관성을 갖추기가 어렵다. 예를 들어, 동물의 종류대로 여러 잡지에서 사진을 한 장씩 뽑아내었을 경우, 각 동물의 크기나 색깔, 자세 등이 일정한 기준을 가지고 있지 않기 때문에 코끼리와 쥐가 같은 크기로 제시되는 등 개념상의 혼란을 가져올 수 있다.

좋은 학습 자료가 될 수 있는 그림 자료는 다음과 같은 기준을 참고삼아 선택하도록 한다.

먼저, 무엇이 중심이 되는 내용인지를 분명하게 드러내고 있어야 한다. 중심 내용이 부각되면서도 실제와 가까운 명료한 그림 자료를 선택하되 지나치게 약화되었거나 추상적으로 표현된 만화 형태의 그림 자료는 명확한 개념을 전달하기 힘들다. 또 필요 없는 부차적인 부분이 지나치게 많아 메시지 전달에 혼란이

예상되면 원하는 부분만 확대기, 실물 화상기 등을 통해 뽑아내어 쓸 수 있다.

또한 구도, 색상, 선명도 등 시각적으로 매력적이어야 한다. 조잡하고 서투른 기법으로 제작된 상품화된 자료를 쓰기보다는 교사가 아이디어만 참고하여 직접 제작하여 사용하는 편이 더 효과적인 경우가 많다.

교사는 위와 같은 그림 자료의 특성과 선택상의 유의점들을 고려하여 평소에 잡지나 책, 각종 광고 용지, 카탈로그 등에서 유용하게 쓸 수 있는 자료를 수집한다. 날씨와 계절, 일상 및 가족생활, 동식물, 명절 및 행사, 교통수단, 세계와 지역 사회, 스포츠 및 예술 등의 큰 주제별로 파일을 만들어 분류해 두면 필요한 때에 적절하게 사용할 수 있어 수집하는 데 드는 시간과 노력을 절약할 수 있다.

2 그림 자료의 제작

초임 교사의 경우에는 그림 그리기에 자신이 없거나 단순히 그림 그리기에 익숙하지 않다는 이유만으로 언어로만 이야기 나누기, 토의 시간을 진행하거나 혹은 다른 교수 매체를 활용하는 수도 있다. 그러나 그림 자료가 가장 적합한 매체이거나, 상품으로 제작된 그림만으로는 교사가 제시하고자 하는 상황이 명확히 표현되지 않는 내용일 경우에는 교사가 직접 그림 자료를 제작해서 활용해야만 한다.

최근에는 컴퓨터의 활용으로 인해 다양하고 명확한 그림들을 쉽게 얻을 수 있고 그런 그림들을 프로그램을 이용하여 확대 · 축소할 수 있어서, 그림 자료의 활용이 더욱 폭넓어지고 있다. 다음은 손쉽게 그림 자료 및 그림동화를 제작하는 방법을 소개한 것이다.

1) 쉽게 그리는 방법

(1) 투사법을 이용한 그림 확대 방법

포스터의 제작이나 매우 크기가 큰 그림을 원할 때 원본 그림이 매우 작아 그대로 활용할 수 없을 경우 실물 화상기나 OHP 등을 이용하면 손쉽게 확대하여 그릴 수 있다. 유아들이 협동 벽화를 그릴 경우에도 유아들의 밑그림을 투사기를 이용하여 벽면에 확대 투사하여 옮겨 그린 후 채색을 할 수도 있다. 또 서로 다른 자료도 겹치게 투사하면 그리고자 하는 위치에 두 자료를 합성하여 그릴 수 있는 방법이다. 매끄러운 벽면에 그림을 그릴 종이를 붙여 투사된 그림의 형상대로 그림을 그린다. 협동 벽화의 경우는 종이를 붙이지 않고 벽면 그대로를 이용한다.

(2) 화보를 활용한 그림 제작 방법

신문이나 잡지, 교육용 책자, 동화책 등의 화보에서도 교육 활동에 적합한 그림이나 사진 자료를 얻을 수 있는데 복사를 하거나 부분적으로 오려서 뒷면에 배지를 붙여 사용한다. 복사를 할 경우에는 가능한 원본 크기 비율로 복사하고 확대나 축소를 할 경우에는 비율에 따라 선명도가 떨어지거나 크기가 너무 작아질 수 있다는 점을 고려한다. 오려서 사용할 경우에는 유아들에게 제시하기 적합하도록 뒷면 그림이 비치지 않게 다른 종이를 붙여서 사용한다. 코팅하지 않고 배지만 댄 원본을 벽면에 붙일 경우는 뒷면에 넓은 접착 테이프를 붙이고 그 위에 좁은 테이프를 둥글게 말아 붙이면 그림 자료가 손상되는 것을 막을 수 있다. 융판 자료나 막대 자료로 활용하기 위해 형상만을 오려내어 사용할 수 있는데, 이 경우에는 형상을 떼고 붙이는 일이 자주 일어나고 빈번하게 사용되므로 뒷면에 단단한 배지를 붙여야 하며, 형상은 그 자체만을 제시해야 하므로 크고 명확한 그림을 선택한다.

뒷면에 대는 배지는 여분을 남겨서 붙이는 경우가 많으므로 원 그림의 색채와 조화되면서도 원 그림이 부각되는 색을 선택하고, 함께 게시하는 다른 자료나 게시할 장소의 배경색까지도 고려하여 선택하며, 분위기에 어울리는 다양한 재질을 선택한다. 코팅을 할 경우에는 배지의 두께가 두껍지 않은 것을 선택한다. 원 그림이 너무 얇은 경우 본드를 사용하여 배지에 붙이면 원 그림 위로 본드가 배어 나오므로 적당한 접착제를 사용하거나 원 그림을 배지에 붙이기 전에, 도화지에 일차적으로 붙여 형상대로 오려서 배지에 붙이면 오래 사용할 수 있다.

[그림 5-1] 화보의 일부분을 배지에 붙여 제작한 그림 자료

[그림 5-2] 화보의 형상을 오려내어 제작한 그림 자료

2) 움직이는 그림 자료의 제작

(1) 자석을 이용한 방법

자석을 이용하는 방법으로는 두 가지를 들 수 있다. 자석을 이용한 그림 자료를 제시할 때 배경판을 사용하게 되는데, 자석이 붙는 특성을 활용한 판과 자석의 힘이 통과하는 특성을 활용한 판으로 구분할 수 있다.

우선 배경 그림에 큰 자석판을 붙이고 움직임을 주고자 하는 인물이나 사물을 따로 두꺼운 종이에다 그려 오려내어 뒷면에 작은 자석을 부착한 다음, 자석판이 붙은 그림을 배경으로 교사가 마음대로 인물이나 사물의 위치를 바꿔가며 붙였다 떼었다 할 수 있는 방법이 있다. 한글 자석판 자료와 같은 원리를 이용한 것이다. 인물이나 사물을 여럿 제작하여 배경 그림 위에 마음대로 등장시키면서 이야기를 전개할 수가 있다.

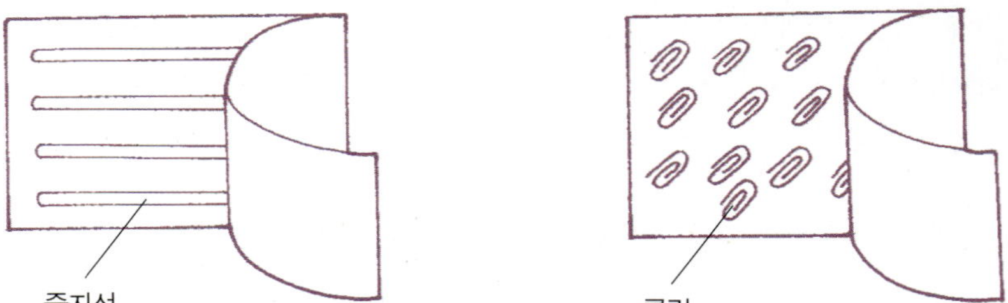

[그림 5-3] 자석이 붙는 특성을 활용한 판

자석을 이용한 또 하나의 방법은, 한 장의 그림을 사이에 두고 작은 자석이 붙은 인물이나 사물을 그림 뒷면에서 다른 자석으로 움직이는 것이다. 앞서 방법에서는 인물을 움직이는 교사의 손이 유아에게 보이게 되는 데 반해, 이 방법에서는 교사가 그림 뒤에서 자석을 움직이는 것이므로 마치 인물이 스스로 움직이는 듯이 보여 흥미로운 효과를 낼 수 있다. 인물이 걸어가는 장면을 연출할 때는 자석을 율동적으로 앞뒤로 흔들면서 서서히 앞으로 진행하게 하면 단조로운 움직임보다 더 재미있는 장면이 된다. 이때 배경 그림의 종이가 두꺼우면 자석의 끌어당기는 힘이 약해질 수 있으므로, 그림 뒤에서 움직이는 자석은 자력이 강한 큰 것을 쓰도록 하고, 배경 그림이 두껍지 않다 하더라도 움직이는 자료가 너무 무겁거나 자료에 붙은 자석 무게가 무거울 경우에는 떨어질 수 있다는 점을 고려하여야 한다. 또 자석의 극이 서로 밀어내는 방향이 안 되도록 자료를 제시하기 전에 미리 연습하는 시간을 가진다.

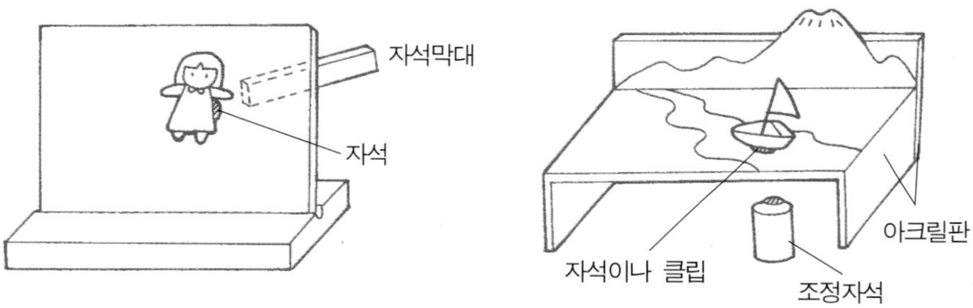

[그림 5-4] 자석의 힘이 통과하는 특성을 활용한 판

전자의 경우는, 전체를 모두 자석판으로 붙이지 않고 자석이 붙는 할핀, 클립, 고무 자석, 줄 자석, 함석 등의 재질을 필요한 부분에만 붙여 사용할 수도 있는데, 이는 특정 숫자만큼만 사물을 붙일 수 있게 만든 자기 수정적 수 교재에서 많이 사용된다.

후자의 경우는 하드보드지나 아크릴판으로 배경판을 만들어 사용하는 경우가 많으며, 아크릴판의 경우는 주로 수평으로 놓은 상태에서 길을 찾거나 길을 따라가는 형태의 내용을 제시할 경우 효과적이다. 하드보드지나 아크릴판의 경우는 반드시 뒤에서 조정하는 자석을 계속 붙여 놓아야 하지만, 얇은 함석판을 사용할 경우에는 자석의 붙는 성질과 통과하는 성질 모두를 이용할 수 있다. 즉 하나의 그림 자료를 붙여 놓고 다른 그림 자료를 뒤에서 자석으로 조정할 수 있으므로, 수직판에서 움직이며 제시해야 할 자료가 많을 때 매우 효과적으로 사용할 수 있는 방법이다.

(2) 평면 그림에 변형을 주는 방법

1 칼집을 이용한 그림 자료

그림판에 움직이려는 방향으로 칼집을 내고 조각 그림을 끼워 손잡이를 부착해 움직이게 하는 방법이다. 낚싯줄을 이용한 자료와는 달리 조각 그림을 바꾸어 제시할 수 있으므로, 보다 다양하게 활용할 수 있으며 가장 많이 이용되는 방법이기도 하다. 칼집은 제시할 내용에 따라 직선이나 곡선으로 틈을 낼 수 있는데, 길이가 너무 길거나 심한 굴곡은 조작에 있어 어려움이 있으므로, 길이를 적당하게 조절하고 곡선일 경우에는 완만한 곡선을 내도록 한다.

앞면

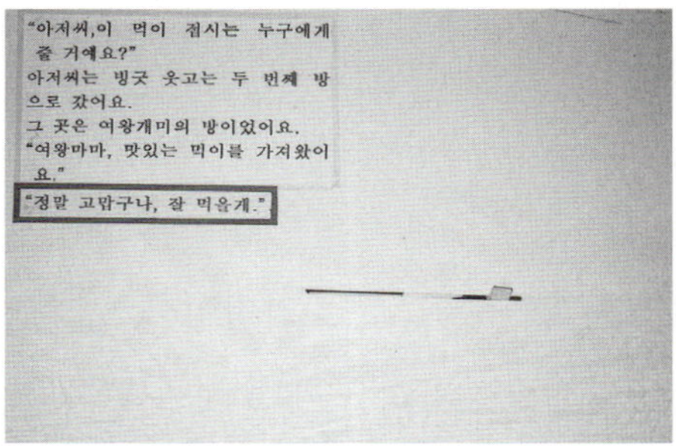

뒷면

[그림 5-5] 칼집을 이용한 동화 자료의 앞면과 뒷면

2 낚싯줄이나 끈을 이용한 자료

낚싯줄을 이용한 자료는 그림판에 구멍을 뚫어 연결한 낚싯줄에 조각 그림을 끼워 일직선으로 움직이게 하거나 낚싯줄을 화면 앞쪽에 드리우는 방식으로 제작할 수 있다. 칼집에 끼우는 방법처럼 일직선으로 움직이게 제작할 경우, 일직선으로 움직이는 효과는 유사하나, 낚싯줄을 따라 움직이게 만들기 때문에 칼집처럼 곡선의 움직임을 표현하기는 어렵다. 따라서 직선 방향의 움직임을 표현할 때 효과적인지를 판단하여 사용하며 장면 연출을 어떻게 할 것인지 미리 고려하여 낚싯줄의 위치를 정한다. 제작 시 주의할 점은 그림판 뒷면에 출발점과 도착점을 표시해야 하며, 두 개 이상의 자료를 동시에 움직이게 할 때는 두 개의 자료를 낚싯줄로 연결하거나 긴 손잡이를 두 개 자료와 연결해 움직이게 만들 수 있다.

끈을 이용한 자료는 반입체적인 부직포 인형이나 평면 조각 그림을 끈에 연결해 움직일 수 있게 만드는 자료로서, 계속 반복하여 등장하는 인물 표현이나 동화책의 주인공을 이 방법으로 제작하여 장면을 넘겨도 끈을 이용해 계속 이동시켜 활용하도록 하는 방법이다. 이때 각 장면마다 조각 그림이 놓일 위치를 고려해 주머니 형태나 벨크로테이프 등을 활용해 다양성을 추구할 수도 있다.

[그림 5-6] 낚싯줄을 화면 앞쪽에 드리우는 자료

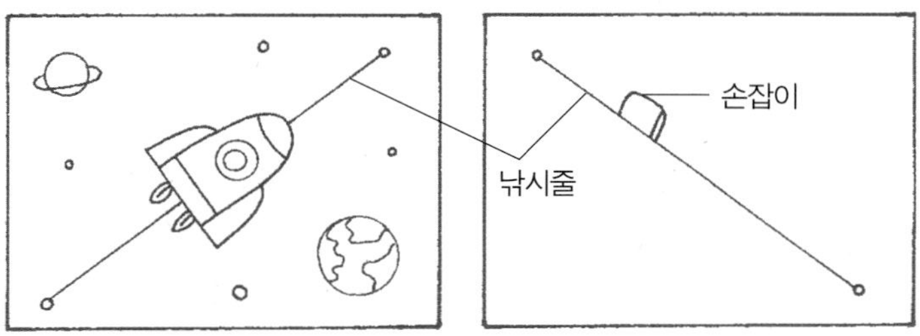

[그림 5-7] 낚싯줄에 그림을 붙여 움직이게 만든 자료의 앞면과 뒷면

3 할핀 혹은 Y핀을 이용한 그림 자료

일정한 방향으로는 움직일 수 없으나 사람이나 사물의 움직임을 부각시킬 때 효과적인 방법이다. 이 방법은 할핀을 꽂은 조각 그림이 할핀을 축으로 하여 움직이는 자료로서 조각 그림 전체를 움직이게 할 수도 있고, 조각 그림의 일부, 예를 들어 사람의 팔과 같은 관절 부위나 동물의 꼬리 등의 부분적인 움직임을 표현할 수도 있다.

[그림 5-8] 할핀으로 신체 부분을 움직이게 만든 자료

4 투명지를 이용한 그림 자료

OHP용 TP나 코팅 필름 등의 투명성을 이용하여 그림 자료를 만들 수 있다. 겹치기 효과를 활용하여 다른 장면을 연출할 수 있으므로 몇 장을 묶어 동화책으로 제작하기도 하며, 색의 중첩을 알아보는 과학 자료로도 활용된다. 또 아세테이트 재질의 비닐에 유성매직으로 다양한 그림을 그린 후 비닐 아래 검은색 배지를 받쳐 놓고, 흰색 종이로 돋보기 모양을 만들어 비닐과 검은색 배지 사이에 부분 배지가 되도록 끼워 넣어서 보면 비닐에 그린 그림이 선명하게 부각되는 효과를 누릴 수도 있다.

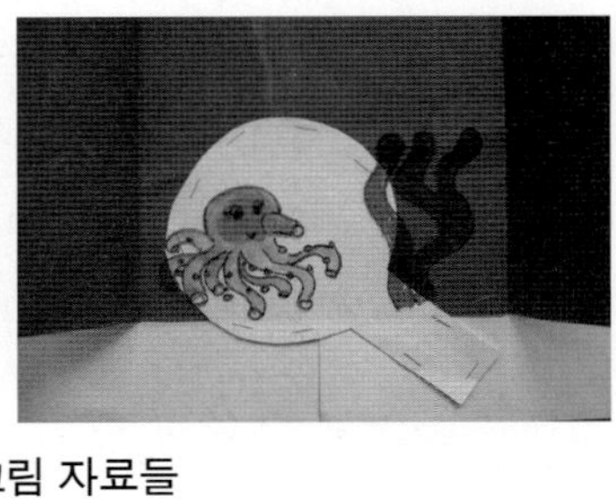

[그림 5-9] 투명지를 이용한 그림 자료들

5 벨크로테이프를 이용한 그림 자료

반입체적인 부직포 인형이나 평면 조각 그림을 특정 위치에 벨크로테이프를 이용해 붙이는 방법으로, 한 장면에서 등장 순서를 시간적으로 다르게 제시하고 싶을 때 혹은 입체적인 효과를 통해 시각적으로 부각시키고 싶을 때 활용하는 방법이다.

자료를 붙이기 전 자료를 붙인 후

[그림 5-10] 벨크로테이프를 이용한 자료

6 기타 그림 자료

그림판을 돌려가며 부분적으로 제시할 수 있게 회전형으로 제작하거나, 그림판을 두 겹으로 만들어 카드를 끼우거나 일부분을 문처럼 열어볼 수 있게 만들 수 있다. 회전판의 경우 동시를 소개하거나 그림과 글자 맞추기, 수수께끼 등을 소개하는 데 효과적이다. 또 배경판보다 조금 돌출되는 느낌이 들도록 입체 카드 형식으로 칼집을 내어 조각 그림을 붙여 만들면, 움직이지는 못하더라도 평면의 그림보다는 단순하게나마 입체 형태의 자료로 활용할 수 있으며, 헝겊 등을 이용하여 동물들의 털을 표현할 수도 있다. 또 다른 방법으로, 종이를 창살 형식으로 오려낸 후 이중 효과를 내는 그림 카드를 끼워 좌우 방향으로 잡아당기면 다른 그림이 나타나도록 제작하는 방법도 있다. 또 식물이 자라는 느낌이 들게 하거나 연속되는 장면을 표현하기 위해 잡아 빼는 형태로 제작하는 경우도 있다.

[그림 5-11] 회전판을 이용한 이야기 꾸미기 자료

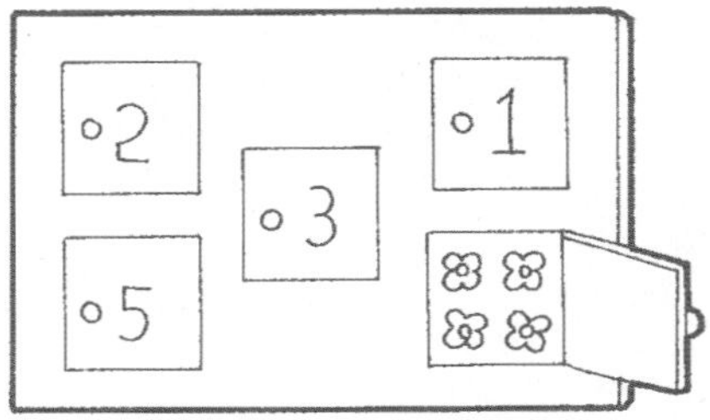

[그림 5-12] 일부분을 문처럼 열리게 제작한 자료

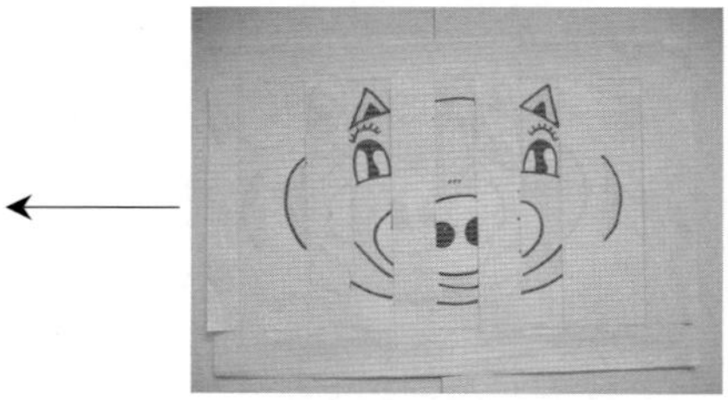

그림 카드를 왼쪽으로 잡아당겼을 때

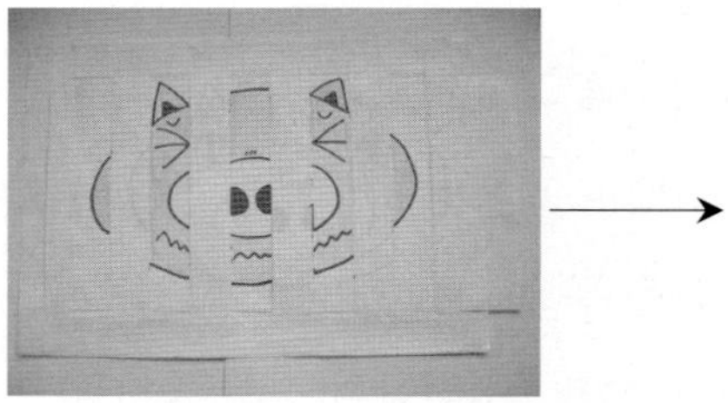

그림 카드를 오른쪽으로 잡아당겼을 때

그림을 집어넣을 창살 형식의 틀과 틀에서 빼낸 이중효과를 내는 그림 카드

[그림 5-13] 이중 효과를 내는 자료

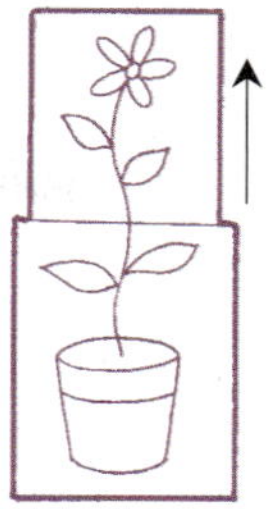

[그림 5-14] 잡아빼는 형태로 제작한 자료

3) 그림동화의 제작

(1) 낱장식 그림동화 및 그림극

그림을 여러 장 그려서 한 편의 시리즈를 만들어 유아들에게 한 장씩 제시하면서 각 그림에 해당하는 이야기를 들려주는 방법이다. 작은 동화책을 대집단에게 들려주고자 할 때 실물 화상기를 이용할 수도 있지만, 보다 부분적인 특징을 살려주기 위해 교사가 동화 장면을 수정하여 제시하고자 할 때 제작하는 방법이다. 낱장식 그림동화의 형식을 빌려 이야기 나누기 자료를 줄거리가 있는 그림극으로 제작하여 사용하기도 한다.

이런 자료들은 사진이나 영화에 비해 현실감이 부족하고 입체감이 없으며, 주의를 집중시키기 힘든 특성을 가지고 있으므로 앞에서 제시한 '평면 그림에 변화를 주는 방법'을 다양하게 적용하여 제작하는 것이 효과적이다. 낱장식 그림동화 혹은 이야기 나누기 자료의 제작 방법은 다음과 같다.

① 낱장으로 제작할 동화를 선정한다. 이야기 나누기일 경우 목적과 주제, 대략적인 내용을 결정한다.

② 어떤 부분을 장면으로 옮길지 결정한다. 내용이 길 경우에는 각 단락별로 적합한 그림 장면을 선택하여 장면을 재구성한다. 이때 어느 한 단락이 특별히 짧거나 길지 않도록 주의한다. 대개 유아를 대상으로 할 경우 장면 수를 8~12 장면 정도로 하는 것이 적당하다.

③ 각 장면별로 동화 내용이나 해설을 작성한다. 한 장면당 해설의 길이는 200~300자 정도의 글자수로 시간은 보통 1분 이내가 되게 하며, 전체 해설의 길이는 5~10분 정도가 적당하다. 해설은 가급적 직접 화법의 회화체를 사용하고, 서술식의 설명이 너무 많이 들어가지 않도록 주의한다.

④ 하드보드지나 마닐라지와 같은 두꺼운 종이를 선택하여 그림을 그린다. 이야기 나누기 자료는 도화지를 이용할 수도 있다. 이야기 나누기의 경우 스케치북에 그려 주제별로 쉽게 찾을 수 있게 제작하는 경우도 있다. 각 장면을 그릴 때는 인물과 배경이 명확히 구분되도록 표현하고, '평면 그림에 변화를 주는 방법'을 다양하게 적용하여 제작한다.

⑤ 각 장면의 그림 뒷면에 해설을 기입한다. 평면 자료일 경우는 장면을 자연스럽게 넘기면서 들려주게 되므로 해당 그림의 앞장 뒷면에 기입한다. 예를 들면, 첫째 장 그림의 내용을 제일 마지막 장의 뒷면에 쓰고 둘째 장 그림의 내용은 첫째 장 뒷면에 기록한다. 이렇게 해설의 순서를 다르게 해야 제시할 때 해설 내용이 다음 그림에 의해 가려지는 일이 없게 된다. 하지만 평면에 변화를 주어 제작한 자료일 경우에는 한 장씩 조작하면서 제시하게 되므로 각 장면에 해당되는 내용을 그 자료 바로 뒷면에 기록해야 한다. 기록할 때는 교사가 확실히 볼 수 있도록 크게 적으며 회화체의 내용이나, 강조해서 톤을 달리할 내용에는 밑줄을 긋는 등 특별한 표시를 한다.

⑥ 손가리개용 틀을 제작하여 제시할 수도 있으나 보통 교사가 앉은 상태에서, 책상 위에서 그림을 제시하거나 무릎에 놓고 제시하는 경우가 많다.

[그림 5-15] 낱장식 그림동화

(2) TV 동화

TV 동화는 제시하고자 하는 그림 내용을 텔레비전 형태의 틀을 이용하여 제시하는 방법으로서, 단순히 낱장을 순서대로 바꿔 끼워 제시하는 낱장식 TV 동화와 그림 장면을 순서대로 붙여서 연속 화면처럼 조정 막대를 돌리면서 제시하는 파노라마식 TV 동화가 있다. 유아교육기관에서는 낱장식 TV 형태보다는 파노라마식 TV 형태로 제시하는 경우가 더 많다.

앞면　　　　뒷면

[그림 5-16] 상품화된 파노라마식 TV 동화

파노라마식 TV 동화는 장면을 연속적으로 제시할 수 있어서 새가 날아가는 것과 같은 동적인 표현을 할 경우 효과적이며 유아의 흥미를 불러일으키지만, 조정 막대에 감아 돌리면서 제시하기 때문에 입체적인 표현을 할 수가 없다. 하지만 낱장식 자료보다는 내용 전개가 끊어지지 않고 자연스럽게 연결되는 느낌을 준다. TV 형태의 제작은 동화뿐만 아니라 동시나 새로운 노래를 그림으로 제시할 경우에도 사용할 수 있다. 파노라마식 TV 동화 틀과 동화 자료의 제작 방법은 다음과 같다.

① TV 동화 틀을 먼저 제작한다. 나무판이나 하드보드지를 이용하여 텔레비전 형태처럼 만든다. 재활용 상자를 활용할 경우 앞과 뒤를 칼로 잘라낸다. 이때 앞면은 TV화면처럼 보이도록 액자 형식□ 모양의 가장자리를 남긴다. 틀의 크기는 집단에 따라 적절하게 제작하면 되는데 집단에게 제시할 경

우에는 크기가 최소한 27×39cm약 8절 크기 이상은 되어야 한다.

② 화면의 좌우 윗면에 조정 막대의 지름보다 3~5mm 정도 넓은 구멍을 낸다. 이때 그림 종이가 감길 두께와 화면에 조정 막대가 보이지 않도록 고려하여 옆면의 여유를 적당히 남겨야 한다. 조정 막대는 PVC나 나무 막대를 사용할 수도 있고 랩 심과 같은 재활용품을 사용할 수도 있는데 TV 틀의 높이보다 5~10cm 정도 긴 것이 좋다. 이때 조정 막대의 아랫부분이 놓일 위치에도 윗면과 같은 크기의 구멍이 뚫린 작은 조각回 모양을 덧붙여야 막대를 조정할 때 이리저리 움직이지 않고 지탱해 주는 역할을 한다. 틀이 완성되면 색칠을 하거나 한지 혹은 컬러시트지로 꾸민다.

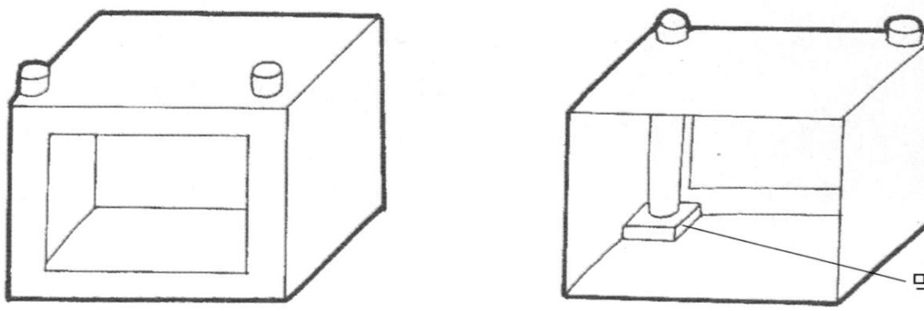

[그림 5-17] TV 동화 틀 제작

③ 그림을 그릴 종이를 준비한다. 도화지에 그리면 말아서 보관할 때 많은 구김이 가서 오래 사용하기 힘들기 때문에, 말아서 보관해도 구김이 잘 가지 않는 재질을 선택한다. 종이의 세로 길이는 TV 틀의 화면 높이보다는 길어야 하지만 TV 틀 높이보다는 짧아야 한다. 종이가 화면보다 작으면 그 사이로 교사나 교실 환경이 보일 수 있어서 시각적 효과가 떨어지며, 종이가 틀의 크기만큼 되면 그림이 잘 돌아가지 않아 제시할 때 불편하므로 화면 크기보다 조금 큰 정도로 제작한다. 가로 길이는 장면 수에 따라 필요한 만큼 연결하여 제작하면 되는데, 조정 막대에 붙여 사용하다가 손상될 경우 잘라낼 것을 감안하여 양끝에 여유 종이를 50cm 정도 붙이고, 세로로 접착테이프도 붙여서 손상을 줄인다. 여유 종이와의 연결 부분은 컬러테이프로 표시해서 조정 막대에 항상 감아둠으로써 화면에 나타나지 않

도록 한다. 끝까지 감을 경우 종이가 찢어질 수 있음을 유의한다.

④ 그림을 그릴 때는 앞 장면에 나오는 사물과 다음 장면에 나오는 사물을 연결하여 그리는 등, 장면이 자연스럽게 연결되도록 그리며 동적인 장면을 살려서 그려준다. 완성한 그림을 연결할 때는 앞에서 볼 때 왼쪽부터 동화 제목이 나오도록 순서대로 연결하는데, 각 장면마다 간격을 두지 않고 붙여나간다. 이때 연속적인 특성을 살리기 위해 앞쪽에는 장면 분리선을 표시하지 않고, 교사가 장면을 바르게 제시할 수 있도록 뒷면에만 장면 분리선을 표시한다.

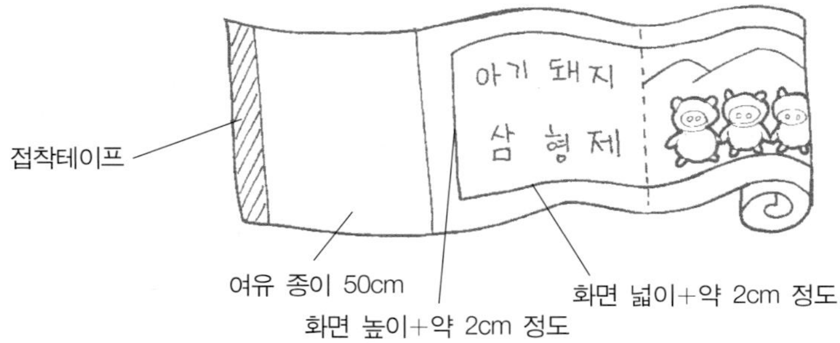

[그림 5-18] TV 동화 그림 제작

⑤ 각 장면의 내용은 다른 종이에 적어 교사가 잘 볼 수 있는 위치에 들뜨지 않게 붙인다. 각 장면 뒤에 바로 적게 되면 그림 앞쪽으로 글자가 비칠 수 있기 때문이다. 다른 종이에 내용을 적어 붙일 경우에도, 들뜬 부분이 생겨 종이가 잘 감겨지지 않는 일이 없도록 붙이고, 접착제를 많이 사용할 때 종이가 변형될 수 있다는 점을 고려한다.

⑥ 그림동화의 시작 장면 옆의 여유 종이를, 앞쪽에서 볼 때 왼쪽 조정 막대에 붙인다. 조정 막대에 접착테이프를 사용하여 붙이기도 하지만 사용 후 그림 자료를 떼기 쉽도록 벨크로테이프를 활용하기도 한다. 이 과정에서 화면에 각 장면들이 바르게 보이도록 수평을 잘 유지해야 하며, 조정 막대가 시계 방향으로 돌아가도록 종이를 붙여야 화면에 밀착시켜 제시할 수 있다. 종이를 왼쪽 조정 막대에 거의 다 감았을 때 끝장면의 여유 종이

를, 앞쪽에서 볼 때 오른쪽 조정 막대에 붙인다. 종이를 모두 붙이고 나면 다시 시작 화면으로 돌려놓는다.

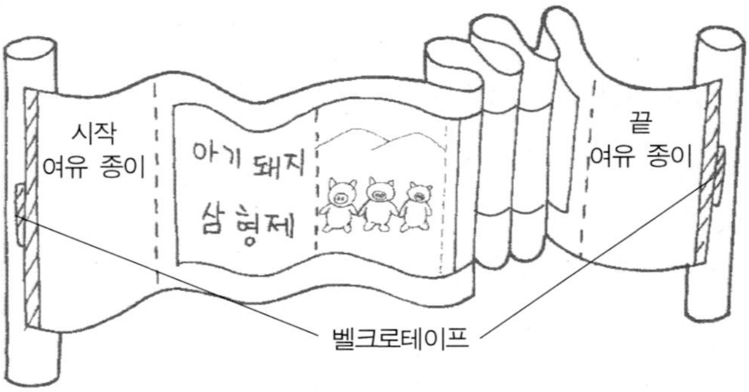

[그림 5-19] 조정 막대에 그림 연결

TV 동화는 집단에서도 제시할 수 있지만 자유 선택 활동 시간에 개별적으로 혹은 2~3명이 함께 활동할 수 있는 자료이다. 집단에서 교사가 제시할 때 유아들이 TV 틀에 관심이 더 많아 동화 자체에 집중을 하지 못할 경우가 있으므로, 처음 제시할 경우에는 TV 틀의 작동 방법을 먼저 소개하여 탐색 시간을 제공하는 것이 좋다. 교사가 TV 틀을 제작할 때 유아들과 함께 하는 것도 좋은 방법이 될 수 있다.

한편 교사의 제시가 끝나거나 유아들의 활동이 끝난 TV 동화 자료는, 다른 동화 자료를 붙여서 틀을 효율적으로 활용할 수 있도록, 조정 막대에서 떼어 내어 두루마리처럼 말아서 보관한다.

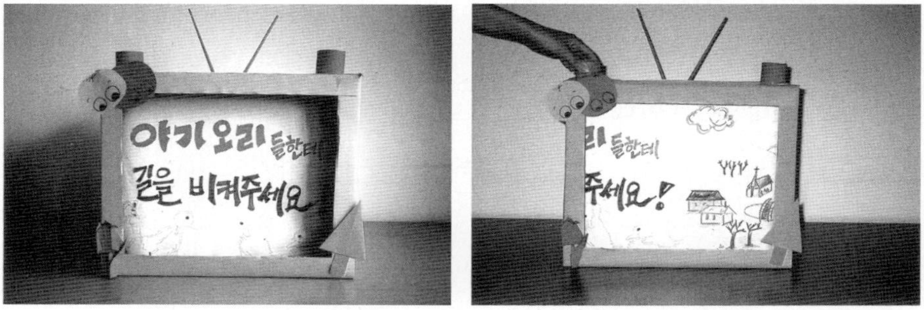

[그림 5-20] 제작한 파노라마식 TV 동화

(3) 기타 그림동화

낱장식 그림동화나 TV 동화 외에도 동화책 형식이면서 책 안에는 입체로 만들어진 사물을 조작할 수 있게 만든 동화 자료를 만들 수 있다. 또 동화의 내용이 사물을 탐색하는 줄거리로 진행된다면 등장인물이나 사물에 다양한 재질의 천을 붙여서 부분적인 사실감을 살려 제작할 수 있다. 이 외에도 회전판을 이용하여 돌려가며 부분적인 장면이 나오도록 제작하는 방법, 디오라마를 이용하여 그림 자료를 막대로 만들어 동화를 제시하는 방법 등이 있다.

[그림 5-21] 헝겊을 뒤에 붙여 동물의 털을 표현한 그림동화

[그림 5-22] 곡식과 노끈을 붙인 그림동화

3 컴퓨터를 이용한 그림 자료

유아교육기관에서 컴퓨터의 사용이 보편화되면서 컴퓨터를 활용하여 그림 자료를 제작하는 경우가 많아졌다. 인터넷상에서 제공하는 이미지를 검색하여 다양하고 선명한 그림 자료들을 손쉽게 찾으며 포토샵과 같은 이미지 편집 프로그램 등을 이용하여 원하는 그림으로 수정도 가능하다. 컴퓨터에서 제공하는 이미지의 크기와 방향 등을 알맞게 조절하고 인쇄한 후 코팅하여 주제별로 분류, 보관하면 그림 자료를 영구적으로 활용하는데도 무리가 없다.

인터넷에서 필요한 그림 자료와 그림 파일을 찾아서 활용하는 방법은 다음과 같다.

첫째, 인터넷의 검색엔진에서 찾고자 하는 이미지의 주제어를 입력하여 그림을 찾아본다.

[그림 5-23] 주제어 '전통의상'으로 찾은 이미지

둘째, 인터넷에서 마음에 드는 그림이나 사진 자료를 찾았으면 다운로드하거나 해당하는 그림 위에 마우스를 두고 오른쪽 클릭을 한 후 메뉴에서 '다른 이름으로 사진 저장'을 선택하여 디스크에 파일을 저장하거나 복사한다.

[그림 5-24] 인터넷에 있는 그림 저장 또는 복사

셋째, 키보드의 프린트 스크린Prt Scr 키를 이용하여 원하는 그림이 포함된 화면 전체를 복사한 후 이를 그림판이나 워드프로세서, 파워포인트 등의 프로그램에 불러오거나 붙이기를 하여 편집, 활용한다. 프린트 스크린키는 보통 삽입Insert, 홈Home, 페이지업Page Up 키 위에 있다.

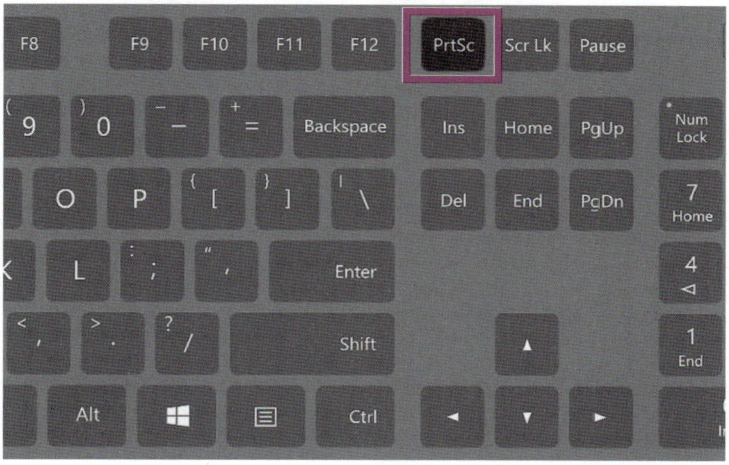

[그림 5-25] 컴퓨터 키보드의 프린트 스크린 키

4 그림 자료의 활용

그림 자료는 수집 과정이 용이하고 활용도가 높아 자유 선택 활동 영역에서 활동과 관련된 전시를 하거나, 개념 학습 혹은 이야기 나누기, 동시 및 동화·동극, 음률 활동 등의 대·소집단 활동을 할 때 다양하고 광범위하게 사용되며 다른 교수 매체를 제작할 때에도 기초 자료로 사용된다.

1) 자유 선택 활동

(1) 전시 및 환경 구성

유아교육기관의 교육과정에 따라 교사가 단원이나 주제와 관련된 그림이나 사진들을 벽면이나 가리개, 게시판 등의 공간에 전시하여 유아들의 활동과 학습에

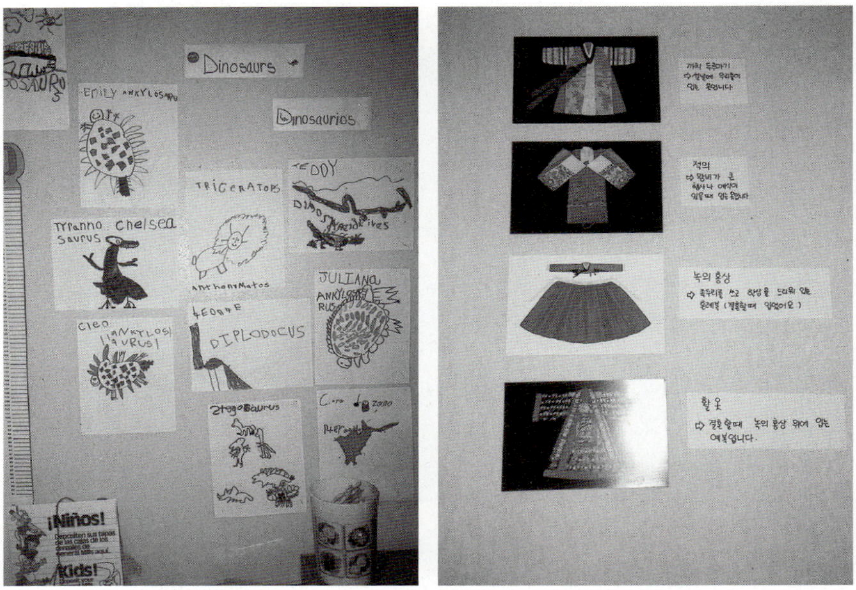

[그림 5-26] 주제와 관련된 전시 및 환경 구성

도움을 주는 관찰 자료로 활용할 수 있다. 교사가 전시한 그림 자료 외에도 유아들이 활동을 수행하면서 조사한 그림이나 사진 자료, 자신들의 그림 작품 등을 전시하는 것은 활동에 참여하는 유아들의 의욕을 촉진하는 효과적인 방법이다.

그리고 유아의 그림 작품을 전시할 때는 이름과 함께 자신이 정했던 작품 제목이나 설명을 교사가 기록하여 놓으면, 유아로 하여금 개인적으로 존중받고 있음을 느끼게 하고 다음 활동에 대한 동기 유발이 될 수 있다.

(2) 자유 선택 활동 자료

자유 선택 활동 시간은 유아들의 자유로운 탐색과 활동이 일어나므로 유아들이 수준별로 적극적이고 깊이 있는 활동을 할 수 있도록 특히 교수 매체 자료에 세심한 준비를 필요로 한다. 특히 언어 활동 및 수·과학 개념을 확장하도록 돕는 교재·교구들은 대부분 그림과 사진을 이용한 자료들이다.

쌓기놀이 영역에서는 중세의 성이나 공원, 동물원, 은행, 비행장 등 구성 활동이 활발히 일어나도록 도와주는 주제와 관련된 그림 및 사진 자료를 제시하여 아이디어를 확장시키는 데 도움을 줄 수 있다. 이외에도 유아들이 쌓은 구조물을 사진으로 찍어 벽면에 게시하면 그것을 직접 만든 유아들에게 자부심을 느끼게 해줄 뿐만 아니라 다른 유아들의 쌓기놀이에도 도움이 된다.

역할놀이 영역에서는 우체국놀이, 세탁소놀이, 병원놀이 등에 관한 역할을 이해하기 쉽도록, 편지가 배달되는 과정이나 병원 진료 과정이 소개된 자료를 제시할 수 있다. 또 인형극이나 동극을 공연하기 위한 배경 자료에도 그림 자료가 사용된다. 쌓기놀이 영역과 연계하여 그림 자료를 활용하면 효과적이다.

언어 영역에서는 개념 이해와 확장을 도와주는 여러 종류의 도서류, 동화나 동시책, 어휘력 발달을 도와주는 카드나 이야기 꾸미기 자료, 그림과 글자를 짝짓는 카드 등 대부분이 그림 자료이다. 이런 그림 자료들은 글자와 연결해야 하는 경우가 많으므로 가능한 실물 사진이나 소프트웨어, 웹을 이용한 클립아트 같은 명확한 그림을 사용한다.

[그림 5-27] 언어 영역의 이야기 꾸미기 그림 자료

조작놀이 영역에서는 상품화된 퍼즐 외에도 그림을 직접 그려서 퍼즐로 만들 수도 있다. 또 소규모로 조립하는 교재의 경우에는 다양한 조립 모델을 예로 보여주는 사진이나 그림 사전을 함께 제공하여 참고 자료로 사용할 수 있다.

[그림 5-28] 조작놀이 영역의 퍼즐용 그림 자료

수놀이 영역은 1 : 1 대응하기, 수세기, 분류, 비교, 패턴 등의 개념을 실물이나 모형으로 직접 다루는 것이 좋으나 실물에 대한 활동 후에 개념을 보다 명확

히 이해하고자 할 때 그림 자료를 많이 사용한다. 그림과 숫자를 연결시킨 자료나 종류별로 구분하고 분류하는 활동을 할 때 다양한 그림 자료가 사용된다. 또 사건의 논리적인 순서를 설명하거나 예측할 때도 그림 자료가 쓰일 수 있다.

[그림 5-29] 사건의 논리적인 순서를 설명하는 그림 자료

과학 영역은 직접 탐색하는 활동이나 실험으로 구성되지만, 이러한 활동을 하기 위한 기초 개념을 파악할 때 그림 자료가 사용된다. 주로 자연 현상에 대한 장면이나 동·식물의 세계에 대한 시각적인 정보가 필요할 때 사진 자료가 유용하게 사용되며 실험이나 요리 활동의 순서를 쉽게 전달하고자 할 때 그림 자료를 활용할 수 있다.

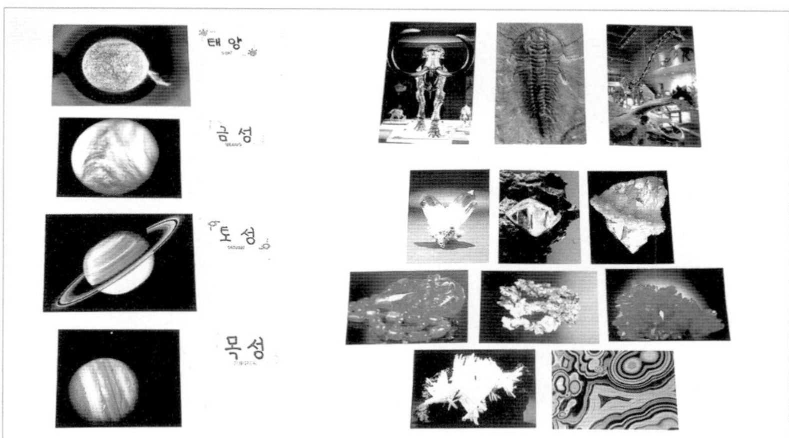

[그림 5-30] 과학 영역에서 활용되는 그림 자료

조형 영역은 색종이 접기나 물감을 사용하는 활동과 같이 설명이 요구되는 활동을 소개할 때 그림 자료를 활용할 수 있다. 또 예술가들의 소개나 그들의 작품을 전시할 때 화보나 잡지, 엽서, 달력 등의 그림이나 사진을 이용할 수 있다.

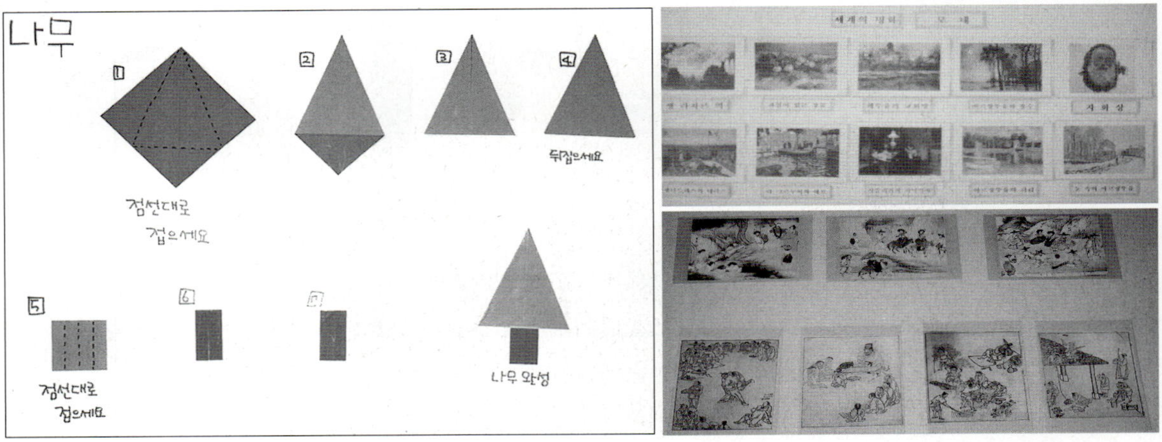

[그림 5-31] 조형 영역의 그림 자료

음률 영역에서는 노랫말을 그림으로 나타내거나 악기의 종류와 사용법에 대한 자료를 그림으로 제공할 수 있다. 또 여러 가지 신체 동작을 그린 자료나 사진을 제공하여 표현 활동에 도움을 줄 수 있으며, 음악 감상용 보조 자료나 소리의 장단, 고저, 셈여림, 빠르기 등의 표현에도 그림 자료가 활용된다.

이외에도 그림 자료는 자유 선택 활동 시 컴퓨터 영역, 물·모래 놀이 영역, 목공놀이 영역, 실외 영역에서 다양하게 사용될 수 있다.

2) 대 · 소집단 활동

(1) 개념 학습

유아교육기관에서 그림이 가장 많이 활용되는 경우는 사물의 명칭이나 색깔, 직업의 기능 등의 기본적인 개념과 분류 학습을 할 때이다. 이 밖에 원리나 과정, 순서의 학습에도 효과적인 매체로 등장한다.

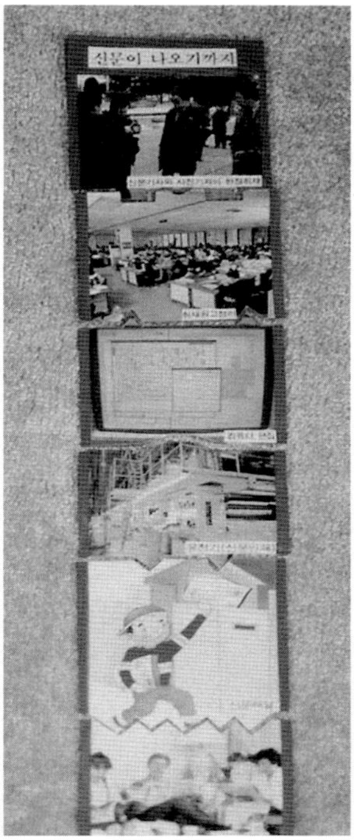

유아의 경우 영화나 비디오 자료같이 연속적인 동작보다는 정지된 장면으로 제시하는 그림 자료가 각 단계별로 동작의 특징을 그별해 내기가 쉽다. 식물이 자라는 과정이나 신문이 만들어지는 과정을 예로 들 수 있다.

[그림 5-32] 개념 학습을 위한 그림 자료

(2) 이야기 나누기

그림 자료는 유아의 효과적인 동기 유발을 위한 이야기 나누기 활동 혹은 갈등 상황이나 잘 지켜지지 않는 규칙 및 질서에 관련된 특정 상황의 토의 자료로도 활용된다. 이러한 경우에는 그림이 매우 간략하고 분명하게 중심 주제를 나타내고 있어야 유아들의 사고가 다른 방향으로 빗나가지 않게 된다.

이 밖에 견학이나 소풍처럼 일상생활 사진이나 생일잔치를 맞이한 유아의 성장 사진, 혹은 몽타주 기법으로 유아들 얼굴만 사진으로 붙이고 배경은 그림으로 그린 학습 자료에서 유아들의 실물 사진을 직접 이용할 수 있다. 이 경우 경험 재현이 쉽고 현실감이 강하게 작용하므로 이야기 나누기가 보다 활기 있고 흥미롭게 진행된다.

[그림 5-33] 이야기 나누기를 위한 그림 자료

[그림 5-34] 게임 활동 도입을 위한 이야기 나누기 그림 자료

(3) 동화 · 동시 · 동극

동화나 동시 자료를 그림을 이용하여 낱장식, 막대, 회전판, TV 동화 자료로 만들거나 동극 자료를 그림 머리띠나 가면 등의 방법으로 제작하여 다양하게 활용할 수 있다.

동화를 들려줄 때 가장 많이 활용하는 낱장식 그림동화는 작은 동화책 내용과 삽화를 참고로 하여 대집단에게 소개하려고 제작하는 경우가 많다. 다양한 제작 방법은 앞서 소개되었던 '움직이는 그림 자료의 제작' 부분에 구체적으로 제시되어 있다.

유아에게는 동화와 동시를 소개할 때는 문맥적으로 이해하도록 하는 총체적인 접근이 보다 효과적이므로, 동시 자료도 그림동화처럼 흥미와 상상력을 불러일으키는 다양한 방법으로 제작해서 사용하면 된다. 동극을 위한 자료를 준비할 때 유아들이 직접 그린 그림을 머리띠나 가면, 목걸이 등 역할을 나타내는 데 활용하면 적극적인 참여를 유도할 수 있다.

대집단에게 제시되는 자료는 큰 동화 · 동시책과 같이 크기가 큰 것을 제시하고 낱장 동화나 그림동화의 시리즈는 대개 열 장 내외로 5~10분 길이가 적당하며, 각 그림당 크기는 최소한 27×39cm약 8절 크기 이상이 되어야 한 집단의 유아가 모두 볼 수 있다. 일반적으로 20명 정도의 대집단에서는 4절 크기의 그림 자료가 많이 제시된다.

소집단에게 제시되는 동화나 동시 자료의 크기는 인원에 따라 다르지만 대집단에게 제시하는 것만큼 크지 않아도 되며, 출판사에서 제작한 작은 동화책이나 동시 자료를 그대로 이용할 수도 있다. 하지만 화면은 커도 그림 안의 형상이 너무 작으면 내용 전달이 어려울 수 있고 주의가 분산될 수 있으므로 적어도 16절 크기 이상은 되어야 하며 화면에 형상이 크게 나타나도록 제작된 것이 좋다.

낱장 그림동화의 경우 각 장의 그림 뒷면에는 그림 내용을 적어 두고 교사가 그것을 보아가며 이야기하게 되는데, 이때 그림을 너무 높이 올리면 교사의 입을 막아 말소리가 분명하지 않게 들리는 수가 있으므로 주의하고, 자료가 무거울 경우는 책상을 이용해 안정감 있게 제시하도록 한다. 한 장면에서 다음 장면으로 넘어갈 때는 우측으로 한 장씩 빼내는 방법을 쓰는데, 장면의 분위기에 따라 빼내는 속도를 달리하거나 일단 반만 빼내는 방법을 쓸 수도 있다. 또한 교사가 동화 내용을 읽는 것에만 신경 쓰거나 동화 자료를 조작하는 것에만 집중하면 유아들과 적절한 상호작용을 할 수 없으므로 유아들의 반응을 살펴가며 구연하고, 교사가 등장인물의 여러 역할을 혼자서 담당하게 되므로 목소리에 변화를 주어 흥미를 높인다. 또 동화 전개 과정에 따라 제시 순서나 등장 순서를 번호로 적어 동화나 동시를 제시할 때 자연스럽게 연결되도록 해야 한다. 따라서 미리 교사가 각 그림의 내용을 충분히 익혀두고 연습해 보는 것이 좋다.

[그림 5-35] 동극 활동에 사용된 그림 자료

(4) 음률 활동

새 노래를 배울 때나 동작 표현 활동 시에 그림 자료를 효과적으로 사용할 수 있다. 유아들에게 문자로 노랫말만 적은 자료를 제시하는 것은 적합하지 않으므로, 노랫말과 관련된 이야기를 도입하거나 문자와 함께 그림이 사용된 자료를 제시하는 것이 노래의 느낌과 노랫말을 익히는 데 효과적이며, 박자에 대한 리듬 활동을 할 때에도 그림을 이용한 자료를 사용할 수 있다. 동작 활동에서 신체 표현에 대한 아이디어를 제공하거나 몸의 움직임을 상상하도록 돕는 그림 자료는 동작 표현 활동에서 유용하게 사용될 수 있다.

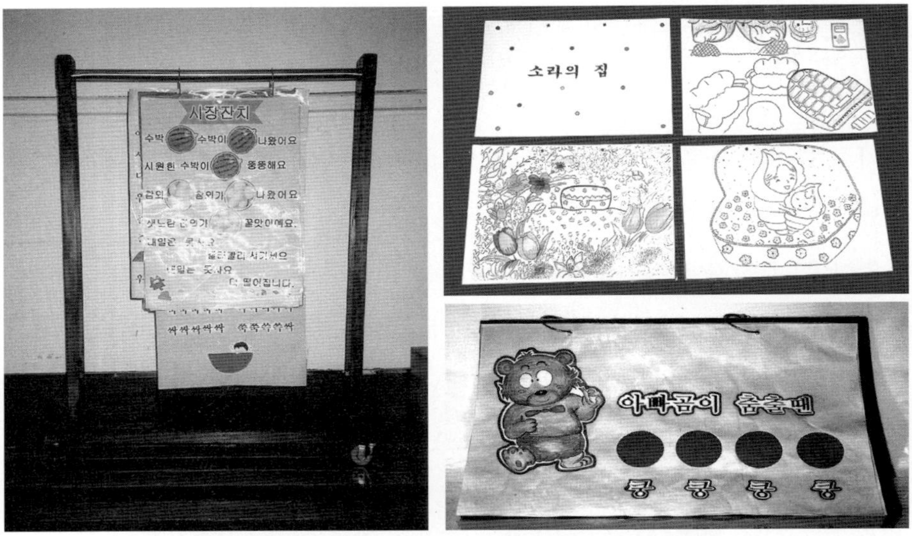

[그림 5-36] 음률 활동을 위한 다양한 그림 자료

5 그림 자료를 이용한 활동

다시 보는 콩쥐 팥쥐

- 매체의 종류 그림동화
- 제 작 자 김민정, 김주영, 김혜경, 우윤경
- 자료 수량 낱장 그림 12매
- 대상 연령 및 집단 크기 만 4~5세, 중집단(10~15명)
- 학습목표

1) 고정 관념에서 벗어나 새로운 시각을 형성할 수 있다.
2) 이전에 알던 콩쥐 팥쥐 이야기와 다른 점을 이야기 나눌 수 있다.

- 누리과정 관련 요소

사회관계 <가족을 소중히 여기기>

의사소통 <듣기>, <말하기>

● 내　　용

새엄마의 구박으로 콩쥐는 친구들의 도움을 받아 어려운 일을 해결하지만 결국 자신의 일은 자기가 해야 함을 깨닫게 된다. 그러던 콩쥐는 다친 엄마를 정성껏 보살피게 되고 결국 가족이 서로 화목하게 지내게 된다는 이야기이다.

● 매체의 특성

- 평면 그림 자료에 입체감을 살리기 위해 실제 곡식이나 털실 등을 붙였다.
- 동적인 효과를 주기 위해 칼집이나 할핀을 활용하여 인물이나 사물을 이동할 수 있게 제작하였다.

● 활용 방법 및 제시상의 유의점

- 평면에 변화를 주어 제작하였기 때문에 순서대로 넘기면서 제시하는 것이 아니라 한 장씩 들고 제시한다.
- 예쁜 여자는 착하고 못생긴 여자는 나쁘다는 고정 관념에서 벗어나서 색다르게 생각할 수 있는 이야기 나누기 시간을 가진다.
- 이전에 알고 있던 콩쥐 팥쥐 이야기와 다른 점이 무엇인지 이야기 나누는 시간을 가진다.
- 입체감을 살린 반면 낱장의 무게가 무거울 수 있으므로 연습을 통해 다음 장면으로의 전환이 자연스럽고 매끄럽게 제시되도록 한다.

● 보관상의 유의점

- 곡식 등의 실물이 떨어지지 않게 주의한다.
- 가능하면 보관함을 만들어 이중 보관한다.

신나는 큰 명절 여행을 떠나요

- **매체의 종류** 그림극(이야기 나누기 자료)
- **제 작 자** 박예린, 최인아, 최지연, 반성미, 손혜란
- **자료 수량** 낱장 그림 15매
- **대상 연령 및 집단 크기** 만 4세, 중집단(10~15명)
- **학습 목표**

  1) 우리나라 4대 명절의 명칭과 명절 음식, 명절놀이에 대해 말할 수 있다.

  2) 전통 문화에 관심을 가진다.

- **누리과정 관련 요소**

  사회관계 <사회에 관심 갖기>

  의사소통 <듣기>

- **내 용**

  우리나라의 4대 명절의 명칭과 각 명절에 즐기는 음식과 놀이에 대한 내용이다.

  - 설(음력 1월 1일) - 떡국, 연날리기, 윷놀이
  - 정월대보름(음력 1월 15일) - 오곡밥, 약밥, 부럼, 귀밝이술, 지신밟기, 쥐불놀이, 탈놀이

- 단오(음력 5월 5일) - 수레떡, 약떡, 그네뛰기, 씨름
- 추석(음력 8월 15일) - 송편, 강강수월래, 농악

• 매체의 특성

- 음식은 사진 자료를 사용하여 사실감을 주었고 사진 아래에 스티로폼을 붙여 입체감을 살렸다.
- 그네뛰기 장면은 자석을 이용하여 움직이게 함으로써 동적인 효과를 주었다.
- 윷판 뒤에는 철사를 부착하여 자석말로 이동이 가능하게 하였다.
- 전통과 관련된 자료라서 주로 한지를 사용하였다.

• 활용 방법 및 제시상의 유의점

- 평면에 변화를 주어 제작하였기 때문에 순서대로 넘기면서 제시하는 것이 아니라 한 장씩 들고 제시한다.
- 각 명절에 따른 놀이를 확장 활동으로 연계하여 직접 경험하게 할 수 있다.
- 도입부에서 명절과 관련된 노래를 불러주면서 어떤 명절인지 맞혀보는 활동을 통해 호기심을 유발할 수 있다.
- 그림 자료는 도입에서 주로 사용하고 음식과 놀이 도구는 가능한 실물을 준비한다.

• 보관상의 유의점

- 명절에 대한 자세한 자료를 첨부하여 함께 보관한다.
- 음식 사진을 붙여 놓은 스티로폼 판이 떨어지지 않게 주의한다.

무지개 물고기

- 매체의 종류 그림동화
- 제 작 자 김민정, 김주영, 김혜경, 우윤경
- 자료 수량 낱장 그림 14매
- 대상 연령 및 집단 크기 만 4~5세, 중집단(10~15명)
- 학습 목표

친구의 소중함을 알고 사이좋게 지낼 수 있다.

- 누리과정 관련 요소

사회관계 <다른 사람과 더불어 생활하기>

의사소통 <듣기>

- 내 용

아름답다고 뽐내는 태도로 친구가 없던 무지개 물고기가 친구의 필요함을 느껴 자기 몸의 예쁜 비늘을 친구들에게 하나씩 나누어 주게 되면서, 친구들이 생기고 서로 사랑하면서 사이좋게 지내게 되는 이야기이다.

- 매체의 특성

  - 동화의 특징을 살려 색채감이 돋보이게 제작하였다.
  - 동적인 효과를 주기 위해 칼집이나 낚싯줄을 활용하여 인물이나 사물을 이동할 수 있게 제작하였다.
  - 물고기의 비늘이나 문어 다리 등에 장식 효과를 주었다.

- 활용 방법 및 제시상의 유의점

  - 평면에 변화를 주어 제작하였기 때문에 순서대로 넘기면서 제시하는 것이 아니라 한 장씩 들고 제시한다.
  - 낚싯줄을 잡아당길 때 종이가 찢어지지 않게 주의하며, 특히 문어 다리 장식이 떨어지지 않도록 유의해서 당긴다.

- 보관상의 유의점

  - 물고기 비늘과 입체감을 살린 자료들이 파손되거나 잃어버리지 않게 따로 분리하여 보관하여야 한다.
  - 그림 표면이 더러워지지 않도록 주의한다.

Little Gorilla

- **매체의 종류** 그림동화(영어 활동 자료)
- **제 작 자** 이정민, 김은나, 김혜민, 이수진, 이흔주
- **자료 수정** 낱장 그림 12매
- **대상 연령 및 집단 크기** 만 3~5세, 중집단(10~15명)
- **학습목표**

  1) 성장에 따른 신체의 변화에 관심을 가질 수 있다.

  2) 긍정적인 자아 개념을 가질 수 있다.
- **누리과정 관련 요소**

  신체운동 · 건강 <신체 인식하기>

  사회관계 <나를 알고 존중하기>, <다른 사람과 더불어 생활하기>

  의사소통 <듣기>
- **내 용**

  작고 귀여운 아기 고릴라가 점차 자라면서 신체가 커지는 것을 슬프게 여기고 더 이상 주변의 다른 고릴라들이 좋아하지 않게 될 것을 걱정했지만 모든 친구들이 생일을 축하해 주러 오자 친구들의 사랑은 신체의 변화와는 상관없음을 알게 된다.

• 원본 내용

Once upon a time there lived a baby gorilla.
He was so little and cute, everybody loved him.
But little by little, baby gorilla grew up!
And baby gorilla even grew as big as Mommy and Daddy gorilla.
Baby gorilla was very sad.
He thought his friends wouldn't like him any more.
And came baby gorilla's fifth birthday.
All of his friends sang "Happy birthday" to him, and said,
"We are friends forever!"
Everybody still loved baby gorilla.

• 매체의 특성

- 영어를 사용함으로써 외국어에 관심을 가지게 하였다.
- 배경과 등장인물을 다른 재질로 따로 만들어 부착하여 입체감을 살렸다.
- 주인공 외에도 다른 동물들을 많이 등장시켜 경험하게 하였다.
- 모래종이, 코르크 등의 재질을 사용함으로써 다양한 촉각을 느낄 수 있게 제작하였다.
- 아기 고릴라의 재질을 모래종이로 사용하였는데, 성장에 따라 거칠기 정도를 다르게 하여 미세한 촉각을 느낄 수 있게 제작하였다.

• 활용 방법 및 제시상의 유의점

- 평면에 변화를 주어 제작하였기 때문에 순서대로 넘기면서 제시하는 것이 아니라 한 장씩 들고 제시한다.
- 같은 자료가 다른 장면에 제시되거나 하나의 배경판이 다른 장면에서 중복되어 사용되는 경우가 있으므로 뒷면에 중복되어 제시되는 번호 순서를 반드시 기록해서, 제시할 때 장면이 섞이지 않도록 주의한다.
- 유아가 자라면서 느낀 신체의 변화에 대해 이야기를 나눈다. 신체가 변해도 부모와 친구의 사랑은 여전하다는 것을 깨닫도록 유도한다.
- 확장 활동에서 '친구'라는 주제를 가지고 이야기 나누기를 할 수 있다.

• 보관상의 유의점

- 코르크는 재질의 특성상 부서지기 쉬우므로 주의하여 다룬다.
- 솜을 넣지 않고 종이로만 입체감을 살린 장면은 그림판끼리 겹칠 때 구겨질 수 있으므로 주의한다.

이 다음에 뭐가 될까?

- 매체의 종류 그림극(이야기 나누기 자료)
- 제 작 자 김진미, 김혜경, 손기자, 심정미
- 자료 수정 낱장 그림 9매, 겹치는 판 2매, 연결판 1매
- 대상 연령 및 집단 크기 만 3~4세, 중집단(10~15명)
- 학습목표

  1) 다양한 직업의 종류와 특성을 말할 수 있다.

  2) 장래의 직업에 대해 관심을 가지고 이야기 나눌 수 있다.

- 누리과정 관련 요소

  사회관계 <나를 알고 존중하기>, <사회에 관심 갖기>

  의사소통 <듣기>, <말하기>

- 내 용

  아기 토끼 토토는 이 세상에서 누가 제일 소중한지 알고 싶어 하며 혼자서 생각하다가 마을 사람에게 물어보기로 하고 집을 나선다. 길을 가면서 농부, 집배원, 의사, 운전사, 선생님 등 다양한 직업을 가진 이들을 만나서 누가 제일 소중한지 물어보지만 모두 자신이 하는 일이 가장 중요하다고 주장하는 이야기를 듣게 된다. 결국 누가 제일 소중한지 알아보지 못하고 돌아온 토토는 달님의 말을 듣고 자신의 소중함을 알게 되는 내용이다.

- 매체의 특성
  - 주인공을 크고 움직일 수 있게 제작하여 시선 분산을 최소화하면서 동적 효과를 주었다.
  - 평면에 변화를 주기 위해 창문 형태를 이용하여 장면을 구성함으로써 호기심을 유발하고 두 장의 배경을 연결하여 제시함으로써 장면의 효율성을 높였다.
  - 성역할에 대한 고정 관념을 없애기 위해 남녀를 골고루 등장시켰다.

- 활용 방법 및 제시상의 유의점
  - 입체 자료의 특성을 살려 각 내용에 적절하게 움직여 준다.
  - 자신이 할 수 있는 일에 관해 이야기를 나누고 긍정적인 생각을 가지는 경험을 제공한다.
  - 확장 활동에서 '직업'에 관한 이야기 나누기를 할 수 있다.

- 보관상의 유의점
  - 따로 제작한 등장인물을 잃어버리지 않도록 주의하여 보관한다.
  - 겹치는 그림판과 연결하는 그림판의 사용법을 자세하게 적은 설명서를 첨부한다.

CHAPTER 06

융판 자료

1 융판 자료의 특성

융판 자료는 융이나 펠트의 털, 또는 벨크로테이프가 서로 엉기는 성질을 이용한 자료이다. 뒷면에 융 또는 벨크로테이프 조각을 붙인 자료를 융을 씌운 판이나 벨크로테이프의 다른 한쪽을 붙인 자료에다 붙였다 뗐다 하면서 자료를 계속적으로 바꾸어 나가는 방법을 쓰게 된다. 융판 자료의 교육적 특성은 다음과 같다.

첫째, 교사가 임의로 자료를 제시할 수 있어 학습의 진행을 융통성 있게 조절할 수 있다.

둘째, 새 자료를 계속하여 제시하게 되므로 유아의 주의 집중에 효과적이다.

셋째, 동화뿐 아니라 다양한 학습 주제에 폭넓게 활용할 수 있다. 또한 교사가 제시했던 자료를 가지고 자유 선택 활동 시간에 유아들이 개별적으로 직접 재구성할 수도 있다.

넷째, 창의적인 제작 기법을 쓸 수 있다. 그림으로 그린 기존 자료 외에도 융이나 펠트에 붙을 수 있는 털실, 노끈, 각종 직물, 색핀, 장식용 테이프 등을 사용하여 여러 가지 창의적인 방법으로 자료를 제작할 수 있다.

한편 융판 자료는 배경이 다양하게 변화하거나 내용 구성이 복잡하고 등장 인물이 많을 경우에는 적합하지 않다. 또한 평면 자료이기 때문에 영상 매체보다는 동적인 요소가 제한적이다. 하지만 이런 제한점을 고려하여 융판 자료를 우드락에 붙여 입체감을 살려 제작하거나 사물의 모양을 부분적으로 움직일 수 있는 형태로 제작하면 동적인 효과를 높일 수 있다.

2 융판 자료의 제작

1) 융판 제작

융판은 기존의 상품화된 자석판 겸용 삼각 융판을 구입해서 사용하는 교육 기관이 많다. 바퀴가 달려 있는 것이 많아서 대집단 활동 시에 활용도가 높은데, 소집단으로 제시할 때나 자유 선택 활동 시에 유아들이 개별적으로 사용하기에는 큰 편이므로 이런 경우에는 집단과 활동에 적합한 형태로 교사들이 직접 제작해서 사용해야 한다. 교사가 제작할 경우에는 용도에 따라 함석판을 넣는 등 부분적인 변화를 줄 수도 있다.

여기서는 형태에 따라 평면 융판, 삼각 융판, 앞치마 융판으로 나누어 제작 방법을 소개하였다.

(1) 평면 융판

평면 융판은 교사가 크기를 조절하여 제작할 수 있어서 대집단 제시용 융판에 비해 차지하는 공간도 적고 유아들도 손쉽게 이동이 가능하며, 반드시 직사각형 형태가 아니더라도 유아들이 좋아하는 모양으로 제작하거나 융판 사이에 함석판을 넣어 자석판으로도 활용할 수 있게 하는 등, 다양한 방법으로도 제작이 가능하다. 평면 융판은 이젤 위에 올려놓거나 벽면에 부착시켜 사용할 수 있다. 제작 방법은 다음과 같다.

먼저 60×90cm 크기의 베니어 합판이나 하드보드지를 준비하여 융 또는 펠트를 씌운다. 이때 융의 크기는 가장자리가 모두 10cm 정도 여유가 있어야 하며 무늬가 없는 짙은 색(초록, 파랑, 검정)으로 준비한다. 천을 씌울 때는 앞면에 주름이 생기지 않도록 팽팽하게 잡아당겨 뒷면에서 굵은 스테이플러나 접착제 혹은 종이 테이프 등으로 고정시킨다. 접착이 잘 되었으면 뒷면을 시트지, 헝겊, 종이 테이프 등으로 덮어 보기 좋게 마무리한다. 밑판과 융 사이에 5mm 정도의 두께를 가진 스펀지를 대고 융을 씌울 수도 있다.

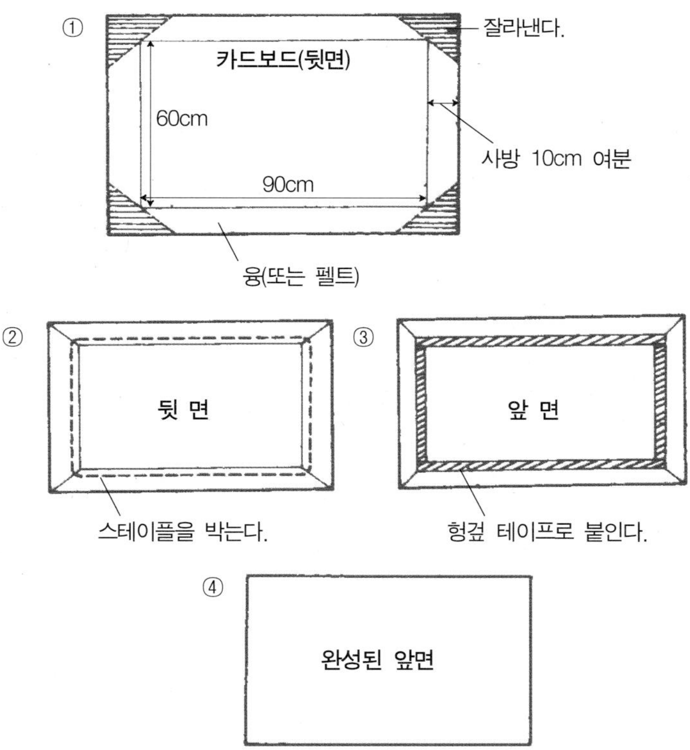

[그림 6-1] 평면 융판의 제작

(2) 삼각 융판

소집단이나 개별 활동 시에도 작은 크기의 삼각 융판을 제작하여 사용할 수 있다. 삼각 융판은 영역별 활동에서 책상에 배치해 두고 활용하는 경우가 많다. 또 평면 융판과는 달리 활동 자료들을 삼각대 사이에 넣을 수 있어서 자료를 깔끔하게 정리할 수 있다. 삼각 융판도 평면 융판처럼 베니어 합판이나 하드보드지를 사용하여 제작하는데, 평면 융판은 제시할 때 어딘가에 지탱을 시키거나 벽에 부착하여 제시하므로 휠 염려가 없지만, 삼각 융판의 경우 하드보드지를 이용하여 제작하면 자료를 붙이는 과정에서 휘어버릴 수 있으므로 밑면과 높이의 비례를 잘 맞추어 힘의 균형을 조절해야 한다. 제작 방법은 다음과 같다.

준비된 하드보드지를 삼각대 모양으로 접을 수 있게, 접힐 부분에 새김을 넣어준 다음 삼각대 모양으로 일단 접어준다. 크기는 사용 용도에 따라 다양할 수 있다. 그런 다음 하드보드지를 다시 펼쳐서 평면 융판을 만드는 것처럼 융을 씌운 후 고정시킨다. 마지막으로 융을 씌운 하드보드지를 삼각대 모양으로 접어서 밑면을 고정시킨다. 밑면을 고정시킬 때는 테이프나 접착제를 사용할 수도 있지만, 보관할 때 다시 펼칠 수 있도록, 떼고 붙이는 것이 자유로운 벨크로테이프를 부착하여 제작할 수 있다.

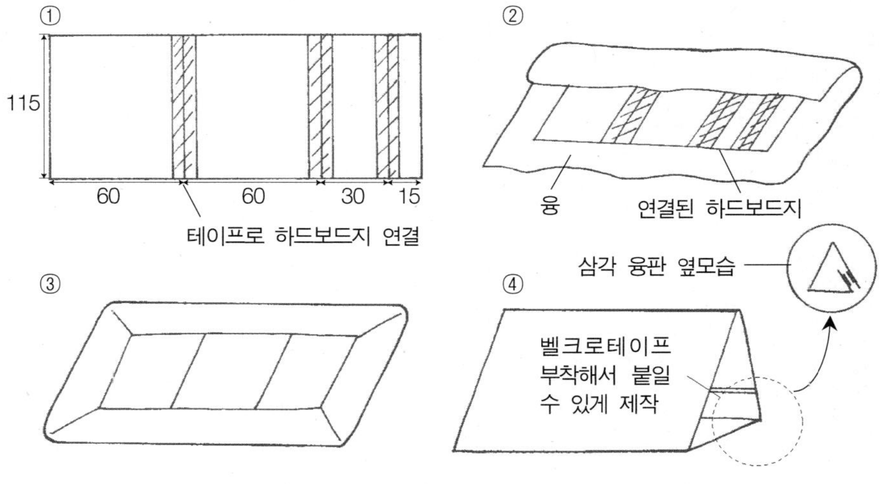

[그림 6-2] 삼각 융판의 제작

(3) 앞치마 융판

평면 융판의 변형된 형태로서 유아의 흥미를 높이기 위한 제작 방법이며 특히 배경과 등장인물이 많지 않을 경우에 사용하기 적합한 방법이다. 앞치마를 만드는 방법은 다음과 같다.

먼저 동화 자료를 앞치마에서 어떻게 제시할 것인지 장면을 구성하고 이에 따라 앞치마의 크기와 형태를 결정하여 견본을 만든 다음, 융이나 펠트, 부직포 등의 천에 견본을 따라 그린 뒤 재단한다. 예를 들어 항아리 속에서 마법사가 나오는 것과 같은 장면을 보여주고 싶다면, 앞치마의 특정 부분을 이중으로 만들어 그 안에 마법사 자료를 넣어 두었다가 등장시킬 수 있게 제작하면 된다. 전체 윤곽뿐 아니라 자료를 넣어두는 주머니도 함께 그려 재단한다. 이때 반드시 바느질이 되고 난 후 자료를 넣을 수 있을 만한 크기가 되는지를 미리 고려하여 재단한다.

다음으로 재단된 앞치마에 자료를 넣을 주머니를 바느질하여 달아주는데, 동화의 경우에는 배경과 등장인물을 함께 제시하므로 넓게 사용하기 위해 뒤에 주머니를 달고, 음률 활동이나 짧은 내용 전달 시에는 앞에 주머니를 달아도 무방하다. 마지막으로 앞치마 색과 조화를 이루는 천으로 목 부분과 허리끈을 만들어 달아 준 다음, 레이스로 앞치마 가장자리를 장식한다. 유아들이 사용할 수 있는 크기의 앞치마를 만들어 줄 수도 있는데, 이 경우에는 유아들이 끈을 묶기가 힘들기 때문에 허리끈의 끝부분에 벨크로테이프를 붙여서 사용이 용이하도록 만들어 준다.

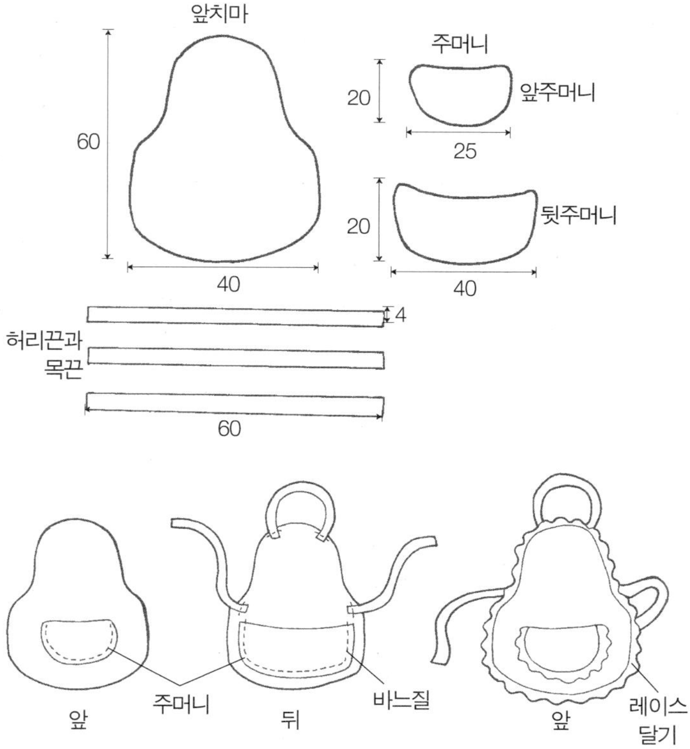

[그림 6-3] 앞치마 융판의 제작

2) 융판 자료의 제작

융판과 마찬가지로 상품화된 자료들이 다양하므로 구입해서 사용하면 제작하는 데 걸리는 시간을 줄일 수 있다. 그러나 교사가 특정 동화를 융판 자료로 제시하고자 할 때 혹은 상품화된 자료가 제시하고자 하는 주제에 적절하지 않을 때는 직접 제작해야 한다. 융판 자료를 제작하는 순서는 다음과 같다.

첫째, 융판 위에 제시할 시각 자료는 잡지 등에서 오려내거나 컴퓨터, 복사기를 이용하여 그림을 원하는 크기로 축소·확대하거나, 직접 그림을 그려서 만들 수 있다. 사진 자료나 도안을 오려서 사용할 경우에는 자료가 선명하게 드러나도록 가장자리에 테두리를 한 것처럼 배지를 붙일 수 있다. 직접 그림을 그릴 경우에는 자료들간에 색상의 조화를 이루고 융판의 색상과 같은 색을 피한다. 자료의 재질은 너무 두껍거나 무거우면 제시할 때 떨어질 수 있으므로 유의한다. 자료의 크기는 집단의 형태에 따라 조절하고, 한 장면에 제시될 자료가 융판 안에 함께 붙일 수 있는 크기인지, 각 자료들의 상대적인 비율은 적절한지 고려하여 제작한다. 또 양면으로 제작하여 자료의 효율성을 높일 수도 있다.

둘째, 준비된 자료의 뒷면에 제시 순서에 맞춰 번호를 크게 적어 놓는다. 자료를 라미네이팅코팅한 경우 빛이 반사될 우려가 있으므로 융판의 각도를 조절하여 제시한다.

셋째, 각 자료의 뒷면에 융 조각이나 벨크로테이프를 잘라 붙인다. 벨크로테이프의 경우 접착띠가 붙어 나오는 상품을 이용하면 편리한데, 자료 재질이 얇을 경우 융판에서 떼어낼 때 자료나 천 조직을 손상시킬 수 있으며, 자료를 떼는 소리가 크게 들려 주의를 분산시킬 수 있으므로 이를 고려하여 신중히 사용한다. 벨크로테이프를 붙이는 경우는 융판 대신 사용하는 펠트가 크거나 자료가 무거워서 떨어질 우려가 있을 때 한한다.

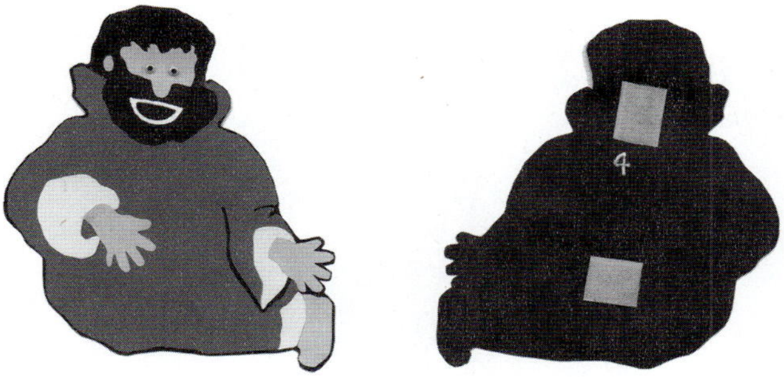

앞면 뒷면

[그림 6-4] 융판 자료의 앞면과 뒷면

3 융판 자료의 활용

융판 자료는 그림 자료만큼 활용이 용이하고 제작이 쉬울 뿐만 아니라 융판에 떼고 붙이는 활동이 흥미롭기 때문에 유아들이 선호하는 자료이다. 따라서 자주 바꿔 주어야 하는 게시물이나, 배경보다 등장인물이 중심이 되는 활동을 할 경우에 융판 자료를 사용하면 효과적이다.

1) 자유 선택 활동

(1) 전시 및 환경 구성

내용이 자주 변하는 교실의 벽면 게시 자료들은 융판을 사용하는 경우가 많다. 예를 들어 하루 일과 계획표나 등원한 것을 나타내는 출석판, 간식을 먹고 확인하는 표, 흥미 영역에서 활동하는 표 등도 유아들의 사진을 융판 자료로 만들어 활용할 수 있다. 이외에도 날짜와 날씨를 나타내는 판에도 융판 자료를 활용할 수 있다.

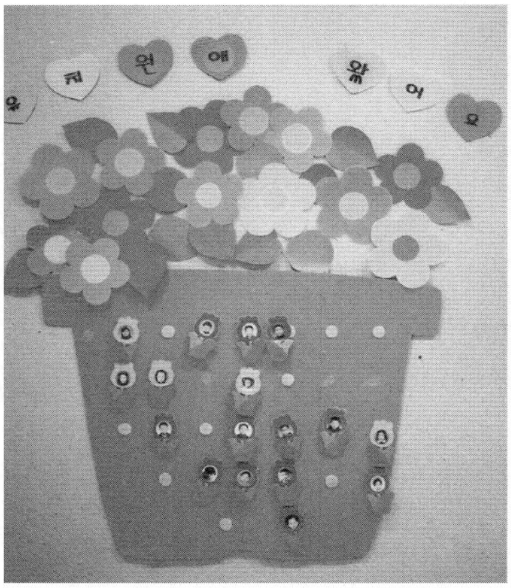

[그림 6-5] 등원을 표시하는 부분 융판

(2) 자유 선택 활동 자료

그림 자료 중에서도 카드 형태가 아니라 모양을 그대로 오려서 사용하는 자료들은 대부분 융판 자료로도 사용할 수 있다. 따라서 융판 자료는 그림 자료가 활용되는 영역과 유사하게 활용된다. 하지만 움직임을 위주로 하는 매체의 특성상 조작을 중심으로 하는 조작놀이 영역이나 수 · 과학 영역 혹은 이야기를 진행시키면서 자료를 사용하는 언어 영역에서 더욱 활발하게 사용된다.

역할놀이 영역에서는 역할극 공연에서 각자의 역할을 표시한 그림 자료를 융으로 만든 머리띠에 붙일 수 있도록 융판 자료로 제작할 수 있다.

언어 영역에서는 주로 이야기 꾸미기 자료나 동화를 융판 자료로 만들어 제시하면 동화를 읽지 못하는 유아들이라도 전체적인 내용을 구성하여 이야기를 전개해 나가는 능력을 기를 수 있다. 이외에도 한글의 자음과 모음을 융판 자료로 만들어 글자카드를 보고 구성해 보는 활동도 가능하다.

조작 영역에서는 주로 게임판 형태로 된 교재에서 많이 사용되는데 게임이 아니라도 그림 퍼즐 조각을 맞추거나 유아들의 일상 생활 연습을 위한 활동에서도 사용될 수 있다. 예를 들어 유아용 앞치마, 의류, 신발 등에 많이 부착되는 벨크로테이프는 유아들이 평소에 붙이고 떼는 연습을 할 수 있도록 교재로 제작하여 제시할 수 있다.

수놀이 영역에서는 융판 자료가 많이 사용되는데, 따로 움직일 수 있다는 장점 때문에 그림과 숫자가 연결된 카드 자료보다 고차원적인 수 개념으로 확장하는 데 사용할 수 있다. 또 '아래'나 '위' 등의 공간 개념을 이해할 때도 활용될 수 있고, 숫자책을 만들어 숫자만큼 융판 자료를 붙이는 1:1 대응 및 수 세기 활동, 분류하는 활동이나 패턴을 구성하는 활동처럼 도형과 모양 변별력과 관련된 활동 등에 융판 자료가 효과적으로 활용될 수 있다.

과학 영역에서의 융판 자료는 식물의 성장이나 동물의 한살이, 물의 순환, 태양과 달의 관계 등 주로 개념 인식이나 개념을 이해한 것을 재구성할 때 사용된다.

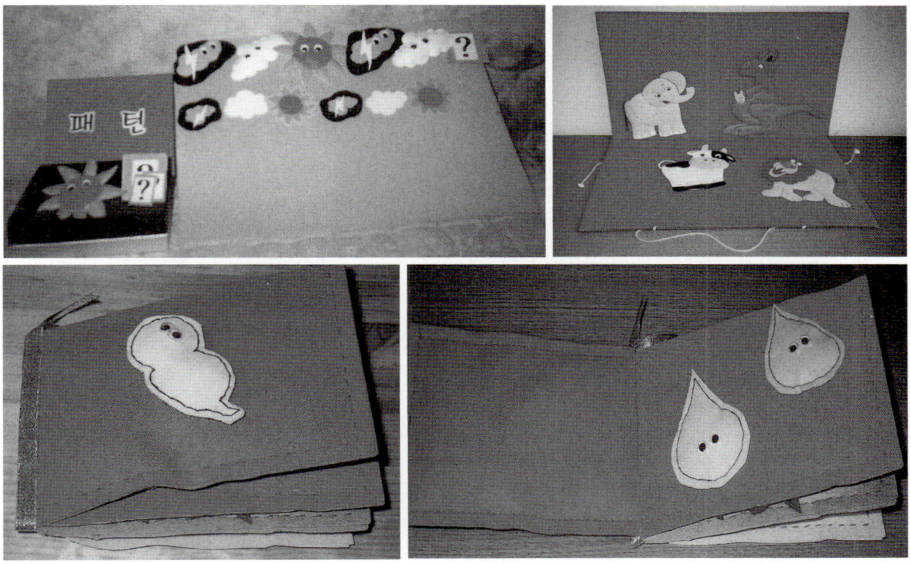

[그림 6-6] 자유 선택 활동에서의 융판 자료

2) 대 · 소집단 활동

대 · 소집단 활동에서도 융판 자료의 활용은 다양하다. 집단에 융판 자료를 제시할 때는 집단 유형과 활동 특성에 따라 차이가 있지만 다음과 같이 공통적으로 고려해야 할 사항들이 있다.

첫째, 제시에 들어가기 앞서, 각 융판 자료의 뒷면에 쓰인 번호 순서대로 뒤집어 놓는다. 한편 이미 제시한 자료가 제시하지 않은 자료와 섞이지 않도록 구분하면서 제시한다.

둘째, 융판 자료가 쉽게 떨어지지 않게 융판을 비스듬히 세워 놓거나 자료를 붙일 때 약간 위아래로 문지르면서 붙인다.

셋째, 전달하고자 하는 내용이 쉽게 이해되도록 하기 위해서는 한 장면에 너무 많은 자료보다는 2~4개 정도의 자료를 붙이는 것이 적당하다.

넷째, 자료 특성상 교사의 손 움직임이 많으므로, 유아에게 혼란스러운 인상을 주지 않으려면 자료가 바뀔 때마다 적어도 5초 이상의 시간을 손 움직임 없이 그대로 두어 유아가 안정감을 가지고 새로 붙인 자료를 주시할 수 있게 한다.

대 · 소집단 활동에서는 융판 자료가 어떻게 활용되는지 알아보고, 앞에 소개한 융판 자료를 제시할 때의 유의 사항들을 고려하여 현장에서 적절하게 사용하도록 한다.

(1) 이야기 나누기

토론 주제 중 사물의 부분을 첨가하여 전체를 완성하는 제시 방법이나 일련의 순서를 한 화면에 구성하여 제시하고자 할 때 융판 자료를 효율적으로 사용할 수 있는데, 특히 '나비의 한살이'와 같이 일련의 순서나뭇잎이나 풀잎 뒤에 알을 낳는다 → 애벌레가 된다 → 잎을 갉아 먹고 살다가 번데기가 된다 → 허물을 벗고 나비가 된다가 있는 것은 융판 자료를 활용하면 성장 과정을 한눈에 볼 수 있어서 쉽게 이해할 수 있으며, 공간을 너무 많이 차지하여 한 화면에 제시하기 어려운 그림 자료의 단점도 극복할 수 있다. 그리고 유아들이 직접 순서를 재구성해 볼 수 있어서 활동의 참여도를 높일 수 있다. 한편 융판 자료는 유아들의 반응을 보면서 융통성 있게 순서를 조절할 수 있는데, 교사가 항상 먼저 자료를 제시하고 유아들의 생각을 끌어내기보다는 간혹 유아들의 반응을 듣고 그에 해당하는 자료를 제시할 수도 있다. 그림 자료와 달리 유아들에게 쉽게 노출되지 않는 장점이 있으므로 유아들의 호기심과 동기 유발에 효과적이다.

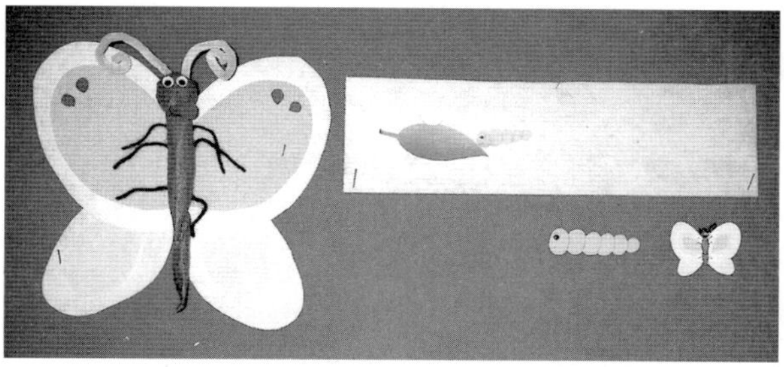

[그림 6-7] '나비의 한살이' 이야기 나누기 융판 자료

[그림 6-8] 이야기 나누기에 활용되는 다양한 융판과 융판 자료

(2) 동화 · 동시 · 동극

동화를 집단에서 융판 자료로 제공하면 유아들이 개별적으로 동화를 구연하는 활동으로 자연스럽게 확장시킬 수 있다. 융판 자료로 제작하기에 적합한 동화는 배경은 많이 바뀌지 않으면서 등장인물이 계속 등장하거나 퇴장하는 내용, 혹은 특정 사물이 계속 변화하는 장면이 중심이 되는 내용으로 구성된 경우이다. 예를 들어 「누가 내 머리에 똥 쌌어?」와 같이 등장인물이 계속 첨가되는 동화나, 「무지개 물고기」처럼 물고기의 비늘이 점점 없어지는 동화의 경우 융판 자료로 제작할 때 효과적으로 제시할 수 있다. 또 융판의 앞과 뒤를 활용하여 다른 배경을 꾸며 놓으면 이야기 전개를 매끄럽게 진행할 수 있다. 이외에도 융판을 변형한 앞치마 위에서 융판 자료를 제시하여 동화를 들려줄 수도 있다.

동시 활동 자료를 융판 자료로 만들어 유아들이 직접 조작해봄으로써 동시를 친근하게 생각하고 자연스럽게 동시를 받아들일 수 있다. 하지만 동시 내용이, 시각 자료로 표현할 수 있는 단어가 많이 포함되어 있어서, 융판 자료로 만들어 사용하는 것이 효과적인지를 고려해야 한다. 반복적인 단어들이 포함된 동시를 제시할 때 융판 자료가 많이 쓰이긴 하지만, 의성어의 반복과 같이 시각적인 표현이 어려운 내용은 융판 자료로 제시하기 힘들기 때문이다.

동극 활동에서도 융판 자료가 활용될 수 있다. 동극에 사용되는 소품을 융판 자료의 특성을 살려 제작할 수 있는데, 예를 들어 나무에서 과일을 따는 장면에서 과일들을 융판 자료로 제작하여 떼고 붙이는 것을 가능하게 할 수 있으며, 동화를 융판 자료로 만들어 들려주고 난 후 등장한 인물들의 융판 자료들을 그대로 머리띠에 붙여서 동극 자료로 활용하면 동화 내용을 보다 빨리 이해하여 동극에서의 역할을 쉽게 받아들인다.

한편 그림 동화의 경우는 각 장의 그림 뒷면에 그림 내용을 적어둘 수 있지만, 융판 동화나 동시의 경우에는 교사가 내용을 완전히 외워야 하며 극적인 장면이나 대사 표현에 있어서 분위기를 살릴 수 있도록 해야 한다. 하지만 교사의 능력에 따라 중심 내용만 파악하고 대사를 원본 내용과 달리 제시할 수도 있다. 이 경우에는 쓸데없이 장면이 늘어나거나 한 장면이 길어지지 않도록 해야 하며, 원작의 내용이 지나치게 변질되지 않도록 유의한다. 따라서 교사의 구연 능력과 융통성이 부족한 초임 교사의 경우에는 융판 자료의 활용 방법을 내용에 따라 정확하게 외워서 유아들에게 제공하도록 한다.

또한 그림 동화 제시와 마찬가지로 교사가 동화 자료를 조작하는 것에만 집중하지 않고 유아와 적절한 상호작용이 이루어지게 한다.

[그림 6-9] 동화 융판과 융판 자료

(3) 음률 활동 및 게임

음률 활동에서는 그림으로 만든 융판 자료로 노랫말을 부분적으로 제시하거나, '똑똑똑' 노래와 같이 각 동물에 해당하는 리듬을 배우는 활동이나 신체활동에서 동물 그림을 융판에 제시하여 흥미를 높일 수 있다. 이외에도 리듬 악기 모양의 융판 자료를 보고 해당 악기를 연주하거나, 소리의 장단, 고저, 셈여림, 빠르기 등의 표현을 기호로 나타낸 융판 자료를 제공할 수 있다.

한편, 개별적인 게임 활동 외에 대 · 소집단별로 이루어지는 게임에서도 융판 자료는 많이 활용된다. 융판에 자료를 붙이고 돌아오거나 자료를 떼어 돌아오는 게임, 퍼즐 조각을 융판에 붙여 상대팀보다 먼저 완성하는 게임, 다트 판을 융 재질로 만들어 벨크로테이프가 붙은 주머니를 던져서 점수를 따는 게임, 던진 주사위 수만큼 융판에 자료를 붙이고 돌아오는 게임 등은 모두 융판 자료를 활용한 게임들이다.

[그림 6-10] '똑똑똑' 노래에 맞춰 리듬 활동을 하기 위한 앞치마 융판 자료

4 융판 자료를 이용한 활동

배고픈 애벌레(1)

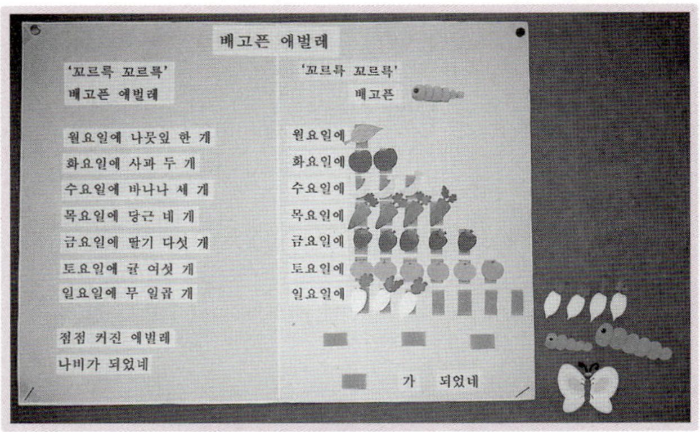

- **매체의 종류** 평면 융판 동시
- **제 작 자** 최혜원
- **자료 수량** 애벌레 그림 3개(대 · 중 · 소), 나뭇잎 그림 1개, 사과 그림 2개, 바나나 그림 3개, 당근 그림 4개, 딸기 그림 5개, 귤 그림 6개, 무 그림 7개, 나비
- **대상 연령 및 집단 크기** 만 3~4세, 중 · 소집단 및 개별 제시 가능
- **학습 목표**
  1) 숫자와 요일 이름을 연결시킬 수 있다.
  2) 동시에 나오는 과일의 모양과 이름을 연결시킬 수 있다.

- 누리과정 관련 요소

의사소통 <듣기>, <말하기>, <읽기>

자연탐구 <과학적 탐구하기>, <수학적 탐구하기>

- 내 용

배고픈 애벌레가 월요일에는 나뭇잎 한 장, 화요일에는 사과 2개, 수요일에는 바나나 3개, 목요일은 당근 4개, 금요일은 딸기 5개, 토요일에는 귤 6개, 일요일에는 무 7개를 먹고 점점 커져서 나비가 된다는 이야기이다.

- 매체의 특성
  - 애벌레라는 고정된 요소와 새로운 요소들이 첨가 혹은 삭제되는 동시로서 계속 다른 요소들이 변화하므로 융판 자료를 선택하였다. 하지만 전체를 융판으로 만든 것이 아니라 융판의 특성을 이용하여 과일 등의 자료를 부직포로 만들고 붙이는 판에는 벨크로테이프를 부분적으로 붙여 제작하였다.
  - 동시판처럼 글자와 함께 자료를 구성할 수 있게 만들었다.
  - 과일이나 채소를 모두 따로 제작하여 유아가 직접 붙일 수 있는 활동으로 제공될 수도 있다.
  - 수 영역에서 확장 활동을 위한 교재로 활용할 수 있게 제작하였다.

- 활용 방법 및 제시상의 유의점
  - 판을 세우고 유아들에게 동시 내용을 순서대로 제시한다. 이때 자료들의 순서가 바뀌지 않도록 종류별로 구분하여 쟁반에 담아 놓는다.
  - 제시하는 과일 수가 많을 때는 유아들이 지루하게 느끼지 않도록 함께 세면서 제시하거나 유아들이 직접 나와서 붙여 보게 할 수 있다.
  - 확장 활동으로 '나비의 한살이'에 관한 이야기 나누기를 할 수 있다.

- 보관상의 유의점
  - 자료의 크기가 작으므로 다른 봉투나 비닐에 넣어서 보관한다.

배고픈 애벌레(2)

- **매체의 종류** 앞치마 융판 동화
- **자료 수량** 애벌레, 나뭇잎 그림 1개, 사과 그림 2개, 바나나 그림 3개, 당근 4개가 연결된 그림, 딸기 5개가 연결된 그림, 귤 6개가 연결된 그림, 무 7개가 연결된 그림, 태양, 나비
- **대상 연령 및 집단 크기** 만 3~4세, 중집단(10~15명)
- **학습 목표**
  1) 숫자와 요일 이름을 말할 수 있다.
  2) 동화에 나오는 과일의 모양과 이름을 연결시킬 수 있다.

- 누리과정 관련 요소

배고픈 애벌레(1)과 동일

- 내 용

배고픈 애벌레(1)과 동일

- 매체의 특성
  - 융판의 종류를 앞치마로 바꾸어 제시함으로써 유아들의 흥미를 높였다.
  - 과일이나 채소의 개수가 3개 이상부터는 낱개로 만들지 않고 한 번에 제시가 가능하도록 연결시켜 제작하여 용이하게 제시할 수 있다.

- 활용 방법 및 제시상의 유의점
  - 주머니에서 자료를 번호 순서대로 줄거리에 따라 앞치마에 꺼내 붙인다. 제시한 자료는 앞치마 뒤에 있는 주머니나 준비된 상자, 쟁반 등에 따로 놓는다.
  - 애벌레가 먹은 과일 이름과 요일을 유아들과 다시 회상해 보는 활동을 할 수 있다.
  - 효과적으로 제시하기 위해 먼저 앞치마에 달린 정리 주머니를 활용해 자료를 준비 보관함으로써 자료를 미리 노출시키지 않는다.
  - 앞치마에 붙일 때 쉽게 떨어지지 않도록 벨크로테이프를 이용하였지만 너무 눌러 붙이면 나중에 떼기 힘들기 때문에 주의한다.
  - 확장 활동으로 달력의 요일 글자를 순서대로 말해보거나 애벌레가 요일별로 먹은 과일 개수를 숫자 카드로 알아맞히는 활동을 해본다.

- 보관상의 유의점
  - 낱개로 된 과일 자료가 분실되지 않도록 주의한다.

몇 개가 있을까요?

- 매체의 종류 평면 융판 (영어 및 수 활동 자료)
- 제 작 자 김민정, 이미화, 이선미, 조민아, 남문희
- 자료 수량 호박 1개, 무 2개, 당근 3개, 사과 4개, 버섯 5개, 알 6개, 물고기 7마리, 고추 8개, 콩 9개, 꽃 10송이, 부분적으로 벨크로테이프가 붙은 배경판, 자석이 붙은 유아 그림, 대형 자석
- 대상 연령 및 집단 크기 만 5세, 중집단(10~15명)
- 학습 목표
  1) 채소, 물고기 등 여러 가지 단어를 영어로 말할 수 있다.
  2) 채소 물고기의 개수를 세어 해당 숫자를 영어로 말할 수 있다.
- 누리과정 관련 요소
  의사소통 <듣기>, <말하기>
  자연탐구 <수학적 탐구하기>
- 내 용
  주인공 유아가 집을 나서 길을 따라 가는 길에 호박, 무, 당근, 사과, 버섯, 알,

물고기, 고추, 콩, 꽃을 보면서 영어로 몇 개가 있는지 질문하는 형식으로 진행되는 내용이다.

- 원본 내용

T : How many (pumpkins) do we have now?

C : We have (one pumpkin) here now.

(　　) 안에 들어갈 단어와 숫자만 다르고 질문과 답은 같은 형식으로 반복된다.

(two radishes, three carrots, four apples, five mushrooms, six eggs, seven fishes, eight peppers, nine beans, ten flowers)

- 매체의 특성

  - 부분적으로만 융판의 특성을 빌려서 배경판을 만들어 시각적인 매력을 높였다.
  - 주인공이 길을 따라 움직이는 것처럼 보이도록 자석을 사용하였다.
  - 융판 자료들은 모두 솜을 넣어 입체감을 살렸다.
  - 수놀이 영역에서 확장 활동을 위한 교재로 활용할 수 있게 제작하였다.

- 활용 방법 및 제시상의 유의점

  - 배경판이 쓰러지지 않게 잘 고정시키고 주인공을 길을 따라 자석으로 이동시킨다. 이동하는 순서대로 사물을 제시하고 영어로 질문한다. 이때 자료들의 순서가 바뀌지 않도록 종류별로 구분하여 쟁반에 담아 놓는다.
  - 제시하는 자료 수가 많을 때는 유아들이 지루하게 느끼지 않도록 함께 세면서 제시하거나 유아들이 직접 나와서 붙여보게 할 수 있다.

- 보관상의 유의점

  - 배경판이 클 경우 접어서 보관할 수 있게 제작할 수도 있다.
  - 융판 자료들은 따로 분리해서 보관한다.

CHAPTER 07

게시판

게시판은 많은 사람에게 비교적 장기간에 걸쳐 메시지를 명확하고 흥미있게 제시하여 관심을 끌게 하고 관련 내용에 대한 정보나 지식을 풍부하게 하여 주는 시각 매체이다. 유아교육기관의 교실이나 복도에 게시판을 설치하여, 생활 주제나 기본적인 학습 주제를 바탕으로 관련되는 내용들을 제시하기도 하고, 행사 일정이나 활동을 유아와 학부모에게 소개하기도 한다.

잘 계획하여 만든 게시판은 학습 분위기의 조성에 큰 역할을 하고 유아나 부모의 적극적인 관심과 참여를 유도하여 훌륭한 교육적 효과를 낳기도 한다. '기록화documentation'의 중요성이 유아교육 현장에서 부각되면서 게시판 또한 단순히 작품을 전시하는 공간이나 주제를 소개하는 정도로만 그치는 것이 아니라, 디지털카메라나 컴퓨터 등의 공학 매체를 활용하여 유아들의 활동 과정을 시각적으로 보여주는 데 효과적으로 활용될 수 있다. 게시판의 특성과 제작 방법, 그리고 효율적인 활용에 대해서 알아보기로 한다.

1 게시판의 특성

게시판의 일반적인 특성으로 다음과 같은 점을 들 수 있다.

첫째, 대집단의 유아를 대상으로 공통되는 주제에 관하여 게시할 수 있다. 비록 작은 크기의 게시판이라 하더라도 각 유아가 게시된 자료를 개별적으로 접하게 되므로 결국 많은 수의 유아를 대상으로 할 수 있게 된다.

둘째, 게시 자료의 내용과 구성을 다양하게 조직할 수 있다. 평면 자료뿐만 아니라 작은 크기의 실물이나 모형, 인형 등 입체 자료의 제시도 가능하여, 창의적인 여러 형태로 자료들을 배열할 수 있다.

셋째, 특정한 정보나 지식에 관하여 효과적으로 유아의 주의를 집중시킬 수 있다. 예를 들면 게시 자료의 색조를 같은 계열로 통일하면서 계절의 고유한 분위기를 낸다거나, 책의 겉표지를 붙이고 내용 삽화를 크게 포스터로 만들어 붙이거나, 특정한 학습 주제에 관하여 흥미 있는 질문을 써서 붙이는 등의 방법이다.

넷째, 게시판을 통한 학습은 교사의 직접 교수 형태보다는 게시된 시각 자료를 통해 간접적으로 전달하는 방법이므로 유아 개개인이 충분한 시간적 여유를 가지고 자료의 내용을 이해할 수 있다.

다섯째, 다른 매체에 비해 자료의 제작이 쉽고 제작에 드는 비용이 저렴하다.

2 게시판의 제작

최근에는 일정한 형태의 게시판보다는 컬러 우드락 및 코르크판에 바로 사진이나 그림 자료를 붙이거나 양면으로 제작하거나 입체물의 게시를 위해 L자형 구성이나 수평 게시대를 마련하는 등 다양하게 제작하며 재료도 창살 모양, 문발, 비닐, 낚싯줄 등 색다르게 선택할 수 있고, 주제에 따라 유아들이 게시판을 직접 만들 수도 있다. 게시판의 크기나 규모는 벽면, 흥미 영역, 바닥, 교구장, 책상, 통로, 복도 등 어디에 설치할 것인가에 따라 결정한다. 또한 학습과 관련된 게시물은 유아들의 눈높이에 맞춰야 하지만 예술성과 관련된 게시물은 고정된 사고에서 벗어나 심미감과 창의성을 고려하여 장소에 구애받지 않아야 한다.

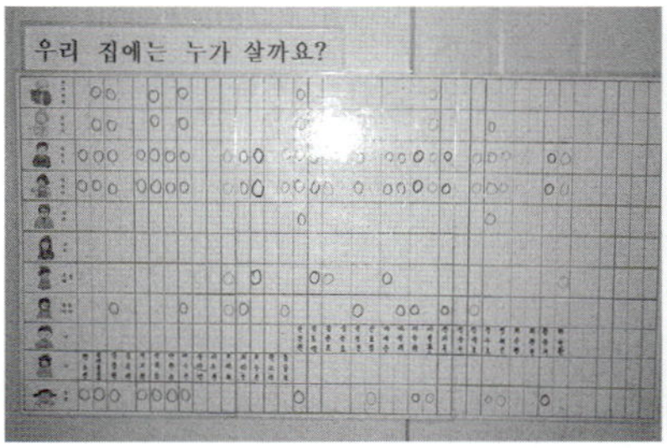

벽면을 이용한 방법

문발을 이용한 방법

모빌 형태의 게시 방법

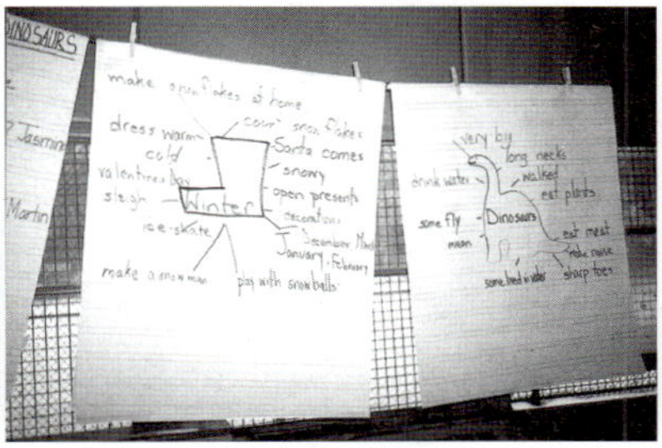

집게를 이용한 방법

자료를 비닐에 끼워 게시한 방법

[그림 7-1] 다양한 방법의 게시판 구성

1) 게시 자료의 제작 과정

게시 자료는 교사뿐 아니라 유아에게도 효과적인 교수 매체가 되어야 하므로 구체적인 계획이 필요하다.

(1) 주제 결정

유아를 대상으로 하는 게시판은 학습 내용이나 생활 주제를 많이 다루게 되는데, 명확한 목적을 정하여 이에 따라 주제를 선택하도록 한다. 가능한 한 단일 주제를 채택하는 것이 효과적이다.

(2) 자료 내용의 결정

일단 주제가 정해지고 나면 하위 주제별로 어떠한 내용의 자료를 준비할 것인지를 결정해야 한다. 자료 내용을 결정함과 동시에, 게시할 자료의 수와 대략의 게시판 아우트라인을 정한다. 가급적 자료의 내용이 전체적으로 일관성을 띠게 하여 산만한 느낌이 들지 않게 하는 것이 중요하다.

(3) 자료의 수집

주제에 따라 교사나 유아들의 활동 과정별 자료를 수집하기 시작한다. 이런 자료의 수집은 활동이 진행되는 동안 계속할 수 있으므로, 이미 게시한 자료들을 미리 확인해 두어 중복된 자료가 없는지 혹은 더 필요한 자료는 없는지를 함께 의논하여 수집한다.

(4) 자료의 구성 계획 및 제작

자료가 수집되면 게시판에 어떤 자료들을 게시할 것인지를 결정하고, 결정된 자료의 배치와 배열 방법에 대해 미리 큰 종이에 배치도를 그려본다. 특히 프로젝트 활동에서의 기록 작업은 과정의 흐름을 이해할 수 있는 중심 자료의 추출이 필요하므로 맥락의 이해를 위해 여러 교사와 논의하여 자료를 결정한다. 그림이나 사진, 글자 제목 등 평면 자료의 위치를 잡고 실물, 모형, 작은 인형, 책 등 입체 자료의 전시 방법을 고안한다. 이때 자료의 배열이 전체적인 통일감과 균형을 가지도록 구성하고 색상의 조화를 고려한다. 강조할 부분은 유아와 교사가 함께 창의적인 아이디어를 활용하여 여러 가지 방법으로 부각시킬 수 있다. 제목이나 간단한 글자 설명이 필요할 때는 글자의 수를 가급적 줄이고 글자의 크기를 크게 하도록 한다.

(5) 게시 작업

모든 자료의 준비가 끝나면 각 자료를 미리 그려진 배치도에 따라 게시한 후 전체적인 조화와 통일감, 주제의 명확성 등이 효과적으로 이루어지는지 재검토한다. 교사와 유아가 함께 자료를 게시하면서 서로의 의견을 묻고 아이디어를 교환하는 과정을 통해 교사와 유아, 유아와 유아 사이에 강한 유대감과 협동심을 기를 수 있다.

2) 효과적인 게시판 구성의 원리

게시판 자료를 제작할 때 다음과 같은 몇몇 구성 원리 및 유의점을 알아두면 효과적으로 이용할 수 있다.

첫째, 게시판 위에 자료를 배치할 때는 게시 자료의 디자인을 간단명료하고 통일감이 있도록 구성해야 산만한 인상을 주지 않는다.

둘째, 자료의 배치에 있어 균형감을 살리는 동시에 강조하는 부분이 돋보이도록 한다. 특히 자료의 양이 많을 때에는 대칭 구도를 사용하면 무난하고 좀 더 강조할 부분이 있을 경우는 비형식적 대칭 구도나 파격적인 비대칭 구도를 대담하게 사용해 보는 것도 효과적인 방법이다.

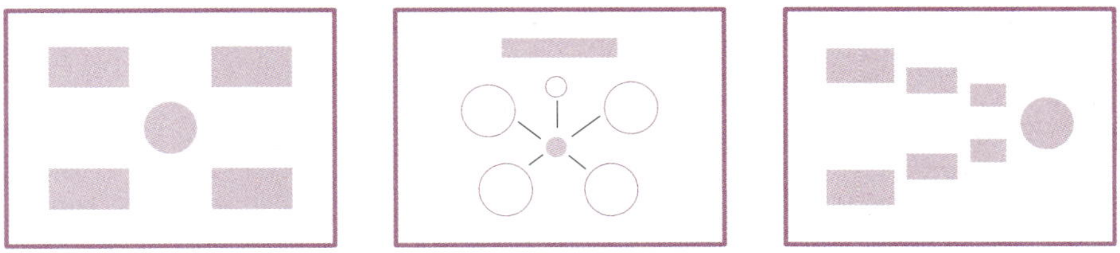

[그림 7-2] 형식적 대칭 구도

[그림 7-3] 비형식적 대칭 구도

[그림 7-4] 비대칭 구도

셋째, 색상의 선택을 신중히 한다. 때에 따라서는 흑백의 대비만으로 강렬한 인상을 주기도 하지만, 주로 유채색을 사용하여 유아의 시각적 흥미를 유도하는 것이 좋다. 또한 특정 부분을 강조하기 위해서는 색의 대비를 뚜렷이 하고, 여러 가지 자료의 상호 관련성을 나타낼 때는 같은 계열의 색상에 단계적 명암의 차이를 두어 통일감을 주기도 한다. 지나치게 강렬하거나 대조적인 색을 많이 사용하면 불안정하고 산만한 느낌을 주기 쉬우며, 때에 따라서는 불쾌감을 갖게도 하므로 주의해야 한다. 특히 형광 물질이 포함된 색상지를 전체적인 배경색으로 사용하는 것은 피한다. 반면 부드럽고 옅은 색은 편안하고 안정된 분위기를 조성한다. 어떠한 경우이든 전체적인 색상의 조화를 이루는 것이 중요하다.

넷째, 글자나 기호를 포함시킬 때는 컴퓨터에서 출력하거나 상품화된 문자 도안화lettering 등 깨끗하고 선명하게 제작된 것을 사용한다. 문자를 배우는 과정에 있으므로 지나치게 변형된 글자나 디자인 글자보다는 명조체에서 크게 벗어나지 않은 글자들을 사용하도록 한다. 반면 유아들이 직접 쓸 경우에는 참여도를 높일 수 있다는 장점도 있다.

다섯째, 변화 있게 구성한다. 비록 준비된 자료가 모두 평면 자료이거나 서로 유사한 형태라 하더라도 골판지나 직물, 벽지, 포장지, 얇은 코르크판 등의 재료를 붙여서 분위기를 바꾸거나 입체감 있는 변화를 시도할 수 있다.

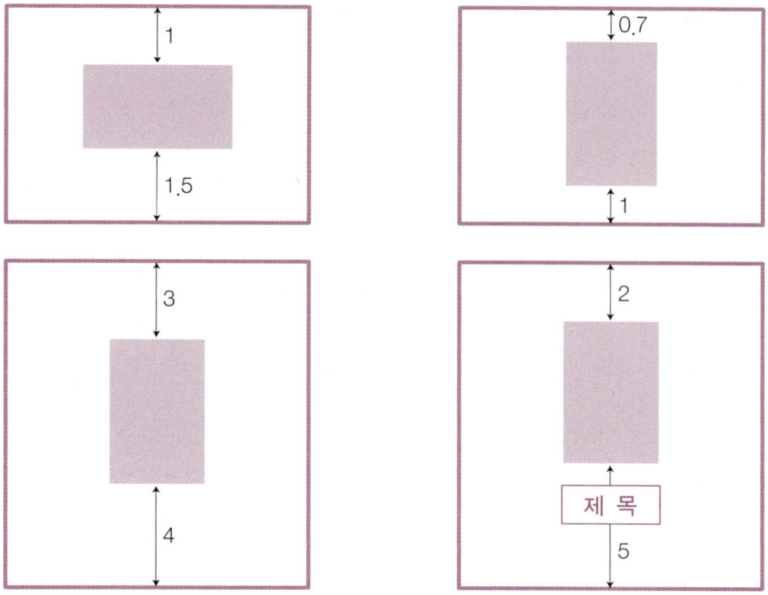

[그림 7-5] 배지에 자료를 붙이는 방법

3 게시판의 활용

1) 유아를 위한 게시판의 활용

유아를 위한 게시판은 교육 목표와 관련된 유아들의 활동과 연계를 이루어야 한다. 그러기 위해서는 교사 혼자서 게시판 자료를 제작하는 것은 바람직하지 않으며, 유아들이 적극적으로 참여하는 것이 바람직하다. 또한 일시적인 계획으로 일회성에 그치는 게시는 유아들에게 무의미하며 교육적인 효과도 없으므로, 계획에서부터 유아와 함께 의논하여 구성하는 것이 유아들의 지식을 심화시키고 확장하는 데 도움이 된다.

(1) 전시 및 환경 구성

유아들의 작품은 미적인 조화를 고려하여 교사가 전시하기도 하지만, 유아들이 직접 작품을 전시하게 하여 자신의 작품에 더욱 의미를 가지게 하는 것도 바람직하다. 만약 모빌 형태나 입체 전시와 같이 유아들이 전시하기가 어려운 경우라 하더라도 유아들의 의견을 반영하여 전시함으로써 교사의 의도적인 게시를 줄인다. 교사가 '바다 속'과 같은 기본적인 배경을 먼저 꾸며 놓고, 유아들로 하여금 배경과 관련된 활동 작품을 전시하게 하는 방법도 있다. 또 교실 영역마다 활동한 작품을 전시할 다양한 형태의 공간을 마련해 두면 유용하게 활용할 수 있다. 예를 들어 '나뭇잎 찍기' 작품을 전시하기 위해 작은 나뭇가지를 심은 화분을 두거나, 문에 걸어 두는 발, 빨랫줄, 전시용 받침틀 등을 다양하게 활용하여 전시할 수 있게 한다. 이와 같이 유아의 작품들을 전시하게 되면 유아가 교실 환경과 활동 내용에 개인적인 유대감을 느끼게 되고 자신이 존중받고 있음을 느끼게 된다. 또 유아들끼리 협동해서 작품을 전시할 경우, 다른 유아들과 이루는 전체적인 협동과 조화의 중요성을 깨닫게 되고 자료를 효과적으로 제시하는 방법도 배우게 되어 심미적인 감각도 기를 수 있다.

게시판은 유아들의 작품을 전시하는 용도 외에도 행사를 그림으로 알려주는 게시판, 생일을 맞이하는 유아들을 월별로 소개한 생일판 등으로 활용되기도 한다. 이외에도 유아들의 탄생에서부터 현재까지의 성장기를 사진으로 꾸민 '나의 소개' 자료나 유아들의 가족 사진 등의 교실 환경 구성을 위한 자료들도 게시판을 활용하여 제시할 수 있다.

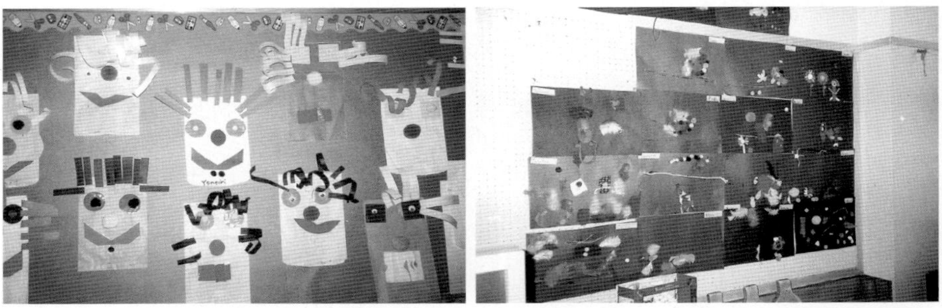

[그림 7-6] 유아들의 작품을 전시한 게시판

[그림 7-7] 교사가 만든 기본 배경 위에 유아들의 작품을 전시한 게시판

[그림 7-8] 월별로 유아들의 생일을 알려주는 게시판

[그림 7-9] 유아들의 '나의 소개' 책을 전시한 게시판

(2) 교육 활동 자료 게시

새로운 주제나 학습 내용과 관련된 정보를 소개할 때, 곧 학습하게 될 내용을 재미있게 제작된 그림이나 사진, 인형들을 사용하여 게시함으로써 유아가 학습 내용에 대한 호기심을 가지고 적극적으로 학습에 임할 수 있게 한다. 요리 활동 순서표나 색종이 접기 활동을 소개한 게시판처럼 활동하고자 하는 내

[그림 7-10] 새로운 학습 내용과 관련된 정보를 소개한 게시 자료

[그림 7-11] 색종이 접기 활동을 소개한 게시판

[그림 7-12] 주제를 탐색하고 조사한 게시 자료

[그림 7-13] 언어 영역 게시 자료

용을 분명하게 제시한 자료도 활동을 준비하는 데 많은 도움을 준다.

생활 주제 탐색 및 조사 자료 게시, 혹은 토론 내용을 게시할 경우에는 유아들의 자발적인 참여로 활동을 시작해야 계속하여 활동이 확장될 수 있다는 점을 잊지 말아야 한다. 함께 조사·탐색한 자료나 토론한 내용을 게시하는 등, 유아들이 서로의 경험을 공유하는 공간으로 만들어야 한다.

실물이나 표본이 하나밖에 없거나 너무 적어서 전체 유아를 대상으로 한 번에 제시해야 하는 경우, 책상이나 교구장 등에 이런 자료들을 게시하여 확대경 등을 이용하여 관찰하게 해주면 보다 심화된 학습을 촉진시킬 수 있다.

한편 현재 진행 중인 프로젝트 과정을 사진이나 기록물 등으로 게시하면, 활동 중인 유아도 자신들의 사고 과정을 시각적으로 확인할 수 있어서, 지금까지의 과정을 정리하는 계기가 되며, 이런 게시 자료는 주제와 관련하여 심화된 정보나 다양한 정보를 제공하여 다른 활동과의 연계를 도모하고 지식을 보다 확장시키는 데 도움을 준다.

교사와 유아들이 함께 사용하는 메모함도 교육 활동과 관련된 게시판의 역할을 한다. 이런 메모함은 가정 통신 전달이나 부모와의 의사소통의 기능도 담당하지만,

유아들이 탐색한 자료들을 공유하거나 지식을 심화시키는 공간으로 활용하면 도움이 된다. 예를 들어 유아가 조사해 온 자료를 자신의 메모함에 꽂아 두면 교사가 현재 행하고 있는 유아의 활동과의 연계성을 파악하고, 한 단계 심화된 자료를 탐색할 수 있게 도와준다. 또 유아들이 마무리한 작업을 교사용 메모함에 넣어 두면 교사가 확인한 후 유아용 메모함에 다시 꽂아 둘 수 있다. 이러한 방법을 잘 활용하면 유아들의 개별 활동을 수시로 파악할 수 있게 해 준다.

[그림 7-14] 수놀이 영역의 그래프 활동 게시 자료

[그림 7-15] 교사와 유아의 의사 소통용 메모함

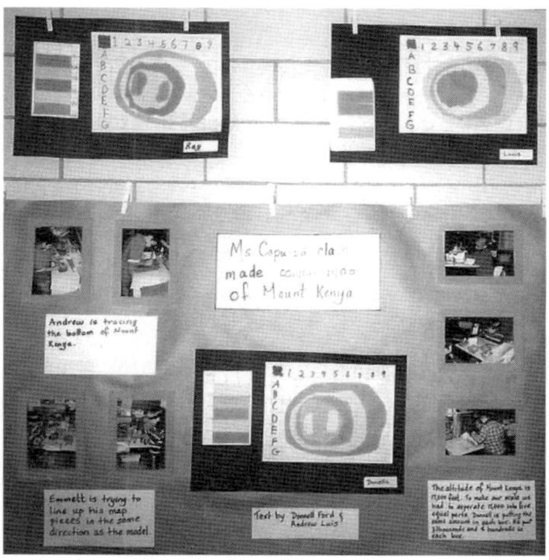

[그림 7-16] 활동 과정을 소개한 게시 자료

(3) 일과 운영 자료 게시

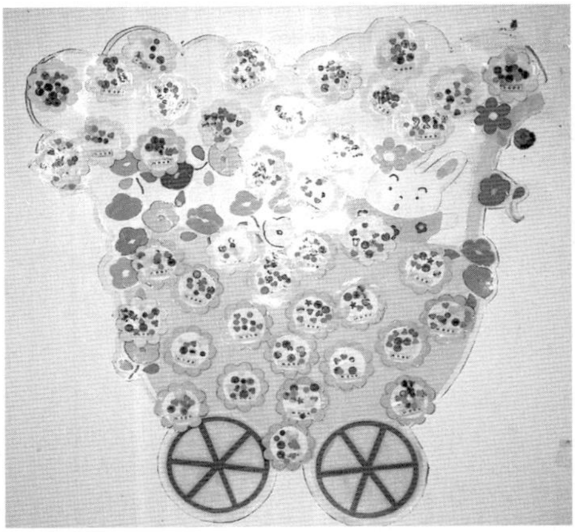

[그림 7-17] 등원을 알려주는 출석판

[그림 7-18] 날짜와 특별한 날을 알려주는 달력판

하루 일과 운영에 대한 정보는 유아들이 교실에서 하루를 스스로 계획하고 활동을 해나가는 데 있어 매우 중요하다. 교실 운영에 유아를 참여시키면 교사에게도 도움이 되지만, 유아들이 스스로 상황을 예측하여 적응할 수 있는 능력을 기를 수 있고, 일상생활에서 지켜야 할 사소한 질서와 규칙을 이해하고 자발적인 참여를 활성화시킬 수 있어서, 유아들에게 더욱 도움이 된다. 따라서 교사는 이러한 자료를 게시할 때 반드시 유아들과의 의논을 통해 그들이 자발적으로 계획하고 준비할 수 있게 도와주어야 한다. 하루 일과의 운영에 필요한 게시판은 유아들의 사진을 이용하여 이름과 함께 붙여서 제작한 출석판, 그림 달력판, 하루 일과 계획표, 간식판, 흥미 영역 표시판 등이 있으며 이 외에도 컴퓨터 영역이나 쌓기놀이 영역처럼 순서를 기다려야 하는 곳에 필요한 활동 순서표, 청소나 동·식물 관리와 관련된 당번판 등이 있다.

[그림 7-19] 날씨판

[그림 7-20] 간식판

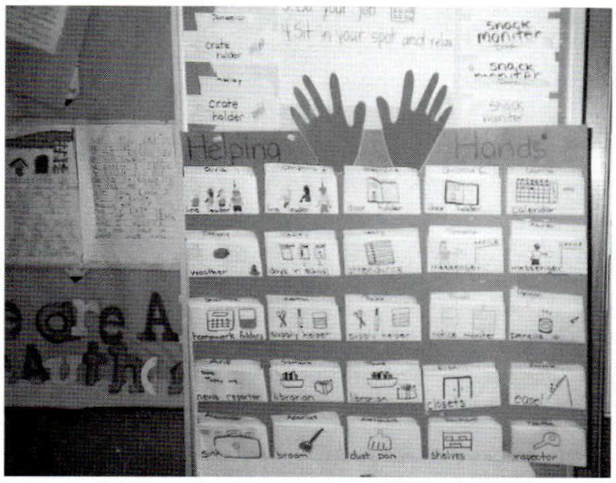

[그림 7-21] 청소 담당을 알려주는 게시판

2) 부모를 위한 게시판의 활용

부모를 위한 게시판은 유아와는 달리 글자를 통해 원활한 의사소통이 가능하므로 지나친 장식이나 그림 위주로 게시판을 구성하기보다는 중요한 사항들이 시각적으로 명확히 드러나도록 구성하는 것이 제작에 걸리는 시간과 노력도 절약할 수 있고 보다 효율적이다.

(1) 운영 및 행사 관련 게시

유아교육기관의 출입구에 그 기관의 철학 등을 소개하고 월별 행사에 대한 계획을 게시한다. 이런 게시 자료는 부모들이 기관의 운영이나 행사에 관심을 가지게 하여 자세한 내용을 알아보려는 계기가 될 수 있다.

행사 계획뿐만 아니라 유아들의 활동 장면을 기록화documentation한 패널panel을 전시해 놓으면 부모들의 궁금증을 부분적으로 해소시켜 줄 수 있다. 부모들이 참여한 행사의 경우에는 후기란을 마련하여 다음 행사 계획에 부모들의 의견을 반영한다.

[그림 7-22] 출입구에 전시해 놓은 부모를 위한 행사 관련 게시판

(2) 의사소통용 게시

교사와 부모의 의사소통용으로 활용되는 게시 자료들은 교실 근처의 출입구에 각 유아들의 개별 메모함 형식으로 비치하는 것이 더 효율적이다. 생일을 맞이한 유아의 간식 준비에 대한 공지나 간단한 긴급 가정 통신을 할 때도 활용되지만, 특히 유아에게 그날 특별히 주의해야 할 사항이 있을 경우 유용하게 활용된다. 이를테면, 유아가 복용할 약을 메모와 함께 전달하거나 유아들의 여벌 속옷 등을 넣어둘 수 있다. 가급적 의사소통 게시 자료는 반별로 구분하여 구성함으로써, 방과 후 교사에게도 인수인계가 체계적으로 이루어지도록 한다.

(3) 교육과 관련된 정보 게시

행사 게시뿐만 아니라 부모들의 역할에 유익한 정보를 제공하는 자료를 출입구 벽면에 게시하거나 부모들의 대기 장소나 관찰실, 상담실 등의 공간에 비치하기도 한다.

또 유아들에게 도움이 되는 좋은 책들을 소개하고 비치해 둘 수 있다. 대출을 할 경우에는 반드시 대출과 반납 상황을 기록할 수 있도록 도서 대출 대장을 따로 비치해 둔다.

CHAPTER 08

입체적 교수 매체

유아들은 사물에 대한 개념이 제대로 형성되기도 전에 시각적 상징으로 간략화된 그림 등의 평면적 자료만 가지고 어떤 사물의 입체적 특성까지 추측하여 이해하기란 어려운 일이다. 따라서 새로운 개념을 접하게 될 때는 입체적 교수 매체를 통한 직접적인 경험을 제공하는 것이 바람직하다.

1 실물

실물은 기존의 물체 그 자체를 말하며, 현장 학습의 기회를 통해 실물이 원래의 자연적인 환경 속에 있는 것을 관찰하는 것이 가장 좋다. 환경 여건이 허락하는 유아교육기관에서는 실외에 동물 사육장을 두거나 작은 텃밭을 가꾸어 유아들이 직접 씨를 심어 농작물을 수확해 보는 경험을 제공하기도 한다. 실외에 이런 환경을 조성하기 어려운 기관은 실내에 소규모 사육통, 수족관, 테라리움 등을 만들어 작은 생태계를 관찰하는 경험을 제공할 수도 있다. 이외에도 다양한 종류의 씨를 화분에 심거나 식물 화분 등을 마련하여 실물을 통한 학습의 기회를 넓힌다.

[그림 8-1] 현장 학습을 통한 실물 관찰

[그림 8-2] 실물 꽃으로 꽃의 구조를 알아보는 활동

자연물 외에도 실생활에 사용되는 전화기, 사진기, 휴대폰, 주방 기구 등과 같은 물건들을 실물로 제공하면 유아들은 역할놀이에 활용하거나, 분해를 하고 조립을 하는 탐색 활동을 하면서 개념을 더욱 확장시킬 수 있다.

실물을 활용하고자 할 때는 다음과 같은 점을 고려하여 유아들에게 적절한 경험이 될 수 있도록 한다.

첫째, 실물은 구체적이고 감각적이며 직접적인 경험을 제공하지만 종류에 따라 시간과 공간의 제약을 받을 수 있다. 특히 유아들이 관심을 많이 가지는 '공룡'은 직접 그 크기를 실제로 경험하고 싶어 하므로 공룡 뼈 전시회에 견학을 가서 모형으로 접하게 하거나, 공룡 발자국, 뼈 등의 화석 지대의 견학을 따로 계획해야만 한다. 또 너무 크고 무겁거나 외국에 있는 경우는 교실로 가져오기 힘들기 때문에 별도의 현장 경험을 특별히 계획해야 한다.

둘째, 실물이 공간에서 가지는 형태를 직접 탐색함으로써 주변 환경의 특성을 민감하게 관찰할 수 있는 장점이 있다. 대신 교사는 실물을 제공할 때 유아들이 이를 괴롭히거나 훼손시키지 않도록 보호하고 사랑하는 마음을 우선적으로 강조할 필요가 있다.

셋째, 실물 자료가 위험한 부분은 없는지, 유아들의 활동에 적합한지를 고려한다. 특히 칼과 같은 주방 기구, 면도기 등의 일상생활 용품과 위험한 동물에 대한 유아들의 안전 교육이 필요한 경우가 있다.

[그림 8-3] 미국 스미소니언 자연사 박물관에 전시된 공룡의 뼈

2 표본

표본specimen은 실제 상태에서는 관찰이 불가능하거나 위험한 것, 거리나 시간상으로 실제 상태에서의 관찰이 용이하지 않은 것 등을 수집하여 학습의 편의를 위해 장기간 보관할 수 있도록 가공한 것을 말한다. 표본의 유형으로는 동물 표본, 식물 표본, 곤충 표본, 우표나 동전 등의 사물 표본, 돌이나 조개 등의 광물 표본, 화석과 같은 발굴 표본 등이 있다. 박물관에 보존되어 있는 선조들의 생활 용기 및 연장 등도 표본의 성격을 띠고 있다.

이들 표본들은 실물임에 틀림없으나 그 자연적 소재지로부터 떨어져서 생명과 기능을 잃은 채 형체만 유지하고 있는 경우가 많다. 따라서 실제 현장에서 경험하기보다 사실적인 느낌이 덜한 단점이 있다. 또 표본으로 제작하는 과정에서 약물로 처리되거나 핀으로 꽂힌 경우가 많아서 유아들의 정서에 오히려 나쁜 영향을 주는 경우도 있다. 표본도 결국 생물체를 이용하여 제작한 것이므로 생명의 소중함이 간과될 수 있다는 점을 고려하여야 하기 때문이다.

유아교육기관에서는 주로 이런 표본들을 구입하여 출입구나 과학 영역에 두는 경우가 있는데, 유아들이 처음에는 호기심을 가지고 접근하지만 곧 무감각해지고 비싸게 구입한 자료들이 전시용에 그치는 경우가 허다하다. 자료는 유아들의 활동에서 활용되고 적용되어야 의미 있는 것이며 자료로서의 가치가 있다. 따라서 전시 효과를 위해서라면 이런 표본 자료는 구입하지 않는 것이 더 바람직하다.

[그림 8-4] 나비의 표본

현장에서는 동물이나 곤충들의 표본 자료보다는 자연 관찰에서 주워 온 꽃잎이나 나뭇잎을 말려서 그대로 관찰하거나 라미네이팅 해서 간편한 표본 자료로 활용하는 경우가 더 많으며, 광석, 화석,

우표나 조개 등도 표본 자료로 활용된다.

표본은 장기간 동안 세밀한 관찰을 가능하게 하지만, 생동감이 없어서 시각적인 관찰로만 그칠 수 있으므로 교사가 다른 매체와 적절하게 병행해서 사용하도록 한다.

3 모형

모형model & mock-up은 실물이나 표본으로 경험하는 것이 어려울 경우 확대, 축소 또는 같은 크기로 만들어 놓은 것을 말한다. 대개 실물이 아주 크거나 너무 작아서 또는 복잡해서 직접 원하는 것을 자세히 볼 수 없거나 먼 거리에 있는 것일 때 혹은 옛날에 살았거나 실제를 직접 다루기가 위험하거나 실물이 희소가치가 아주 높은 것일 때 간편하게 모형으로 만들어서 관찰하고 그 조작법을 연습하기도 한다.

1) 모형의 특성

모형은 일반적으로 다음과 같은 특성을 가지고 있다.

첫째, 시간과 공간의 제약을 초월할 수 있다. 공룡 모형을 시대별로 전시해 놓은 캐나다의 타이렐 박물관처럼 현재 경험할 수 없는 실물들의 모형 전시회는 효율적인 학습 경험이 될 수 있다.

둘째, 다루기가 쉽다. 실물 자체로는 너무 크거나 작아서 또는 위험해서 많은 유아들이 직접 만져 보고 간편하게 다루기가 적합하지 못한 지구, 교통 기관, 몸체가 큰 동물 등을 플라스틱 모형으로 만들어 제시하면, 유아들이 친근하게 다룰 수 있다.

셋째, 생략과 편집이 가능하다. 실물 자체가 너무 복잡하여 직접 관찰하기 어려울 경우 불필요한 부분을 생략하고 강조하고자 하는 중점 부분의 특징만 간추려 명확하게 제시할 수 있다. 어느 지역의 지형 모형, 각국 전통 의상 모형 등을 예로 들 수 있다.

넷째, 내부 구조를 관찰할 수 있고 조작 방법을 학습할 수 있다. 직접 작동해 볼 수 있는 모크업mock-up 모형이나 부분별로 조립 및 분해가 가능한 조립 모형, 수직이나 수평 단면으로 물체를 잘라 내부를 볼 수 있게 만든 단면 모형은 단순한 외관의 관찰뿐 아니라 구조와 원리를 이해시키는 데 큰 역할을 한다. 치아 모형, 인체 모형 등이 여기에 해당한다.

다섯째, 오랫동안 보관할 수 있다. 모형을 이용한 학습은 시간에 구애받지 않고 필요에 따라 반복할 수 있다는 장점이 있다.

그러나 실물의 사실적 크기나 실제 색상, 사실적 움직임 등을 학습해야 하는 경우에는 모형을 통한 학습이 부적절할 때가 많다. 특히 색깔을 실제와 다르게 채색한 모형이나 유아에게 친숙한 느낌이 들도록 모양, 크기, 색깔 등을 변화시킨 모형들은 오히려 유아들을 혼란에 빠뜨려 잘못된 인식을 형성시킬 수 있으므로 다른 매체를 이용하는 편이 보다 효과적일 것인지 반드시 고려하여야 한다.

2) 모형의 종류

모형은 그 활용되는 특성에 따라 형태 모형, 단면 모형, 조립 모형, 모크업으로 나눌 수 있다.

형태 모형은 단순히 외관적 형태만 닮게 한 것으로 크기를 축소해 놓은 것이 많다. 플라스틱 동물 모형, 건축물 모형, 기차나 배의 모형, 식품 모형 등이 이에 속하는데, 겉모습의 특징이 흡사하다는 점 외에 기능상의 유사점은 고려하지 않은 것이다.

단면 모형은 물체의 내부 구조가 학습의 주요 관심사가 될 때, 물체를 수직이나 수평 단면으로 잘라 놓은 듯이 제작하거나 물체의 어느 한 부분을 도려내어 내부를 볼 수 있게 제작한 모형이다. 지층의 단면이나 인간 뇌의 구조, 화산의 형성 등을 나타낸 모형 등이 있다.

조립 모형은 실물을 가지고는 직접 조립하고 분해해 보는 것이 불가능하거나 위험한 경우에 사용된다. 실물의 각 부분을 단순화시키고 전체와 부분 간의 상호 관계를 알기 쉽게 만들어 놓은 것이다. 분해 가능한 자동차 모형이나 로봇 모형, 주택 모형 등을 가지고 유아는 각 부분을 떼어 내고 다시 차례대로 제자리에 맞춰 넣는 놀이를 한다.

모크업mock-up이란 직접 작동시켜 볼 수 있는 모형이다. 조작적 모형이라고도 한다. 기본적인 조작의 과정이나 기능의 원리를 학습하기 위해 불필요한 부분은 없애고 강조해야 할 작동 부분만을 남겨 학습자가 쉽게 작동의 원리를 이해할 수 있게 만든 것이다. 예로 급수 및 배수가 되고 전등까지 켜지는 인형 집, 다이얼을 돌리면 간단한 응답이 자동적으로 나오는 전화기 모형, 핸들만 작동되는 아동용 자동차 등이 있다.

동물 모형

교통 기관 모형

표지판 모형

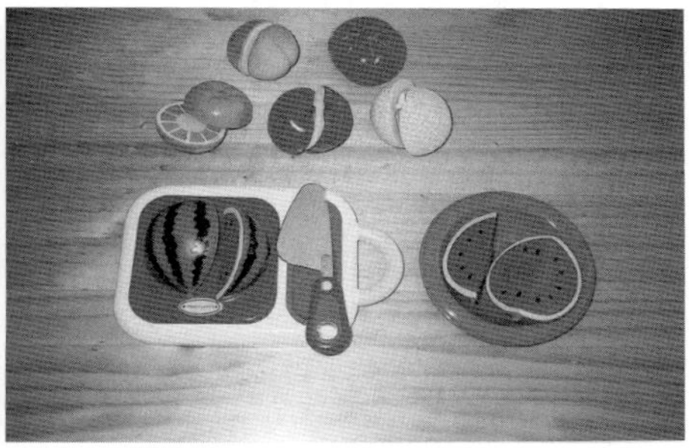

식품 모형

[그림 8-5] 다양한 모형의 종류

4 디오라마

디오라마diorama는 전시 자료의 일종으로 실제 장면과 사물을 축소 또는 확대하여 모조의 생태 환경과 함께 입체감 있게 제시해 놓은 것을 말한다.

교실에서는 전시 자료로 사용되기보다는, 유아들이 디오라마를 이용하여 소품을 다양하게 배치하는 공간 구성 활동이나, 주제 중심 활동에서 '공룡 시대' 등을 디오라마 형식으로 제작하는 경우가 많다.

1) 디오라마의 특성

디오라마의 교육적 특성으로는 다음과 같은 점을 들 수 있다.

첫째, 입체감과 원근감, 색채감을 낼 수 있다. 평면과 입체 매체의 장점을 고루 살릴 수 있어 학습에 대한 흥미를 높여 준다.

둘째, 사물의 생태 환경을 재현하여 강한 사실감을 줄 수 있다.

셋째, 상업적으로 만들어진 완제품도 있으나 다양하지 않으므로 필요에 따라 교사와 유아들이 함께 제작할 수 있다.

하지만 디오라마는 보관이 어렵고 일정한 공간을 차지해야 한다는 점을 고려하여, 교실의 공간적 조건과 조화를 이루도록 활용하여야 할 것이다.

2) 디오라마의 종류

디오라마는 섀도 박스shadow box형과 톱뷰top view형, 원형cyclorama, 십자cross형의 종류로 구분된다.

섀도 박스형과 톱뷰형은 종류는 다르나 제작 방법은 비슷하다. 섀도 박스형은 직육면체 기본틀의 전면을 잘라낸 후 반원형의 배경을 설치한 형태를 말하며, 톱뷰형은 전면과 윗면을 같이 잘라내어 다각도로 내용물을 볼 수 있게 만든 형태이다. 그리고 원형으로 만들어 사방에서 관찰할 수 있게 만든 것도 있으며, 전면에 창을 내어 회전시켜 가면서 내용물을 나타나게 하는 회전형의 디오라마 형태도 있다. 십자형의 디오라마는 경첩을 달아서 접어 보관할 수 있다는 장점이 있어서 다른 디오라마에 비해 활용과 보관이 용이하다.

[그림 8-6] 섀도 박스형 디오라마

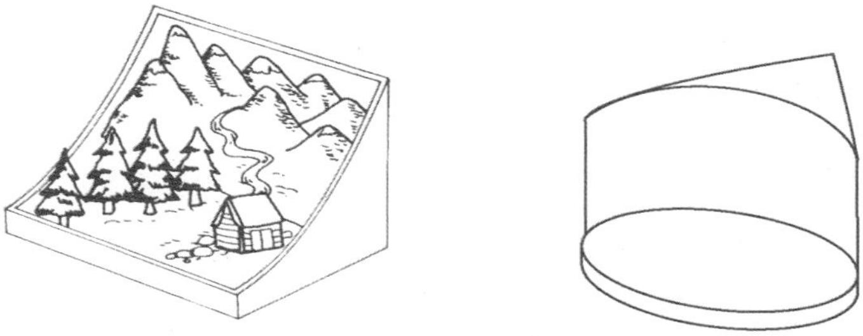

[그림 8-7] 톱뷰형 디오라마

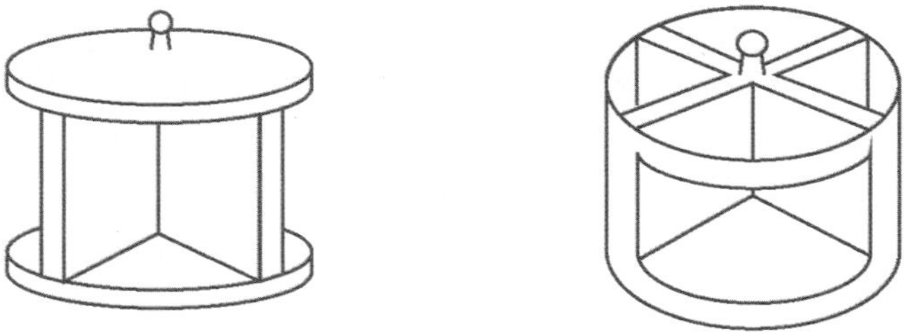

[그림 8-8] 원형 · 회전형 디오라마

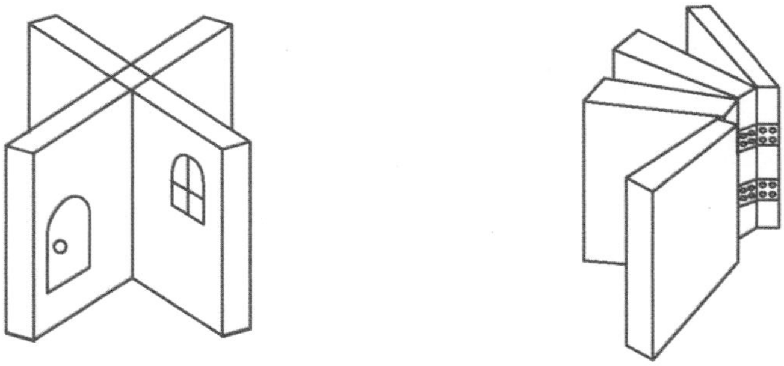

[그림 8-9] 십자형 디오라마

3) 디오라마의 제작

디오라마는 그 특성상 사실적인 환경을 재현해 주는 '축소또는 확대된 세계'이므로 제작에 들어가기에 앞서 디오라마로 제작하는 것이 과연 학습 목적에 적절한 것인지를 검토해 보아야 한다. 적절하다고 판단이 되면 다음 절차에 따라 디오라마를 제작하도록 한다. 여기에서는 간단히 자작할 수 있는 섀도 박스형 디오라마의 제작 방법을 소개한다.

① 표현하고자 하는 주제를 결정한다. 디오라마는 다른 매체에 비해 그 전시 시간이 다소 긴 매체이므로 약간 다양하게 활용될 수 있는 포괄적인 주제를 선택하면 좋다.
② 결정된 주제에 관하여 충분한 조사를 하고 자료를 수집한다. 디오라마는 제작 기법이 사실적이든 추상적이든, 특히 객관적인 사실에 기초하여 자료를 제작하고 표현해야 한다.
③ 수집한 정보와 자료에 의거하여 전체 장면을 스케치한다. 디오라마는 보통 원경, 중경, 전경의 3단계로 표현되는 입체물이므로, 우선 전체 배경이 될 원경의 그림 내용을 결정하고 그 앞에 놓일 중경, 전경에 필요한 자료를 결정한다. 그러나 너무 많은 잡다한 내용이 포함되지 않도록 주의한다.
④ 학습 주제에 따라 적당한 크기의 직육면체 카드보드 상자를 준비한다.
⑤ 상자의 뚜껑을 열고, 한쪽 옆면을 사방 가장자리로 2~3cm의 여분을 남기고 칼로 도려내어 화면 구멍을 만든다.
⑥ 전체 배경틀을 반원형으로 잘라 상자 속에 넣고 테이프 등으로 뒷면에서 고정시킨다.
⑦ 원경 그림을 반원형의 전체 배경틀에 붙이고 중경과 전경을 차례로 제작하여 배치한다. 입체감과 원근감을 살리고 플라스틱 모형이나 종이 인형 등 서 있어야 할 사물은 접착제나 받침대를 이용하여 고정시키거나 유아들이 조작할 수 있게 제작할 수도 있다.
⑧ 톱밥이나 모래, 짚, 풀잎, 자갈, 거울 조각 등의 다양한 재료를 활용하여 입체, 원근, 색채 효과의 3요소를 충분히 갖춘 공간을 구성한다. 기본틀로 쓰인 상자의 뚜껑에 창문 구멍을 내고 셀로판지를 붙이면 광선을 통과시키는 작은 창문이 된다. 또는 내부를 좀 더 자세히 볼 수 있게 하기 위해 10W 정도의 작은 전구를 안전성을 고려하여 설치한다.

이렇게 제작된 디오라마는 쌓기놀이나 역할놀이 영역, 인형극을 제시하기 위해 언어 영역에서 활용되기도 한다.

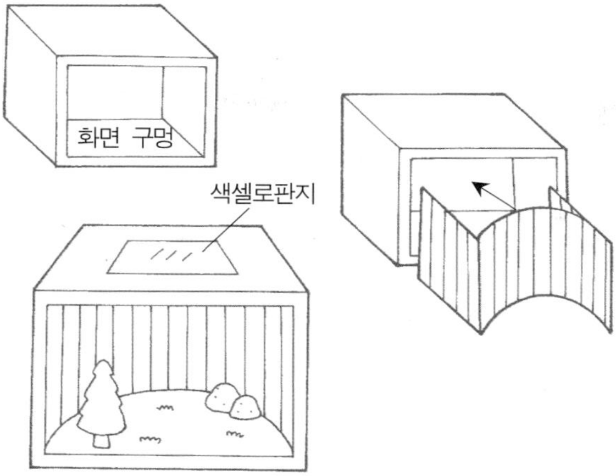

[그림 8-10] 섀도 박스형 디오라마의 제작 과정

[그림 8-11] 영역별 활동에서 활용되는 변형 제작된 디오라마

CHAPTER 09

인형

인형puppet은 유아들에게 동화적인 세계를 다양하게 경험시키고 상상력을 풍부히 자극하며 부드럽고 친밀한 정서를 함양하게 하는 등 그 교육적 가치가 큰 교수 매체이다.

1 인형의 특성

인형의 교육적 특성으로는 다음과 같은 점을 들 수 있다.

첫째, 인형의 제작과 조작, 인형극의 연출 과정에 유아들을 직접 참여시킴으로써 동기 유발이 되며 유아들의 감정 이입이 잘 이루어져서 적극적인 학습 자세를 기를 수 있다.

둘째, 다양한 주제의 활동이 가능하여 학습 활동에서 쉽게 활용할 수 있다.

셋째, 유아의 상상력과 창의성 개발에 효과적이며, 언어, 인지, 사회성, 정서의 발달 등 모든 면에서 폭넓은 관련성을 가지고 있다.

2 인형의 종류 및 제작

인형의 종류로는 조작 방법에 따라 손가락 인형glove-and-finger puppet, 막대 인형rod puppet, 손인형hand puppet, 줄인형marionette, 그림자 인형shadow puppet, 탈인형mask puppet, 테이블 인형table puppet 등이 있다. 이 밖에 각국 전통 의상 인형처럼 환경 장식을 위한 목적으로 전시해 놓는 인형도 있는데, 이는 조작적 인형puppet이라기보다는 전시용 인형doll의 성격을 띤다. 여기에서는 교사나 유아의 직접 조작이 가능한 인형puppet을 중심으로 살펴본다.

1) 손가락 인형

손가락 인형은 손가락에 인형을 끼워 조작하는 인형이다. 인형 뒷면에 손가락을 끼울 수 있는 골무나 고무줄 등을 부착하여 움직임을 연출하거나, 장갑을 이용하여 손가락 인형을 붙이며 제시하거나 손가락이 인형의 일부가 되게 제작하여 활용할 수 있다.

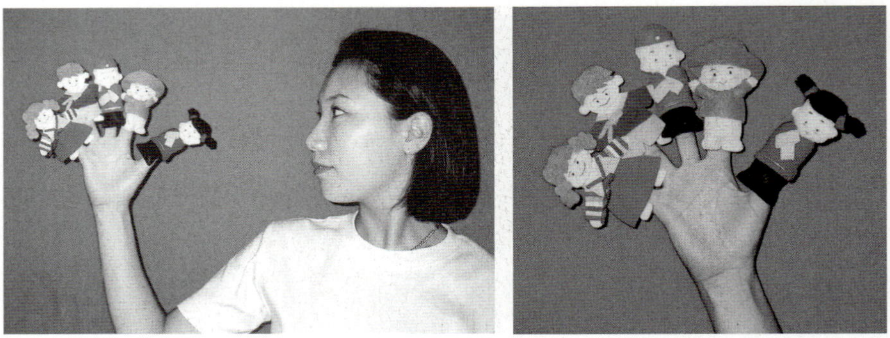

[그림 9-1] '세계의 친구' 손가락 인형

손가락 골무 인형은 손가락 골무 부분과 인형 머리 부분으로 나눌 수 있다. 손가락 골무 부분은 펠트나 마분지를 손가락 하나가 들어갈 정도의 원기둥 모양으로 만들어 인형에 연결하여 사용하면 된다.

얼굴 부분의 제작은 펠트 두 겹을 겹쳐 잘라 턱 부분만 남겨 놓고 돌아가며 박은 다음 눈, 코, 입, 머리털 등을 다른 색깔의 펠트 조각이나 단추, 털실 등으로 붙인다. 얼굴이 입체적이 되게 하려면 약간의 솜을 턱 부분의 열린 곳으로 집어넣는다. 그런 다음 역시 턱 부분을 열고 미리 만들어 둔 손가락 골무를 끼운 후 바느질하거나 접착제를 바른다. 이때 골무가 보이지 않도록 천으로 장식할 수 있다.

[그림 9-2] 손가락 인형의 구조

손가락 인형 뒷면에 고무줄이나, 끈 등을 부착시켜 만드는 손가락 고리 인형은 손가락 골무 인형과 제작 방법이 거의 같다. 하지만 골무 인형과는 달리 평면으로 된 그림 자료를 인형으로 이용할 수 있어서 유아들도 제작할 수 있다.

장갑을 이용한 손가락 인형은 인형의 머리 부분만을 제작하여 각 손가락에 붙여 제시하는 인형이므로 골무가 필요 없다. 대신 제시할 때 붙였다 떼는 것이 쉽도록 벨크로테이프를 활용하는 경우가 많다. 장갑에 인형을 고정시켜 제작한 경우에는 처음부터 손을 펼쳐 인형을 모두 제시하기보다는 인형이 붙은 손을 접었다가 한 손가락씩 펼치며 제시하는 방법을 사용하면 보다 흥미를 유발할 수 있다.

[그림 9-3] 손가락 골무의 제작

[그림 9-4] 골무, 고리, 고무줄을 부착한 손가락 인형

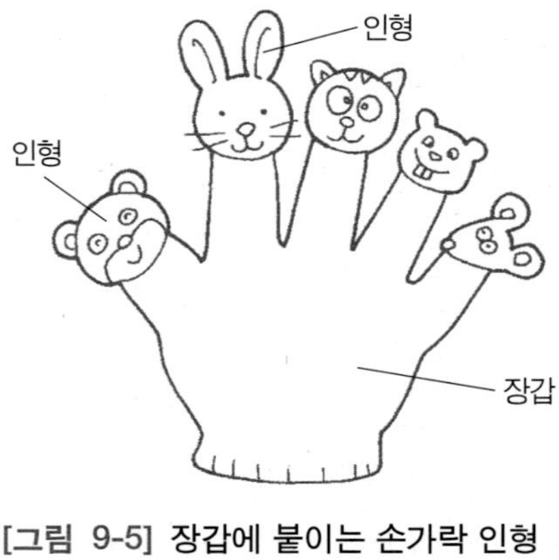

[그림 9-5] 장갑에 붙이는 손가락 인형

손가락이 인형의 일부가 되게 제작하여 활용할 수 있다. 이 경우의 인형은 팔이나 다리, 귀 등의 일부를 미완성하여 제작하고, 그 부분에 손가락을 끼울 수 있는 홈이나 고리 등을 만든 다음, 활용 시에 교사의 손가락 하나를 그곳에

밀어 넣어 이야기 내용에 맞게 움직이며 활용한다. 이외에도 손가락 자체가 인형 역할을 하도록 손가락에 그림을 그려 활용할 수 있다.

[그림 9-6] 손가락이 인형의 일부가 되게 제작한 손가락 인형

[그림 9-7] 맨손에 그림을 그린 인형

2) 막대 인형

인형에 막대나 철사를 연결하여 조정하는 인형을 말한다. 막대 인형의 종류로는 그림을 이용한 평면 인형과 부직포, 스펀지 등을 이용한 입체 인형이 있다. 막대는 나무젓가락, 철사, 빨대, 수수깡, PVC 등을 사용하면 된다. 또 주걱이나 숟가락을 이용하여 평면이나 입체 인형을 제작할 수 있다. 입체 막대 인형일 경우 인형의 무게를 고려하여 막대를 선택한다. 막대 인형은 관절 부위를 Y핀이나 가는 철사로 연결하여 다양한 움직임을 연출할 수 있으며, 평면이나 입체 막대 인형 모두 뒷면에도 그림을 그려 다용도로 활용할 수 있다. 이 경우에는 인형을 두 겹으로 제작하여 막대가 그 사이에 들어가도록 만들어야 막대가 보이지 않게 된다.

[그림 9-8] 다양한 막대 인형

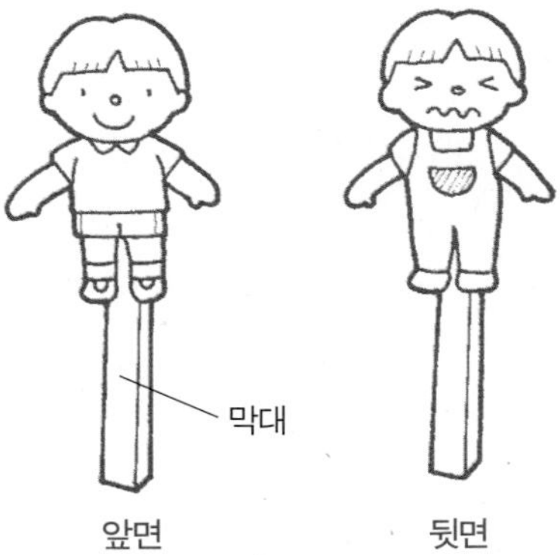

[그림 9-9] 양면을 활용하는 평면 막대 인형의 앞면과 뒷면

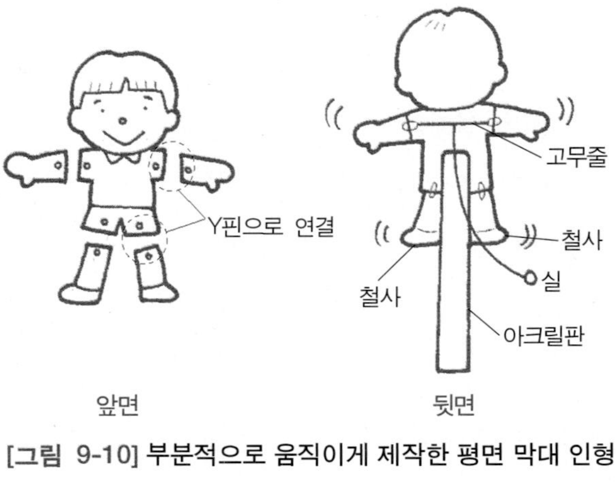

[그림 9-10] 부분적으로 움직이게 제작한 평면 막대 인형

막대 인형을 무대에서 조작할 때는 여러 개의 인형을 동시에 제시하게 되므로 막대 인형들을 꽂을 수 있는 재질로 판을 만들어 사용하면 편리하게 조정할

수 있다.

전문적으로 제작된 인형들은 거의 대부분이 아래에서 조정하도록 제작되어 있다. 만약 유아들도 막대를 아래쪽에 부착시켜 조정하고 싶다면 아래에서 조작이 가능한 무대를 제작해야 한다. 즉, 무대를 두 공간으로 분리하여 뒷부분에는 배경판을 두고 앞부분은 돌이나 풀 등을 놓은 수평 무대를 설치하여, 유아들이 배경과 수평 무대 사이의 공간 아래에서 막대 인형을 조정하도록 하면 된다.

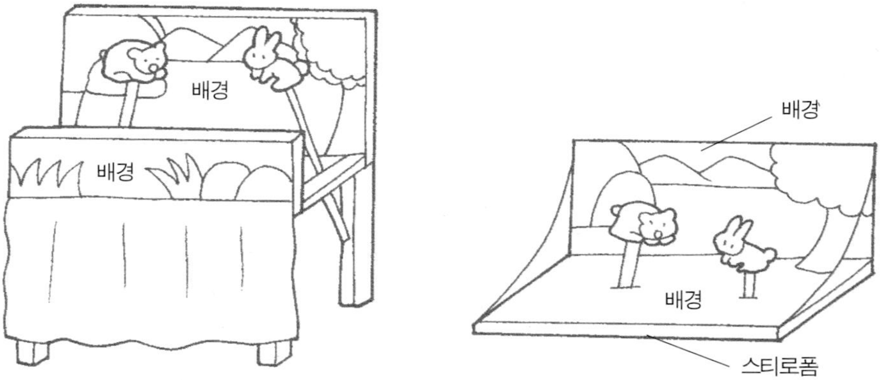

[그림 9-11] 막대 인형극 무대

[그림 9-12] 막대 인형극

3) 손인형

손인형은 손을 인형 안에 넣어 조정하는 형태로, 인형의 몸, 머리와 팔, 입 등을 움직이게 만들 수 있다.

[그림 9-13] 손인형의 구조

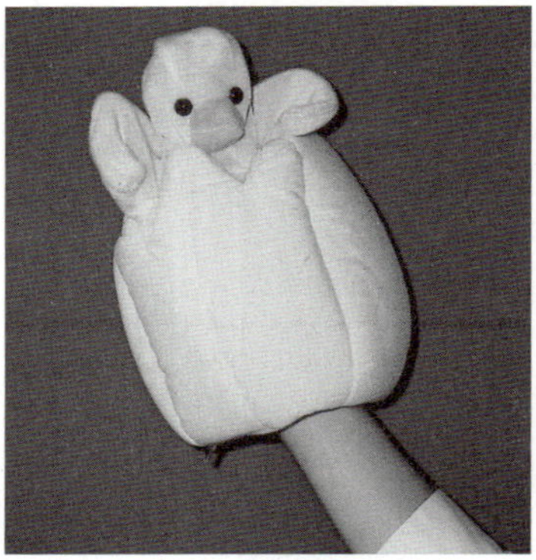

인형의 머리와 팔을 움직이게 만든 손인형은 인형의 머리와 팔 부분을 손가락이 들어갈 수 있도록 공간을 비워 두고 제작한 인형으로서, 한 손가락은 목으로 넣고 두 손가락은 벌려서 양팔 부분에 넣어 조정한다. 이때 팔부분을 만들 수도 있지만 손가락을 직접 노출시켜 활용하기도 한다.

[그림 9-14] 머리와 팔을 움직일 수 있는 상품화된 손인형

[그림 9-15] 몸의 일부를 움직일 수 있는 손인형

[그림 9-16] 손인형 보관대

입을 움직이게 만든 손인형으로는, 양말을 부분 절개하여 부직포를 댄 인형, 종이봉투의 밑면이나 접힌 선을 이용한 인형, 우유팩이나 음료수 상자 혹은 종이접시 중간 부분을 절개하여 접어서 만든 인형 등이 있으며, 재료에 따라 다양하게 만들 수 있다.

[그림 9-17] 입을 움직이게 제작한 손인형

손인형의 제작도 기본적으로 손가락 인형의 제작 원리와 같다. 손인형을 제작할 때는 인물의 특성을 고려하여 모양을 달리하며, 조정자의 팔이 보이지 않도록 천을 이용하여 가리개를 만들거나 옷을 만들어 입힌다. 손인형의 재료로는 부직포, 헝겊, 종이봉투, 양말, 우유팩 등을 활용할 수 있으며, 부분적인 특성에 따라 재료를 선택하여 만든다.

다음은 장갑 재료를 이용하여 손인형을 만드는 제작 방법이다.

장갑으로 만드는 손인형-돼지

- **재 료** 흰 목장갑 한 켤레, 가위, 칼, 실, 색실, 솜, 작은 단추 2개, 부직포, 천, 파스텔, 수성펜
- **만드는 방법**

① 흰 목장갑 한 켤레를 준비한다.

② 한 짝에 얼굴, 손, 귀, 코, 꼬리 부분을, 다른 한 짝에 몸통, 손, 귀부분의 밑그림을 그린다.

③ 몸통이 될 부분 중간에 손이 들어갈 부분을 세로로 칼집을 낸다.

④ 목부분을 남기고 바느질하고 손이 들어갈 부분에 재단한 손 부분을 집어넣어 시접끼리 바느질한다.

⑤ 바느질한 몸통을 시접을 남기고 재단한다.

⑥ 얼굴 밑그림을 따라 바느질한 후 시접을 남겨 재단한다.

⑦ 얼굴을 뒤집어 솜을 채운 다음 다듬는다. 이때 솜을 조금씩 넣으면 표면이 울퉁불퉁해지므로 적당한 양의 솜을 한꺼번에 밀어넣는다.

⑧ 부직포 5.5×10cm를 검지에 맞게 골무로 만들어 목 부분에 손가락이 들어갈 심대를 만든다.

⑨ 심대를 목부분에 집어넣고 박음질한다.

⑩ 귀를 바느질하여 붙인다.

⑪ 눈은 바느질 후 가운데로 모이게 되므로 실제 눈 위치보다 좀 더 바깥쪽으로 미리 눈자위가 들어가도록 바느질해 둔 다음 단추를 달아 눈을 표현한다.

⑫ 재단된 코 부분을 둥글게 말아 올려 얼굴에 바느질하여 달아 입체감을 살

린 후 그 위에 둥근 부직포를 잘라 감침질하여 붙인다.

⑬ 입을 색실로 바느질하여 표현한다. 입 가운데 매듭을 지으면 웃는 얼굴이 된다.

⑭ 완성된 얼굴을 몸통의 목부분에 거꾸로 집어넣어 바느질한다. 이때 장갑의 앞뒤를 고려하여 좀더 튀어나온 부분이 엉덩이가 되도록 얼굴의 방향을 보고 집어넣는다.

⑮ 몸통을 뒤집어서 꼬리를 달고 파스텔로 표정을 살리고 수성펜으로 돼지코의 특징을 살린다.

⑯ 옷을 입혀 완성한다.

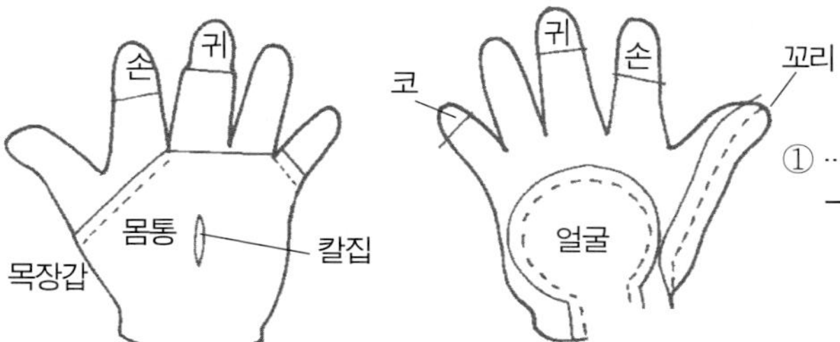

① ······ 누분을 먼저 박은 후
— 누분을 재단한다.

② 칼집 부분에 재단한 손부분을 넣고 바느질로 연결한다(뒷부분의 칼집 부분에도 나머지 손부분 연결).

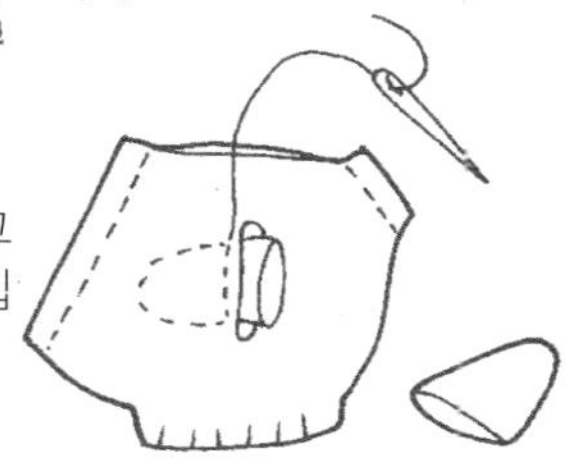

③ 재단된 얼굴을 뒤집어 솜을 집어넣는다.

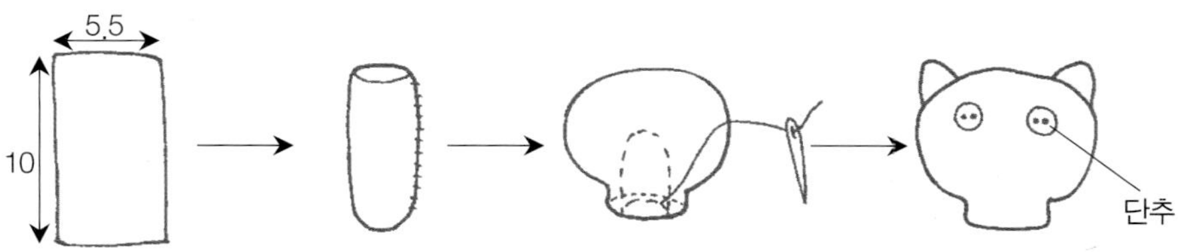

④ 목 부분의 골무를 만들어 목을 넣고 연결한 후 귀와 눈을 단다.

[그림 9-18] 장갑으로 돼지 손인형 만드는 방법

손인형을 제작하여 인형극을 연출할 때에는 인형 각각의 개성을 살리면서 등장인물의 성격을 잘 드러내 주어야 한다. 또한 보다 자연스러운 움직임을 나타내기 위해서는 관절의 유연함을 살리는 동작이 필요하다. 눈을 비비는 간단한 동작이라도 손만 움직이는 것보다는 얼굴을 조금 비틀 듯이 동시에 움직인다면 보다 자연스러운 생동감이 있으므로, 공연 전에 연습하는 시간을 가짐으로써 생생한 장면 연출이 되게 한다.

4) 줄인형

조정대에 줄을 달아 인형과 연결하여 조정하는 마리오네트marionette를 말한다. 유아들이 조정하는 경우에는 줄이 꼬일 수 있으므로, 조정하기 쉽고 간단하게 두 줄이나 네 줄 인형을 제작하여 제공할 수 있다. 줄인형을 제작할 때는 줄의 움직임에 따라 관절이 움직이도록 Y핀을 이용하면 다양한 움직임을 연출할 수 있다.

[그림 9-19] 다양한 줄인형

전문가용으로 제작할 경우 목각을 이용한 마리오네트를 만들 수 있다. 목각을 구하는 방법은 목재소에 가서 사각으로 된 나무를 구입해서 필요에 따라 잘라서 제작하거나 화방에서 파는 봉으로 된 미송을 구입하여 사용할 수 있다. 일반적으로 조각용 나무인 마디카를 사용한다.

다음은 목각 마리오네트의 제작 방법이다.

① 머리, 몸, 팔, 다리 각 마디를 핀을 박을 위치까지 고려하여 관절 부위가 꺾이도록 조각한다.

② 관절 부위에는 드릴로 구멍을 뚫는데, 모든 관절 부위는 안쪽에 들어갈 부위의 구멍이 바깥쪽 부위의 구멍보다 커야 한다.

③ 나무핀을 박아 목기용 본드로 접착한다. 이때 본드가 안쪽에 있는 핀에 닿지 않게 주의한다.

④ 목과 얼굴 부위는 나누어 제작하여 목과 얼굴에 나무핀을 박아 움직이게 만든다.

⑤ 허벅지 부분이 뒤로 움직이지 않도록 허벅지 부분을 둥근 나무로 고정한다.

⑥ 잠자리 모양의 수정 조정대를 만든다. 조정대의 앞날개의 양쪽은 두 팔을, 중앙에 위치한 뒷날개 양쪽은 다리를, 중앙의 교차되는 부분은 머리를, 맨 뒷부분은 엉덩이와 줄을 연결시킨다.

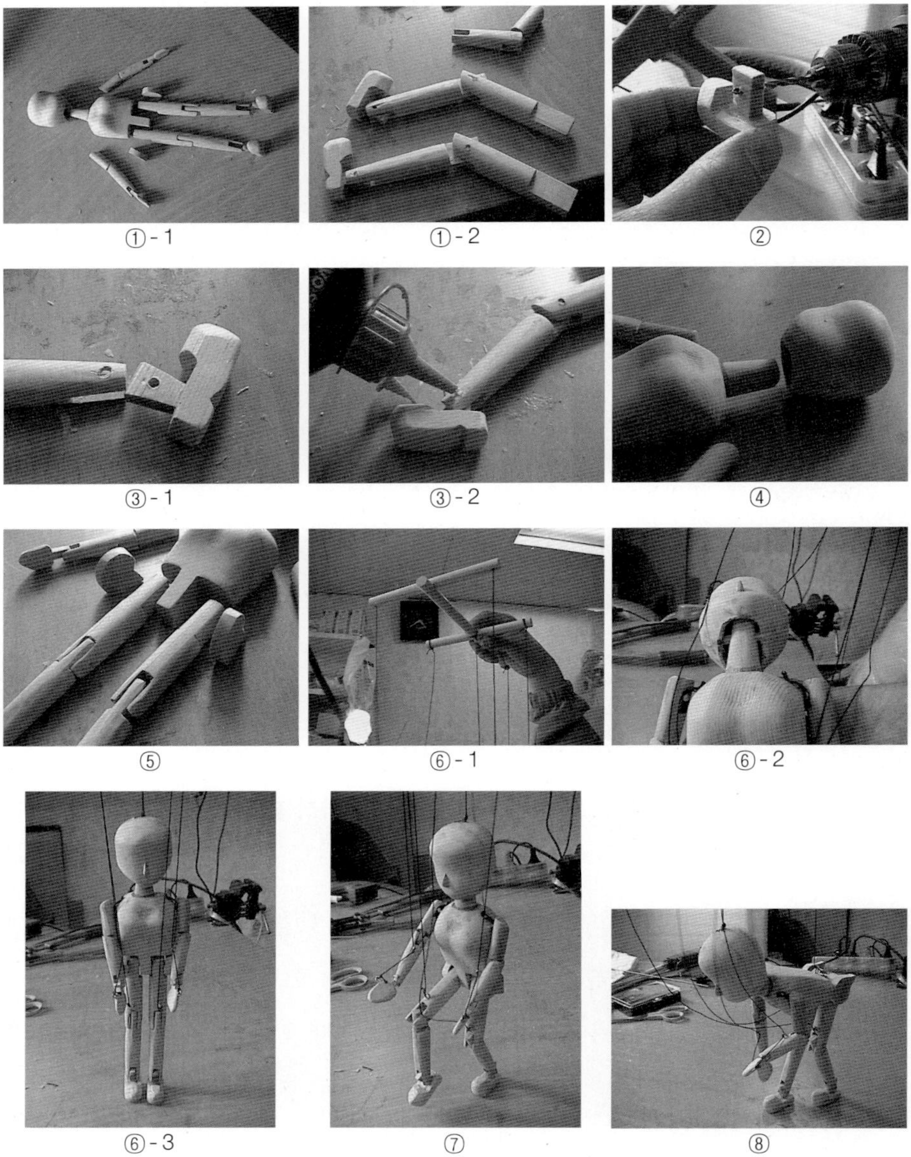

[그림 9-20] 목각 마리오네트 제작 방법

출처: 인형극단 친구들. http://www.puppet.or.kr.

⑦ 좀 더 정확한 움직임을 위해서는 어깨 양쪽에 줄을 연결하는 것이 좋고 팔의 경우 손과 팔뚝에 두 개의 연결핀을 넣고 줄이 두 곳을 통과하도록 하면 안정적인 움직임을 연출할 수 있다.

⑧ 연습을 통해 다양한 몸 표정을 만들되 줄이 꼬이지 않게 항상 주의한다.

5) 그림자 인형

[그림 9-21] 그림자 인형

그림자 인형이란 스크린 뒤에서 빛을 받아 나타나는 그림자를 통해 보여주는 인형을 말한다. 그림자 인형은 다른 인형 종류보다 신비감을 불러일으킬 수 있으므로 상상력이나 창의성을 유발할 수 있다는 장점을 가지고 있다.

한편 인형을 사용하지 않고 사람이 직접 등장하여 출연하는 그림자극을 실체 그림자극이라고 하는데, 이야기나 주제극을 현장에서 즉흥적으로 꾸며서 유아들 자신이 직접 출연하면 또 다른 흥미를 유발할 수도 있다. 그림자 인형의 제작 방법은 다음과 같다.

① 압력 스티로폼 보드와 철사, 색셀로판지, Y핀을 준비한다.

② 흰종이에 먼저 인형의 윤곽을 실제 크기대로 스케치한다.

③ 스케치한 형태를 그대로 스티로폼 보드에 옮겨 그리되 움직임이 필요한 부분은 부분별로 나누어서 그린다.

④ 칼로 스티로폼 보드를 그려진 형태에 따라 오린다.

⑤ 인물의 눈동자나 얼굴 등 특정 부분에 조명이 비치게 하고 싶으면 칼로 조심스럽게 그 부분을 잘라낸 다음 색 셀로판지를 붙이면 훌륭한 색 조명 효과를 낼 수 있다.

⑥ 움직임이 필요한 부분은 Y핀을 사용하여 연결하고 철사를 붙여 조정에 따라 움직이도록 한다.

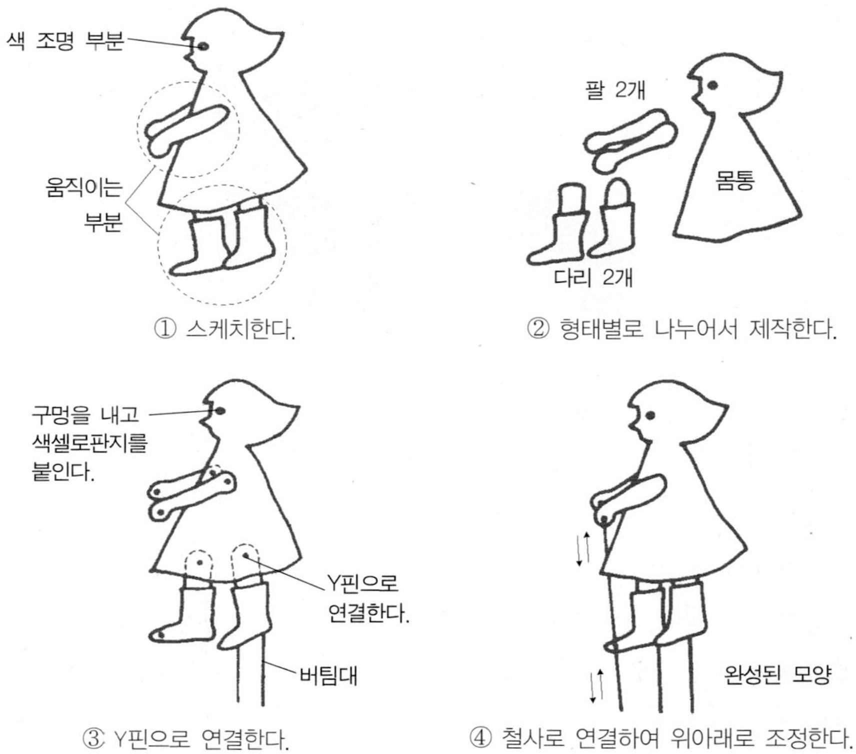

[그림 9-22] 그림자 인형의 제작 과정

그림자 인형으로 만드는 '토끼와 거북이'

◎ 재　　　료 트레이싱 페이퍼, PP판, 토끼와 거북이 견본(밑그림용), 셀로판지, 굵은 철사(우산대), 고무줄, 바늘, 실, 가위, 송곳, 풀, 흰 물감, 스펀지, 무대용 막(스크린), 조명 기구 혹은 손전등

◎ 만드는 방법

① 토끼와 거북이의 밑그림을 그린다.

② 트레이싱 페이퍼에 밑그림을 떠낸다. 이때 보이지 않는 관절 부위도 따로 그린다.

③ 따로 그린 그림을 가위로 오려낸다. 눈과 거북이등의 무늬는 칼로 잘라낸다.

④ 오려낸 트레이싱 페이퍼 그림을 PP판에 풀로 붙인다.

⑤ 스펀지에 흰 물감을 묻혀 트레이싱 페이퍼가 붙은 그림 주변을 가볍게 두드린다.

⑥ 물감이 마르면 트레이싱 페이퍼를 떼어내고 물감으로 찍혀진 가장자리 선을 따라 가위로 자른다.

⑦ 관절 부위를 송곳으로 뚫어낸 후 좀 더 유연하게 움직이게 하기 위해 작은 원 형태의 지름 5mm 정도의 PP판을 관절 사이에 넣어 실로 연결한다. 이때 실의 매듭을 풀칠하면 풀리지 않고 더 잘 움직인다.

⑧ 거북이 머리가 움직이도록 거북이 뒷면에 ㄱ자 모양의 조정대와 고무줄을 연결한다. 고무줄의 탄력 정도는 조정대를 잡아당겼다가 놓았을 때 다시 거북이 목이 원상태로 저절로 돌아올 정도면 된다.

⑨ 토끼의 머리도 움직이도록 토끼 손과 머리를 연결하고 몸통 지지대를 만든다.

⑩ 셀로판지로 눈과 거북이등 무늬를 장식한다.

⑪ 그림자극 무대를 우드락판으로 만든다. 이때 조립할 수 있게 만들면 보관이 용이하다. 스크린은 트레이싱 페이퍼나 옥양목, 광목 등의 천을 이용할 수 있다.

⑫ 대본을 구성하여 그림자극을 연출한다.

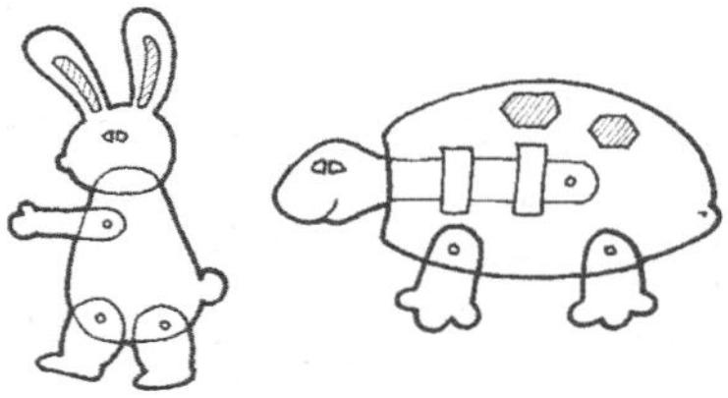

① 밑그림을 그린다.

② 각 부분별 밑그림을 트레이싱 페이퍼에 그림 다음 오려낸다.

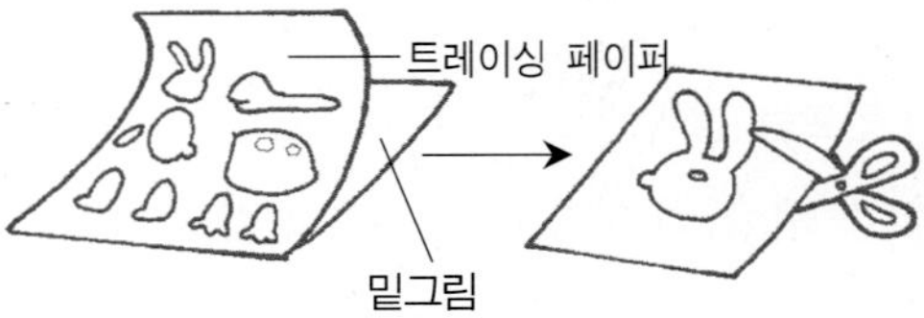

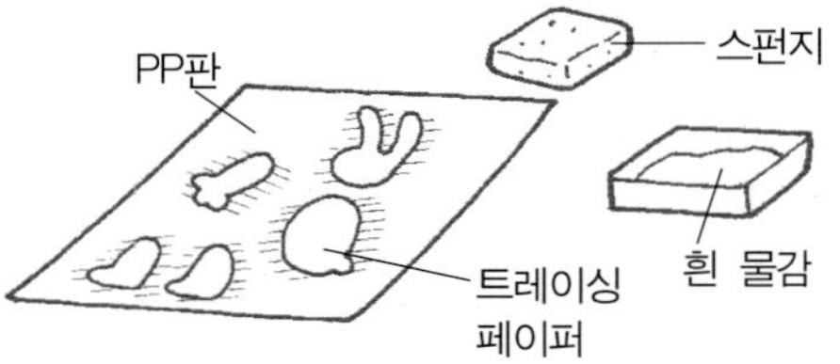

③ 오려낸 트레이싱 페이퍼를 PP판에 붙인 다음 흰 물감을 묻힌 스펀지로 가장자리를 찍는다.

④ 트레이싱 페이퍼를 떼어내고 표시돈 선대로 잘라서 관절을 연결한다.

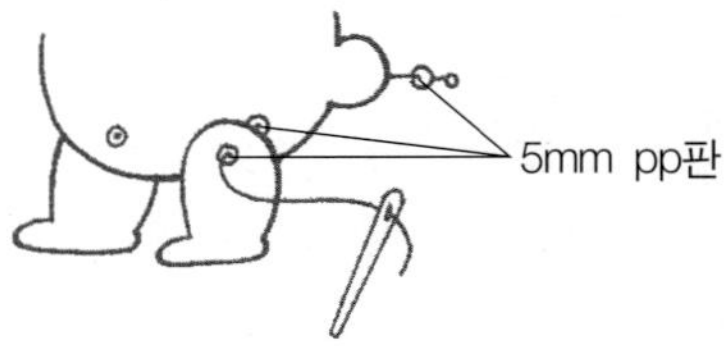

⑤ 거북이목이 움직이게 제작한다.

⑥ 굵은 철사로 지지대와 조정대를 연결한다.

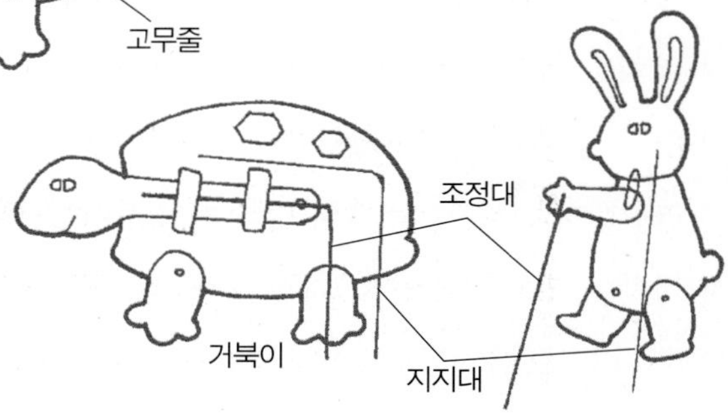

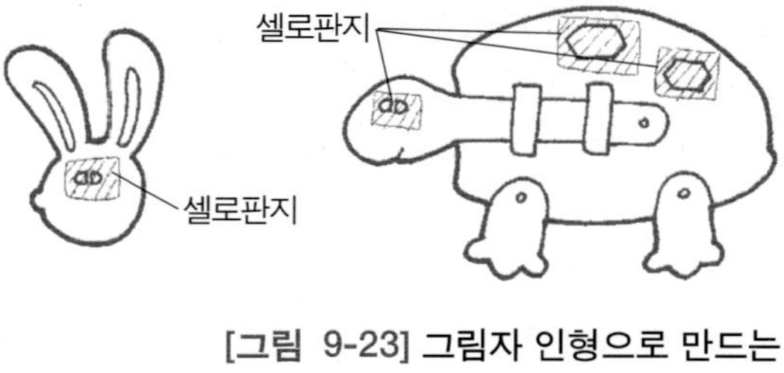

⑦ 셀로판지를 눈과 무늬 부분에 붙인다.

[그림 9-23] 그림자 인형으로 만드는 '토끼와 거북이'

그림자 인형극을 연출할 때 스크린과 조명이 필요하다. 스크린은 하드보드지나 빈 박스로 틀을 만들어 전면을 뚫어내고 반투명지를 붙여 쉽게 만들 수 있다. 조명 장치는 슬라이드 환등기나 오버헤드 프로젝터를 활용해도 좋고 손쉽게 손전등을 이용해도 무방하다. 이때 주의할 것은 조명은 1개 이상 사용하지 않는 것이 좋다. 또 장면이 아침일 경우에는 분홍색, 해질 때에는 귤색, 밤일 때에는 청색, 낮일 때에는 백색의 등을 사용하면 한층 효과적이다. 조명 장치의 위치에 따라 그림자의 크기를 조절할 수도 있으므로, 연출자는 스크린의 크기나 그림자극의 특성에 따라 조명 장치의 위치를 결정한다.

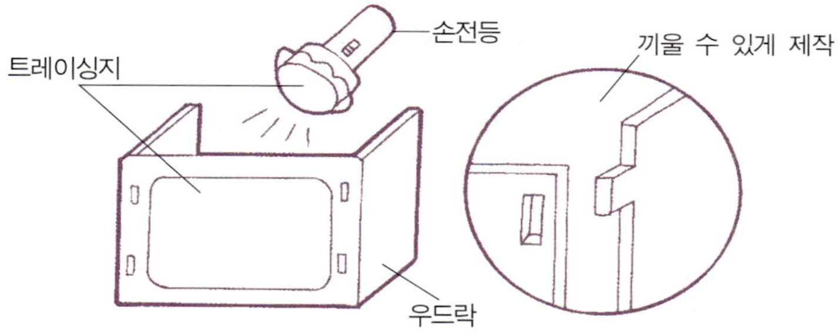

[그림 9-24] 그림자 인형극 무대와 조명

6) 탈인형

탈인형은 얼굴에 직접 쓰고 활용하는 인형을 말한다. 대표적으로 우리나라 고유의 탈놀이가 있다. 소극적인 유아들도 인형극과는 달리 표현을 자유롭게 할 수 있다는 장점이 있다. 종이죽이나 작은 바구니 등에 천을 장식하여 제작할 수도 있지만, 상업용으로 제작되어 판매하는 것을 이용하면 보다 다양한 탈을 접할 수 있다. 탈인형과 유사하지만 머리에 쓰고 활동하는 모자 인형도 있다.

[그림 9-25] 머리에 쓰고 활동하는 모자 인형

7) 테이블 인형

테이블 인형은 인형 자체가 세워지도록 만들어진 것으로서, 인형을 직접 잡고 옮기거나 자석 등을 부착하여 움직이는 효과를 낼 수 있는 인형이다. 인형을 세워지도록 만드는 방법은 여러 가지가 있을 수 있는데, 일반적으로 많이 제작되는 방법은 병이나 화장지 상자 등을 이용한 인형, 코르크나 지우개 등의 받침대를 이용한 인형, 삼각대나 필름통 등의 지지대로 뒷면을 받쳐 세운 인형을 들 수 있다. 자체적으로 세울 수 있도록 만든 테이블 인형도 있는데, 지점토나 골판지 등을 이용하여 제작한 테이블 인형을 예로 들 수 있다.

테이블 인형을 조작할 무대는 수평면 형태로 된 것은 모두 가능하다. 보통 책상을 많이 이용하며 우드락판을 이용하거나 나무로 제작된 상품화된 테이블 무대를 사용할 수 있다.

[그림 9-26] 받침대나 지지대로 세운 테이블 인형

[그림 9-27] 병을 이용한 양면 테이블 인형

3 인형극 틀의 제작

인형극을 연출할 때 무대가 준비되면 보다 효과적인 전달이 가능하며 유아들도 활동에 적극적으로 참여하게 된다. 무대로서의 인형극 틀의 목적은 인형들의 움직임만 돋보이게 하고 인형을 조작하는 사람의 모습은 잘 보이지 않게 만드는 것이다. 따라서 조정하는 사람이 교사 혹은 유아인지를 고려하여 준비하면 된다.

유아교육기관에서는 상품화된 인형극 틀을 구입하기도 하지만 크기가 커서 일정한 곳에 고정적으로 배치하는 경우가 많으므로 효율적으로 활용하기가 쉽지 않다. 만약 교실에 상품화된 인형극틀이 없다면 교사들도 교구장이나 책상, 상자 등의 주변 사물을 활용하여 쉽게 인형극 틀을 꾸밀 수 있다.

[그림 9-28] 상품화된 인형극틀

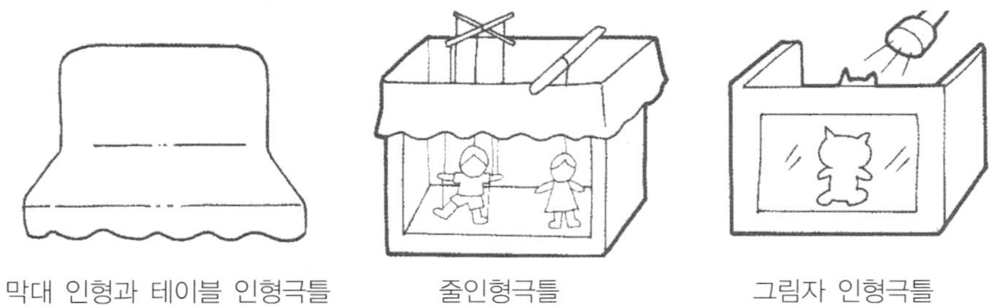

[그림 9-29] 다양한 종류의 인형극틀

교구장을 이용한 무대 반달 책상을 이용한 무대

[그림 9-30] 주변 사물을 활용한 인형극 무대

4 인형의 활용

가장 문학적인 것이 가장 교육적이라는 말이 있듯이, 인형극을 교육과정과 연계시켜 제시한다면 많은 교육적 효과를 얻을 수 있다.

1) 자유 선택 활동

독백적 대화 형태에서 사회적 언어 형태로 점차 발달해 가는 시기의 유아들이 대화를 꾸며 보고 타인의 입장에 서서 의사소통을 해보는 인형놀이는 언어 및 사회성 발달에 매우 효과적인 방법이다.

유아는 인형을 직접 조작하여 연출하는 것을 좋아하므로 교사가 집단 활동에서 제시한 인형들을 자유 선택 시간에 제공해 주면, 어휘력이 증가하고 소극적이고 표현력이 부족한 유아들의 자신감을 기르는 데도 도움이 된다. 또한 소근육 발달뿐 아니라 이야기를 구성하고 연출해 봄으로써 논리적인 사고력의 발달을 가져올 수 있다. 한편 동화 내용이 녹음된 자료를 함께 제공하면 유아들은 녹음 자료를 들으면서 내용에 맞춰 인형을 조작할 수 있어 유아들의 참여를 활성화시킬 수 있다.

2) 집단 활동에서의 인형극

교사가 제시하는 인형극일 경우 좀 더 계획적인 준비 과정이 필요하다. 대부분의 교사들은 인형극의 준비 과정을 어렵게 생각하여, 그림이나 융판 동화를 이용하는 경우가 많다. 하지만 기본적인 요소들만 갖추어지면 시간과 비용을 투자하지 않고도 인형극 공연을 할 수가 있다. 인형극의 3요소는 대본, 무대, 연기이다. 이 세 가지 요소를 중심으로 인형극의 준비 과정을 살펴보기로 한다.

(1) 대본 구성 및 인형 제작하기

인형극을 준비하기 위해서는 제시할 이야기를 우선적으로 선정하고 내용에 적합한 인형극의 종류를 결정한다. 다음으로 등장인물에 따라 대본을 구성하고 등장 인형과 필요한 소품이 무엇인지를 계획하여 제작한다. 다음은 '혹부리 영감'이라는 동화를 선택하여 인형극을 준비한 과정을 예로 제시한 것이다.

① 이야기 선정 이유 : 선명한 주제, 재미있는 내용, 흥미로운 등장인물

② 인형극의 종류 결정하기

③ 한 장면에서 조정할 수 있는 인형의 수를 정한다(조정할 수 있는 최소한의 인형만 등장시킨다).

④ 꼭 필요한 소품을 정한다.

혹부리 영감

① 부직포 인형을 이용한 테이블 인형극

② 등장인물 : 착한 혹부리 영감, 나쁜 혹부리 영감, 도깨비

③ 소품 : 혹, 도깨비 방망이

⑤ 대본 쓰기

- 해설을 길게 쓰기보다는 장면으로 만들어 간단하게 줄인다.
- 지문도 장면이나 대사로 표현한다.

  예 : 도깨비가 혹을 발견하고 깜짝 놀라 할아버지에게 다가가 혹을 만

져 본다. → 도깨비 : 할아버지! 가까이 다가간다. 이건 뭐예요?

- 인형의 등 · 퇴장을 생각해서 대사를 안배한다. 간단한 해설을 넣어 인형이 등 · 퇴장하는 시간을 만든다.
- 간결하고 짧은 대사로 의미를 전달한다.

⑥ 대본이 완성되면 인형을 제작한다각 인형별 제작 방법 참조.

예 : 부직포 인형일 경우 인형의 앞뒷면을 이용하면 두 명의 효과를 낼 수 있다.

(2) 무대 만들기

1 무대 제작

무대는 상업용으로 제작된 것을 사용할 수도 있고 유치원의 모든 공간을 무대로 활용할 수도 있다. 상업용을 사용할 경우 편리하긴 하지만 정해진 틀 외에는 활용성이 낮아서 가능하면 교사의 아이디어를 발휘하여 교실의 기자재나 주변의 생활 물품을 활용하는 것이 경제적이고, 주제에 맞게 배경을 꾸밀 수도 있어 효율적이다. 주변의 물품을 무대로 사용할 경우 교사가 인형을 편하게 조정할 수 있도록 블록 등으로 높이를 조절한다.

2 무대 위치 선정

무대 위치를 고를 때는 유아들의 관찰 위치에 따라 결정해야 한다. 바닥에 앉았을 때 무대가 너무 높으면 유아들이 불편해할 수 있으며, 의자에 앉았을 경우 무대가 높은 것은 상관이 없지만 너무 낮을 때 앞의 유아에게 가려져서 잘 안 보일 수가 있다.

3 무대의 막과 배경

무대의 막과 배경은 주로 짙고 어두운색 계열의 무늬가 없는 단색을 선택한다. 조정자도 마찬가지로 짙은 색의 무늬가 없는 옷을 입고 공연하는 것이 좋다. 천이 없을 경우 종이, 한지, 부직포도 이용할 수 있다. 인형극의 배경은 인형의 등·퇴장 공간으로도 활용될 수 있고 유아들이 조정자에게 뺏기는 시선을 방지할 수 있다는 점에서 필요하긴 하지만 반드시 입체적이거나 화려하지 않아도 된다. 오히려 지나치게 원색을 사용하거나 그림 내용이 복잡할 경우 시선을 분산시킬 수 있다.

4 소품 만들기

일상용품에서 가져올 수도 있지만 인형과 같은 느낌이 들도록 만드는 것이 가장 좋으며 인형을 다루는 것이므로 모양에 지나치게 신경을 쓰거나 복잡하게 만들어 조작이 어려운 것보다는, 조작이 쉽고 간단하며 튼튼하게 만드는 것이 좋다. 그리고 과장되게 특징을 표현한다.

5 음악과 음향 효과

교사가 공연할 인형극의 규모를 고려하여 음악과 음향 효과를 준비한다. 소그룹에게 보여주는 인형극일 경우 지나치게 웅장한 음악과 음향 효과는 오히려 부자연스러워 인형극과 음악이 분리된 듯한 느낌을 줄 수 있다. 따라서 가능하면 책상이나 타악기 등의 효과음이나 관객과 함께 노래 부르는 것과 같은 현장음을 살린다. 이렇게 할 때 관객인 유아들의 호응에 맞추어 훨씬 더 가깝게 상호작용할 수 있다.

(3) 무대 연기

인형극에 있어서는 인형의 동작과 연기가 더 중요하다는 점에서 음악에 중점을 두는 뮤지컬이나 대사에 치중하는 구연 동화와는 차이가 있다. 따라서 인형의 감정을 살려서 인형을 조정하는 능력이 요구된다.

1 조정법

인형의 종류에 따라 조정하는 법이 각각 다르지만 각 인형별로 걷기, 뛰기, 앉기 등의 기본 동작을 익히는 것이 중요하다. 손가락 인형이나 손인형의 경우는 손가락을 어떻게 움직이느냐에 따라 세심한 표정 연기까지 가능하므로, 손가락을 동시에 다르게 움직이는 연습을 해야 한다. 걸어가는 동작은 조정자가 인형의 얼굴을 보면서 시선을 맞추어 이동시켜야 몸체가 바르게 이동할 수 있다. 뛰어가는 동작은 걷는 동작보다는 조금 빠르게 움직이기도 하지만, 무대가 좁고 이동이 많아야 할 경우에 포물선을 그리듯이 상하로 움직이며 앞으로 전진시키면 동작이 커지면서 빨리 움직이는 효과를 볼 수 있다. 앉는 동작은 인형의 옷 속으로 다른 손을 집어넣어 무릎을 살짝 올리면서 인형을 낮추면 의자에 앉는 동작을 표현할 수 있다. 줄인형이나 그림자 인형은 관절 부위에 연결된 철사나 실을 조정하는 능력에 따라 표현 효과가 크게 차이가 나므로 조정자의 연습이 더 많이 요구된다. 테이블 인형의 경우 인형을 잡을 때 몸체가 가리지 않도록 몸통 허리 부분을 살짝 잡고, 이동할 때에는 좌·우로 뒤뚱뒤뚱 기울이며 천천히 움직인다.

② 무대 연기

간단한 인형극이라 할지라도 공연 중에 맥이 끊어지지 않으려면 반드시 공연 전에 연습이 필요하다. 무대 연기에서 주의할 점을 살펴보면 다음과 같다.

첫째, 대사는 천천히 정확하게 말한다.

둘째, 조정하지 않는 손은 무대 배경 위에 올려놓지 않도록 무대 뒤쪽에 둔다.

셋째, 인형의 성격을 살려 움직인다.

셋째, 움직이는 인형과 움직이지 않는 인형을 명확히 구분한다. 즉, 두 손 모두 인형을 들고 있을 때 한 손의 동작이 멈추면 다른 손을 움직이고 조정하지 않는 손은 움직이지 않는다.

넷째, 내용을 잊어버릴 경우를 대비하여 대본을 배경 뒤에 붙여 둔다.

목소리를 연기할 때는 역할의 감정을 살려 특징을 표현한다. 문장과 문장 사이는 충분히 쉬어야만 대사의 느낌을 정확히 전달할 수 있다. 반드시 굵거나 가는 음성이 특정 인물, 예를 들면 착한 사람 혹은 나쁜 사람과 같은 느낌을 나타낸다는 제한성은 없으므로 대사를 읽을 때 자신이 가장 적절하고 편하게 생각되는 목소리를 몇 가지 정하여 연기한다. 노래나 춤, 도깨비의 주문을 외우는 특정 표현은 보다 재미있게 연기할 수 있도록 많은 연습을 한다.

3) 기타 학습 활동

교사가 이야기 나누기 시간이나 기타 활동 시간에 도입 부분의 동기 유발을 위해 인형을 활용하면 효과적이다. 인형을 사용한 동기 유발 방법은 특히 유아로 하여금 관심을 가지고 집중하게 하고 인형과의 대화에 참여하고 싶은 충동을 느끼게 한다. 따라서 타인 앞에서 표현을 잘 못하는 유아들도 적극적인 학습 자세를 기르며, 능동적인 자기 표현의 태도를 기르는 데에도 효과적이다.

하지만 인형을 사용하는 목적이 불분명하고 특별히 하는 역할이 없다면 오히려 주의를 산만하게 만드는 원인이 될 수 있다. 단지 주의 집중을 위해 활동의 초반부에만 인형을 사용하는 경우에 유아들은 인형이 등장해 있는 동안만 집중을 하고, 중요한 이야기 나누기 내용은 집중을 못하게 된다. 교사가 다시 집중을 시키려고 인형을 등장시키지만, 결국 이야기 나누기 주제에 대한 관심은 줄어들고 진행은 더욱 어려워질 것이다. 따라서 인형을 활용하는 활동에서는 단순히 주의 집중을 위한 보조 자료로 활용하기보다는 인형이 어떤 고정적인 역할을 담당하도록 내용을 구성하는 것이 필요하다.

[그림 9-31] 교사가 동기 유발을 위해 사용한 알 모양의 보조 장식이 달린 공룡 손인형

한편 동시나 음률 활동에서는 동화와는 달리 등장인물이 많은 편이 아니므로, 장갑을 이용한 손가락 인형이나 유아들이 직접 들고 노래를 부를 수 있는 막대 인형 자료를 활용할 수 있다. 또 동시나 노래에 나오는 동물들의 소리를 따로 녹음하여 들려주면, 유아들이 손인형을 조작하여 동물 소리에 맞춰 인형의 입을 움직이는 활동을 할 수도 있다.

5 인형 자료를 이용한 활동

애벌레에게 희망을

- 매체의 종류 그림자 인형극
- 제 작 자 박혜령, 김효진, 김종숙, 김미애
- 자료 수량 그림자 인형 6매, 배경 3매
- 대상 연령 및 집단 크기 만 4~5세, 중집단(10~15명)
- 학습 목표

  애벌레가 자라 나비가 되는 과정을 이해할 수 있다.

- 누리과정 관련 요소

  예술경험 <아름다움 찾아보기>, <예술 감상하기>

  의사소통 <듣기>

  자연탐구 <과학적 탐구하기>

- 내 용

두 마리의 줄무늬 애벌레와 노랑 애벌레는 나비를 동경하다가, 고치 할머니의 이야기를 듣고 나비가 되기 위해 고치를 만든다. 결국 많은 기다림 끝에 마침내 나비가 되는 이야기이다.

- 매체의 특성
  - 빛과 그림자를 이용한 그림자 인형 매체를 사용하여 학습 동기를 유발하였다.
  - 색 셀로판지를 이용하여 빛이 통과하는 특성을 부각시켰다.
  - 애벌레의 움직임을 살리기 위해 몸의 부분을 각각 연결하여 제작하였다.

- 활용 방법 및 제시상의 유의점
  - 그림자의 크기를 충분히 담을 수 있는 막을 준비하여 동화 순서에 맞게 빛을 비춰 등장인물을 제시한다.
  - 큰 자료를 한 명이 조작하기 힘들면 두 명이 함께 제시한다.
  - 막의 재질이 천이면 제시하기 전에 미리 다려 둔다.
  - 막과 조명, 인형의 위치에 따라 그림자와 색깔이 달라지므로 미리 연습을 통해 거리를 조절한다.

- 보관상의 유의점
  - 크기가 큰 자료는 분리하여 보관할 수 있게 고려하여 제작하면 보관이 용이하다.
  - 막이 천일 경우 방충제와 함께 보관하고 반투명지일 경우 말아서 보관한다.
  - 셀로판지가 찢어지지 않게 주의한다.

제 달걀 못 보았나요?

- 매체의 종류 막대 인형극
- 제 작 자 조민아
- 자료 수량 막대 인형 7매, 역할 머리띠와 목걸이 각 7매
- 대상 연령 및 집단 크기 만 4~5세, 소집단
- 학습 목표

  주어진 활동자료를 이용하여 인형극으로 자신을 표현할 수 있다.
- 누리과정 관련 요소

  예술경험 <예술적 표현하기>, <예술 감상하기>

  자연탐구 <과학적 탐구하기>
- 내 용

  엄마 닭이 낳은 달걀이 어디론가 굴러가서 찾으러 다니며 만나는 동물마다 물어보지만 쥐구멍 속으로 들어간 달걀은 결국 깨져 버린다. 하지만 깨진 달걀에서 예쁜 병아리가 나오자 엄마 닭은 기뻐한다는 이야기이다.

- 매체의 특성
  - 막대 자료를 이용하여 유아들의 참여와 확장 활동이 가능하다.
  - 역할 머리띠와 목걸이를 만들어 자신이 맡은 역할을 더욱 명확히 알 수 있게 하였다.
  - 동극 활동으로의 확장도 가능하다.

- 활용 방법 및 제시상의 유의점
  - 활동 전에 교사가 그림 및 녹음 자료를 이용하여 동화 내용을 먼저 들려준 후 각 등장인물의 소리와 대사를 연습하고 어떤 역할을 할 것인지 유아들과 의논하는 시간을 가진다.
  - 동화를 제시할 때 사용한 그림 자료를 그대로 이용하여 활동 자료를 만든다. 조형 활동 시간을 이용하여 유아들이 직접 막대 자료와 무대를 만들 수 있다.

- 보관상의 유의점

  그림과 막대, 그림과 머리띠는 분리하여 보관할 수 있게 만든다.

꼬마 검둥이 삼보

- **매체의 종류** 줄인형극
- **제 작 자** 이선영, 진미정, 강수정, 장경주, 장성혜
- **자료 수량** 줄인형 7매, 입체 나무, 배경판
- **대상 연령 및 집단 크기** 만 3~5세, 소집단
- **학습 목표**

주어진 이야기를 듣고 인형극으로 표현할 수 있다.

- **누리과정 관련 요소**

예술경험 <예술적 표현하기>, <예술 감상하기>

자연탐구 <탐구하는 태도 기르기>

- **내 용**

꼬마 삼보는 선물로 받은 옷을 입고 장화를 신고 숲속으로 놀러가지만 너무 신이 나서 부모님이 깊이 들어가지 말라고 하신 말씀을 잊어버려 호랑이를 만나게 된다. 삼보는 지혜롭게 대처하여 나무 위로 올라가고 삼보의 옷을 가지고 싸우다가 호랑이는 버터로 녹아버린다. 삼보는 집에 버터를 들고 와 부모님과 나눠 먹으며 부모님 말씀을 잘 듣기로 약속하게 되는 이야기이다.

- 매체의 특성
  - 활용하기 쉬운 줄인형으로 제작하여 유아들에게 활동 동기를 부여하였다.
  - 동화의 특징을 살리기 위해 배경 중 일부인 나무를 입체로 제작하였다.
  - 줄 끝에 집게를 부착하여 혼자서 조작할 경우 나무나 조정 막대에 매달 수 있다.

- 활용 방법 및 제시상의 유의점
  - 유아들이 활동하기 전에 교사가 먼저 녹음 자료를 이용하여 줄인형극을 보여준다.
  - 줄인형을 혼자서 조작할 때는 집게를 이용하여 매달아 놓거나 호랑이처럼 동시에 움직여야 하는 자료들은 십자형 조정 막대에 각 호랑이를 집게로 매달아 조작하면 된다.

- 보관상의 유의점
  - 나무는 입체 자료이므로 잎과 줄기 부분을 벨크로테이프를 활용하여 분리하여 보관이 가능하게 한다.
  - 입체 자료이므로 보관 상자가 필요하다.

CHAPTER 10

사진

사진은 여러 가지 평면적 시각 매체 중 인물이나 사물, 사건, 장소 등을 가장 실제에 가깝게 재현해 주는 특성을 가지고 있다. 교사가 직접 카메라로 촬영하여 학습 자료로 활용하기도 하고, 기존의 사진을 그대로 쓰거나 책이나 잡지 등에서 적합한 사진을 확대 또는 복사하여 자료로 쓰기도 한다. 사진 자료의 특성과 제작 방법을 알아본다.

1 사진의 특성

손쉽게 학습 자료로 활용할 수 있는 사진은 다음과 같은 특성을 가지고 있다.

첫째, 사실성이 매우 강하기 때문에 추상적인 아이디어를 구체적인 형태로 표현해 줄 수 있다. 또한, 인물이나 사물, 현상 등의 사실적 묘사가 필요한 학습에 효과적으로 이용될 수 있다.

둘째, 다양한 표상을 하는 유아들의 학습과정에서의 기록화documentation 작업을 돕는다. 유아들이 활동과정을 재방문함으로써 경험을 재구성할 수 있으며 현재 진행되고 있는 활동을 글이 아닌 장면을 통해 재현하므로 다음 활동으로 쉽게 발전할 수 있다. 또한 활동에 참여하지 않았던 유아들도 사진 기록을 함께 보면서 이미 진행되고 있는 활동에 같이 참여할 수 있게 만든다.

[그림 10-1] 디지털카메라로 촬영하여 출력한 활동사진

셋째, 자료의 수집이나 제작이 용이하다. 신문이나 잡지, 책, 카탈로그 등에서 인쇄된 사진 자료를 손쉽게 구할 수 있어 이를 그대로 사용하거나 확대 또는 축소 복사하여 사용할 수 있다. 직접 카메라로 제작하는 경우라도 간단한 카메라 조작 기술로 훌륭한 자료를 만들 수 있다.

넷째, 색의 조정이 가능하다. 기본적으로 흑백과 천연색 칼라로 사진을 제작할 수 있고 필요에 따라서는 약간의 조작으로 옐로우 톤이나 블루 톤으로 특수한 분위기를 연출할 수 있다.

다섯째, 그림과 마찬가지로 평면 자료이기 때문에 동적인 장면을 표현할 수 없고 입체감을 살릴 수 없다는 단점이 있다. 따라서 사물의 움직임이나 입체감이 중요시되는 학습에는 적합하지 못하다. 그러나 어떠한 과정이나 순서를 단계별로 제시하고자 할 때에는 여러 장의 사진 시리즈로 제작함으로써 효과적으로 이용할 수 있다.

여섯째, 360도 카메라를 장착하여 촬영하거나 카드보드 카메라 앱을 활용하여 촬영하면 VR Virtual Reality 사진을 얻을 수 있다. 360도 카메라는 수평 및 상하

360도 전 방향을 촬영해 구면 사진 및 영상을 만드는 카메라다. 360도의 구면 이미지와 영상이 가상현실 감상 콘텐츠로 사용된다는 점에서 'VR 카메라'로 불리기도 한다. 이러한 VR사진의 경우 360도 방향에서 사진을 볼 수 있을 뿐 아니라 카드보드 등의 VR기기를 통하여 시청할 경우 유아가 촬영 현장에 있는 듯한 가상현실을 경험할 수도 있다.

[그림 10-2] 360도 카메라
출처: http://www.youngchild.pe.kr

[그림 10-3] 카드보드 카메라 앱
출처: http://www.youngchild.pe.kr

2 사진의 제작

사진은 준비 단계, 촬영 단계, 현상 및 인화 단계, 마무리 단계의 작업 과정을 거치게 된다.

1) 준비 단계

촬영 작업을 하기 위해서는 카메라의 종류 및 조작 원리를 충분히 이해함과 동시에 이를 적절히 응용하는 숙달된 기술이 필요하다.

카메라는 사용하는 필름에 따라 35mm 소형 카메라, 120mm 중형 카메라,

카트리지 필름을 사용하는 포켓용instamatic 카메라, 촬영과 함께 사진을 볼 수 있는 자동 인화 카메라와 쉬트sheets 필름을 사용하는 대형 카메라 등으로 나누어진다. 최근 유아교사들이 사진 제작에 많이 사용하는 카메라는 디지털카메라이다. 디지털카메라는 필름대신 디지털 기록매체를 이용하여 저장하고 컴퓨터에 연결하여 디지털 편집기로 편집과 수정을 쉽게 할 수 있고 인화도 가능하기 때문에 멀티미디어 활용의 확대와 함께 유아교육기관에서 사진 제작에 많이 활용되고 있다. 더욱이 최근에는 무선 네트워크와 모바일 기기의 발달로 인해 언제 어디서든 원할 때 촬영 및 변환이 가능한 모바일 기기 부착 카메라를 손쉽게 활용하는 추세이다.

2) 촬영 단계

촬영 단계의 작업으로는 우선 사진의 내용을 계획하고 사진의 구도를 맞추며, 조명 등의 촬영 조건을 고려하여야 한다.

(1) 사진의 내용 계획

학습 주제를 고려하여 어떠한 내용들을 사진에 담을 것인지 구체적으로 결정한다. 이 내용이 확정되고 나면 적합한 사물과 장소, 또는 사건 현장을 찾아야 하는데 될 수 있으면 주변에 불필요한 배경이 적고 중심 내용이 명확하게 포착될 수 있는 환경을 찾는다. 불필요한 배경이 많은 경우 유아나 활동으로 화면이 가득 차게 근접 촬영하여 배경을 가릴 수 있다.

(2) 사진의 구도 잡기

적합한 촬영 장면이나 물체를 발견하였으면 카메라의 뷰파인더로 물체를 보아 가며 사진에 담길 내용의 구도를 잡아야 한다. 특히 기록화를 위한 상황 사진은 어떤 이야기를 담고 있어야 하며 가장 자연스러운 상태를 다각도에서 여러 장 촬영하는 것이 좋다. 구도의 원리로는 화면의 가로와 세로의 비율을 보기 좋게 하기 위해 8:5로 나누는 황금 분할 방법을 쓰기도 한다. 또는 삼각형 구도나 대각선 구도를 사용하기도 하지만, 중심 내용의 성격에 따라 융통성 있게 구도를 잡는 것이 중요하다. 보통 움직이는 성격의 물체는 왼쪽으로 치우치게 하여 오른쪽으로 진행하는 듯이 방향을 잡되, 앞으로 진행하는 방향에다 더 넓은 공간을 띄어 놓는다.

(3) 조명

물체나 장면을 비추는 조명은 그 기능과 위치에 따라 다음과 같이 네 가지로 나누어진다.

- 주조명 : 주조명은 물체의 위에 위치한다. 조명이 물체의 축에 가까울수록 그림자의 느낌을 줄여 준다.
- 보충 조명 : 주조명에 의해 생기는 눈에 띄는 그림자를 약하게 하는 구실을 하며 주로 카메라 근처에 둔다.
- 액센트 조명 : 물체의 어느 한 부분을 특히 강조하고자 할 때 사용한다. 흔히 물체의 바로 뒤쪽에 두는데, 강조하는 부분에 따라 어떤 위치에든 둘 수 있다.
- 배경 조명 : 배경을 밝게 하기 위하여 사용하는 조명으로, 흔히 주조명의 반대쪽에 두어 주조명이 닿지 않는 부분에 빛을 주는 역할을 한다.

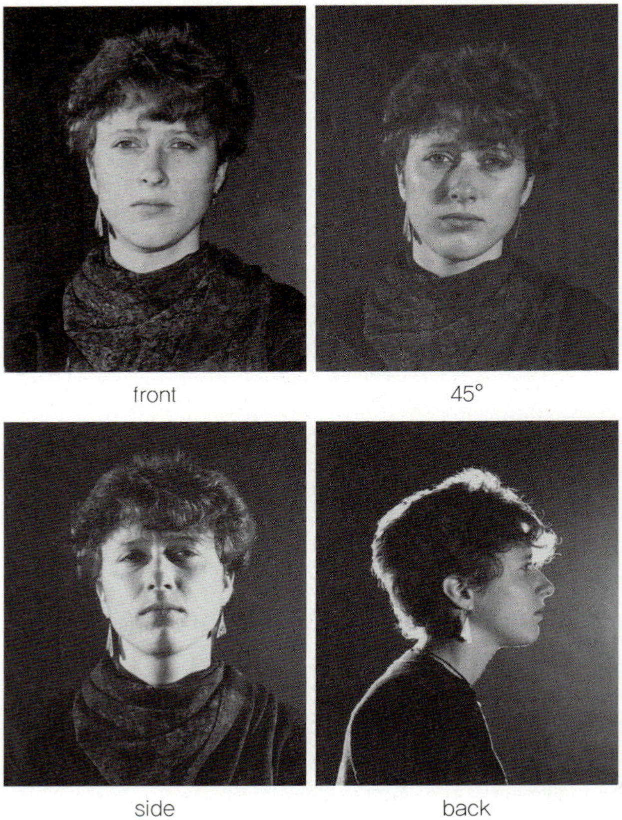

[그림 10-4] 조명의 위치와 사진의 효과

3) 현상 및 인화 단계

일단 촬영 작업이 끝나면 필름의 현상과 인화 작업에 들어간다. 대개 필름 현상소에 보내어 현상하는 경우가 많지만, 유아들의 활동을 촬영한 것을 매번 현상소에서 현상하기란 쉽지 않고 활동을 기록하는 작업에도 차질이 생길 수 있다. 따라서 필요한 장면들을 선택하여 인화할 수 있는 디지털카메라나 모바일용 카메라를 많이 활용하도록 한다. 또한 디지털카메라로 촬영한 경우에는 가정이나 유아교육기관에서 컴퓨터와 주변 기기만 갖추면 직접 인화할 수 있으므로 컴퓨터 주변 기기를 구입할 때 이러한 점들을 고려한다. 컴퓨터로 인화를 할 때는 사진 인화 전용 용지를 사용하는 것이 바람직하지만, 주제와 관련된 활동이 계속 이루어질 경우에는 사진이 많아질 수 있으므로 중요도를 고려하여 일반 용지에 출력하는 것이 효율적이다.

4) 마무리 단계

완성된 사진을 오래도록 보존하고 활용하기 위해서는 투명한 플라스틱으로 라미네이팅하여 코팅을 입히거나 두꺼운 종이에 마운팅하여 마무리하는 작업이 필요하다. 혹은 서로 관련이 있는 여러 장의 사진들을 모아 앨범을 만들어 보관하는 방법도 효과적이다. 마운팅을 할 경우에는 배지의 앞면 여백에다 사진의 제목이나 학습 주제명을 적기도 하고, 약간의 설명 내용을 배지 뒷면에 적어서 다음에 사용하는 사람이 참고할 수 있도록 하는 것이 좋다.

3 사진 자료의 활용

유아를 위한 학습 활동에 사진 자료를 효과적으로 이용하기 위해서는 다음과 같은 사항에 유의하여야 한다.

첫째, 어떠한 학습 활동에 어떤 목적으로 사용할 것인지를 분명하게 결정하여 이에 알맞은 사진을 선택하거나 제작하도록 한다.

둘째, 사진의 크기에 따라 제시 방법이 달라져야 한다. 소형 사진일 때는 유아가 개별적으로는 관찰할 수 있으나 전체 유아 집단을 대상으로 한 번에 제시하기에는 곤란하다. 이때에는 적어도 8″×10″ 정도의 크기로 확대 복사하거나 실물 환등기에 투시하여 주면 된다. 최근에는 자료를 인쇄하지 않고 디지털카메라나 모바일 기기를 컴퓨터나 실물 화상기 혹은 TV와 직접 연결하여 바로 화면에 영상 자료를 출력할 수 있는 편이성을 가지고 있어서 활동 과정을 자연스럽게 연결시킬 수 있다.

셋째, 사진과 그림은 서로 매체적 특성이 다르므로 같은 학습 주제를 놓고 병행하여 사용하고자 할 때에는 주의하여야 한다. 사진은 사실성이 강한 반면, 그림은 단순화시키거나 특징적으로 표현하는 기능이 강하다. 따라서 그림과 사진을 낱장으로 섞어 하나의 자료 시리즈로 만드는 일은 피해야 한다.

넷째, 사진은 많은 경우에 우연적인 요소, 즉 불필요한 부분을 담고 있다. 그러므로 교사가 사진 내용 중 어떤 부분이 중심 되는 내용인지 지적해 주는 등 언어적 설명을 첨가하는 편이 효과적이다.

CHAPTER 11

전기 전자 매체

1 녹음 자료

녹음 자료란 녹음기 등의 전자 기기에 소리를 전자적으로 녹음하고 재생시키는 청각적 매체를 종합하여 말한다. 최근에는 컴퓨터 혹은 모바일 기기에 부착된 마이크로폰을 사용하여 소리를 녹음하거나 필요한 오디오 자료를 손쉽게 수집, 정리, 활용할 수 있다.

1) 녹음 자료의 특성

녹음 자료는 일반적으로 다음과 같은 특성을 가지고 있다.

첫째, 일회적으로 지나가 버리는 소리를 기록하여 반영구적으로 보존한다.

둘째, 필요할 때 수시로 재생할 수 있고 반복해서 듣기를 원하는 부분이나 생략하고 싶은 부분을 마음대로 조정할 수 있다.

셋째, 녹음된 내용을 지우고 다시 새로운 내용을 녹음할 수 있다.

넷째, 소리의 편집과 복사가 가능하다.

다섯째, 기재의 조작이 간단하고 휴대하기에 편리한 소형 녹음기도 널리 사용되고 있어 개별 학습 자료로 활용할 수 있다.

여섯째, 녹음 자료의 제작에 드는 비용이 저렴하다.

일곱째, 자료의 보관이 간편하다. 특히 디지털 음원의 경우 주제별로 분류하여 저장할 수 있어 사용하기에 편리하다.

2) 녹음 자료의 활용

녹음 자료와 같은 청각적 매체를 활용하여 유아들을 지도할 때 교사가 특히 유의해야 할 점이 몇 가지 있다.

첫째, 물리적 환경이 조용하게 정리되어야 한다. 유아에게 듣기 자료를 제시하려고 한다면 주변의 소음으로 방해받지 않도록 듣기 자료에 유아들의 흥미가 집중될 수 있는 환경을 마련한다. 항상 시끄러운 소음 속에서 생활하는 유아는 소리의 차이나 변화에 상당히 둔감하고 청각적으로 예민한 지각력을 발달시키지 못한다. 만약 교실이 매우 좁거나 기관의 위치가 이러한 소음에 방해될 정도라면 듣기나 감상을 위해 헤드셋을 활용하는 것이 바람직하다. 이때 지나치게 크게 들리지 않도록 적당한 소리 높이를 표시해 둔다.

둘째, 유아가 듣기 자료에 집중하지 못하거나 유난히 발음이나 문장 구성이 서투를 때, 단지 주의력의 결핍이나 언어 발달이 늦은 것으로만 보지 말고, 혹시 유아의 청각 기관에 이상이 있는지 살펴보아야 한다. 즉, 녹음 자료에 담긴 메시지가 정상적 소리의 범위 내에서 유아의 귀에 잘 들리는지 확인하여야 한다는 뜻이다.

셋째, 녹음된 사람의 음성이나 소리, 음악 같은 청각 매체는 언뜻 생각하기에는 그림이나 사진 같은 시각 매체에 비해 단조로워 보이지만, 시각적으로 구체화되지 않기 때문에 어떤 의미에서는 더욱 상상력을 자극하여 창의적인 학습 경험을 하도록 한다. 따라서 녹음 자료를 들려준 후 여러 형태의 활동으로 연결 지으면 유아가 매우 창의적으로 사고와 정서를 발달시켜 나갈 수 있다.

넷째, 유아기는 음감발달에 있어 중요한 시기이므로 음질이 좋은 녹음 자료를 제공한다.

녹음 자료는 대·소집단 활동이나 개별 활동에서 다양하게 활용될 수 있는데, 유아교육 현장에서 녹음 자료를 활용하는 방법에는 다음과 같은 것이 있다.

(1) 주변의 소리 변별하기

여러 가지 생활 주변의 소리를 들려주고 무슨 소리인지 알아맞히게 하거나 표현해 본다. 자연 현상이 내는 소리비, 바람, 천둥, 시냇물, 파도 등, 동물의 울음소리, 자동차 및 기차 또는 비행기 소리, 현장공장, 시장 등의 소리, 일상용품의 소리문 여닫는 소리, 병마개 따는 소리, 발자국 소리, 물 흐르는 소리, 조리할 때 나는 소리 등 등을 들려주면서, 유아로 하여금 주변의 청각적 요소를 민감하게 감지하고 느낄 수 있게 한다.

(2) 다양한 소리 녹음하고 듣기

유아의 발음이나 말소리를 녹음해서 직접 들려주면 바람직한 언어 사용을 도와주고 표현력 발달에도 도움이 된다. 교사가 유아의 언어를 세밀한 부분까지 지적하게 되면 유아가 말하기를 꺼리거나 소심한 성격이 되기 쉬우므로 이 방법을 활용하면 자신의 언어가 지니는 결점을 타인의 말소리와 비교해보면서 객관적으로 파악하고 수정해 갈 수 있다.

또 집단 활동 시에 함께 노래하는 소리를 녹음해서 들려주면 노래를 더욱 아름답게 부르는 데 동기 부여가 되며, 유아나 교사의 목소리를 함께 녹음하고 듣는 활동은 유아들의 적극적인 표현을 장려하는 기회가 될 수 있다. 특히 보이스 레코더나 모바일용 기기 혹은 녹음 앱을 활용하여 녹음 활동을 한 후에 다양한 표현 활동이나 심화 활동을 할 수 있다.

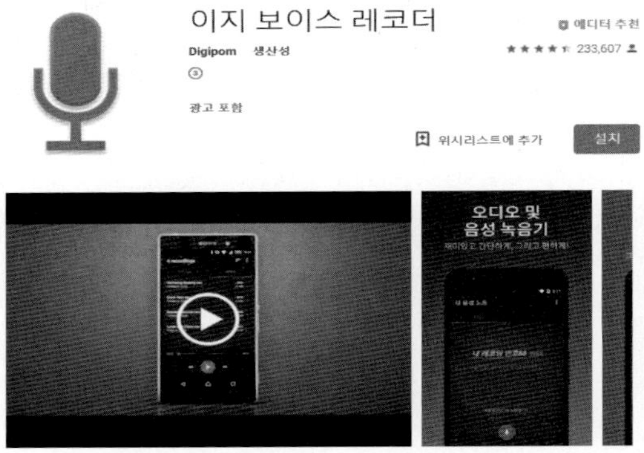

[그림 11-1] 인터넷에서 검색된 보이스 레코더 앱

(3) 동화 및 기타 매체의 보조자료

이야기 들려주기 시간에는 교사가 직접 그림 자료, 손인형 등을 가지고 구연해 주는 경우가 많다. 그러나 요즘은 동화 내용을 녹음한 자료가 동화책과 함께 판매되고, 스마트폰을 책 위에 올려놓기만 하면 전문 성우가 책을 읽어 주는 기능이 실행되는 프로그램도 있다.

교사들이 미리 이야기 내용을 녹음하게 되면 여러 가지 효과음이나 배경 음악 같은 것도 함께 삽입할 수 있어 보다 현장감을 느끼게 하는 장점이 있다. 유아가 쉽게 사용할 수 있는 장소에 그림책과 이야기 녹음 자료를 비치하여 개별적으로 동화를 감상하는 기회를 갖도록 하는 것도 좋은 방법이다. 또한 동극이나 조작이 힘든 인형극, 슬라이드나 디오라마 등의 해설이나 대사를 직접 한다면 실수하는 경우도 있고, 해설을 읽느라 유아들의 반응을 주의 깊게 관찰하지 못할 수도 있으므로 녹음 자료를 활용한다. 효과음이나 배경 음악 같은 것이 삽입되어야 더욱 효과적인 경우에는, 필요한 청각적 요소를 모두 미리 녹음하고 편집하여 완성된 자료로 준비해 놓는 것이 바람직하다. 유아들의 적극적인 참여를 위해 유아가 직접 동극 내용을 녹음하여 활용할 수도 있다.

(4) 음률 활동 및 음악 감상

유아교육에 있어 음률 활동은 빼놓을 수 없는 중요한 요소이다. 동요, 손유희, 동작 표현 등은 거의 리듬감 있는 음악과 함께 행해지므로 녹음 자료를 사용하면, 교사가 피아노를 연주하는 대신 유아들 속에 함께 섞여 노래를 부르거나 율동을 할 수 있어 더욱 효과적이다.

한편 교실 한 영역에 가정과 같은 안락한 분위기를 연출한 개별 음악 감상 영역을 마련해 두면 유아들은 정서 함양과 함께 잠시 몸과 마음을 휴식하기 위한 장소로 활용한다.

(5) 신호곡 또는 분위기 조성

한 활동의 시작과 끝부분에 항상 일정한 곡을 들려주면 유아들에게 일종의 신호가 된다. 하던 활동을 빨리 끝내라고 종용하기보다는 유아들이 스스로 알아차려서 행동을 취하게 된다. 한편 작업이나 놀이 활동의 분위기를 조성하고자 할 때에도 배경 음악으로 녹음 자료를 활용할 수 있다. 배경 음악으로 활용할 때는 주된 활동을 방해하지 않도록 볼륨을 낮추고, 유아들이 심리적 안정감을 갖고 활동할 수 있도록 소리의 고저, 템포 등에서 기폭이 심하지 않은 곡으로 선택한다.

2 OHP

OHPOverhead Projector는 투명한 아세테이트에 제작된 TPTransparency를 설치된 스크린에 확대 영사할 수 있는 기기이다. 일명 투시물 환등기라고도 한다. OHP와 TP 자료의 특성을 이용하여 유아를 위한 교육 활동에 다양한 변화를 줌으로써 보다 효과적인 교육을 꾀할 수 있을 것이다.

1) OHP의 특성

OHP와 TP의 특성은 다음과 같다.

첫째, 암막 시설이 없는 밝은 장소에서도 크고 선명한 상을 볼 수 있으므로 특정한 장소에 구애받지 않고 널리 사용할 수 있다.

둘째, 기기의 조작이 매우 간편하다. 전원 스위치송풍 스위치 겸용, 초점 조절 나사, 상의 높낮이를 조절하는 승강 장치의 세 가지 조작 장치만을 갖추고 있으므로 누구나 손쉽게 조작할 수 있다.

[그림 11-2] OHP

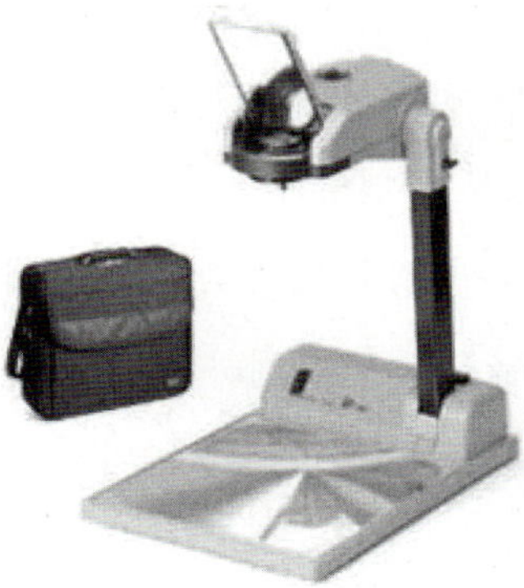

[그림 11-3] 포터블 OHP

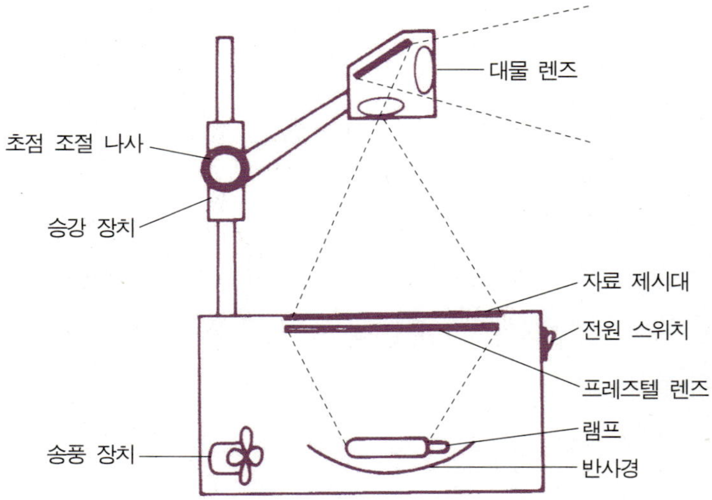

[그림 11-4] OHP의 기본 구조

셋째, 크고 선명한 영상을 얻을 수 있으므로 유아의 시선을 확보하고 주의를 집중시키는 데 효과적이다.

넷째, 교사가 유아들을 마주하고 앉아서 자료를 제시할 수 있기 때문에 유아의 반응을 살펴가며 융통성 있게 활동을 진행할 수 있다.

다섯째, 투명 아세테이트와 펜만으로도 자료의 제작이 가능하며 연속하여 사용하기를 원할 경우에는 물이나 아세톤으로 지워서 다시 사용할 수 있다. 특별한 사전 계획 없이 유아들이 화면을 보는 도중에라도 현장에서 자료를 만들어 가며 사용할 수 있으므로 다른 투사 매체보다 편의성이 높은 매체이다. 이밖에 투명한 물체나 작은 실물을 직접 확대 투영하기도 한다.

여섯째, TP는 겹치기overlay나 가리기mask 방법을 다양하게 활용함으로써 매우 흥미 있는 시각적 연출을 할 수 있어 유아의 흥미를 끌 수 있다.

그러나 OHP도 다음과 같은 제한점을 가지고 있으므로 이를 충분히 고려하여 비효과적으로 사용하지 않도록 주의할 필요가 있다.

첫째, 특별한 경우를 제외하고는 모든 자료를 투명한 TP로 만들어 사용해야 한다. 불투명한 자료는 스크린에 모두 검게 상이 맺혀지므로, 그 물체의 윤곽만을 특별히 관찰할 필요가 있을 때를 제외하고는 직접 경험이 요구되는 학습에는 비효과적이다.

둘째, 스크린 영상 위주의 학습 활동이 될 우려가 있다. 교사와 유아들이 모두 스크린에 자료를 비추고 또 그것을 보는 일에만 열중함으로써 일방적이고 단조로운 교육 활동이 되기 쉽다. 따라서 교사는 유아가 시각적 영상을 수동적으로 받아들이게만 하지 말고, 능동적이고 적극적으로 학습 활동에 참여할 수 있도록 배려하여야 한다. 최근 레지오 에밀리아 교육 프로그램에 영향을 받은 기관들에서는 매체의 중요성이 부각되면서 OHP를 '빛의 특성'과 관련된 주제뿐만 아니라 예술적 표현 활동에 효과적으로 활용하고 있다.

2) TP 제작 방법

TP를 제작하기 위해서는 우선 TP용 투명 아세테이트와 OHP 펜, 투명 컬러 접착지, 수정을 하기 위한 클리너아세톤이나 에나멜 리무버, 마운팅 작업을 위한 카드보드 프레임mount과 마스킹 테이프masking tape가 필요하다. TP 제작 방법은 손으로 직접 그리는 방법 외에도 투명 컬러 접착지 사용 방법, 컬러 리프팅color lifting 방법, 열처리 복사thermal copy 방법, 다이아조diazo 방법 등 여러 가지가 있으나 컴퓨터나 복사기의 사용이 보편화되면서 최근에는 컬러 인쇄나 복사 방법을 이용하여 쉽게 TP를 제작한다. 제작된 자료는 한 면이 거칠거칠한 컴퓨터 프린터용 OHP 필름에 출력하여 TP 자료화한다. 한편 제작자의 다양한 연출 계획에 따라 반투명 한지나 올이 성긴 마직물을 사용하여 특수 효과를 꾀할 수도 있다.

[그림 11-5] 마직물(볏짚단)을 사용한 TP자료

[그림 11-6] 손으로 그린 TP

손으로 직접 그릴 때에 주의할 점은 시각적으로 답답한 느낌을 주지 않게 프레임의 안쪽 면으로부터 1~2cm 여유를 두고 그림을 그리고 한 장 안에 너무 많은 내용이 포함되지 않도록 한다. 또 아세테이트는 약간 긁히거나 이물질이 조금만 묻어도 스크린에 비춰질 때 불투명한 얼룩을 남기므로 특히 그림을 그릴 때 손이 닿는 부분은 깨끗한 종이를 깔아서 얼룩이 묻지 않도록 한다. 프레임에 TP를 붙일 때는 열에 노출되어도 접착액이 번져 나오지 않는 마스킹 테이프를 사용하고 이러한 마운팅 작업을 마친 다음에는 프레임의 앞면에 자료명과 내용, 제시 순서, 제작자 이름 및 제작 연도 등 필요한 내용을 써넣는다.

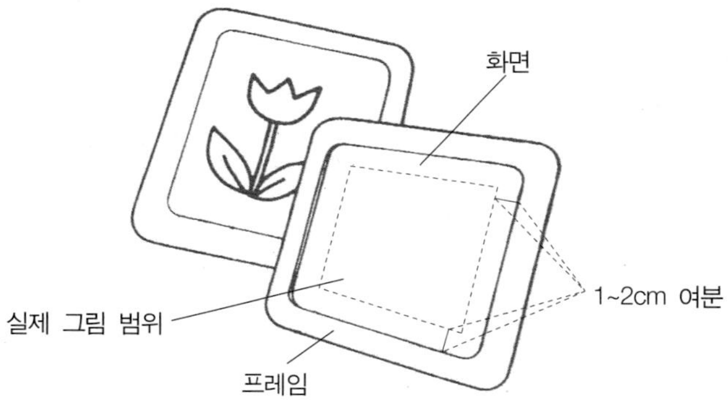

[그림 11-7] TP의 실제 그림 범위

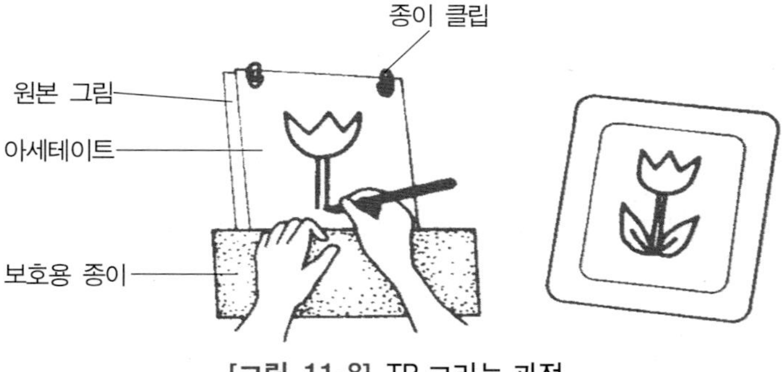

[그림 11-8] TP 그리는 과정

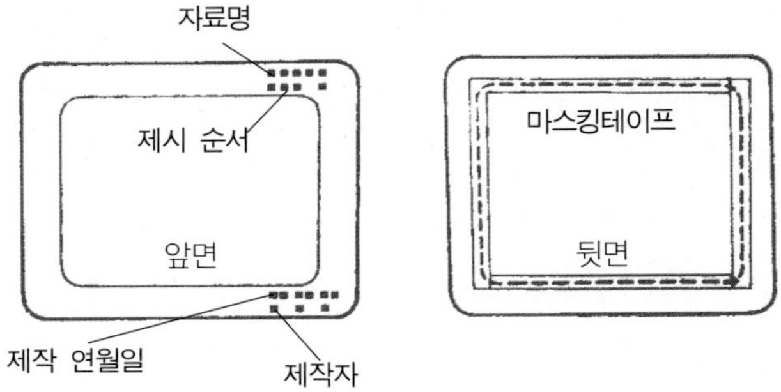

[그림 11-9] TP 마운팅 작업

겹치기법을 사용하여 제작된 TP 자료는 우선 기초 그림 TP를 프레임의 뒷면에 붙이고 겹쳐지게 될 TP들은 TP 1, TP 2의 순으로 프레임의 앞면 사방에 붙여 마운팅하면 된다.

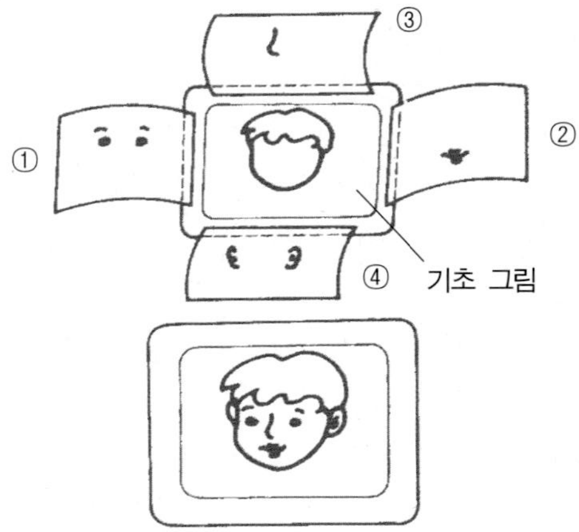

[그림 11-10] TP 겹치기 제작법

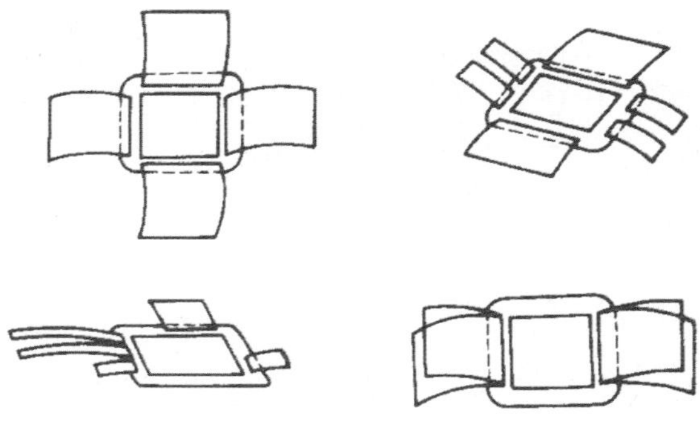

[그림 11-11] TP 겹치기 마운팅법

3) 다양한 TP 연출법

한 장의 TP에다 내용을 그려서 제시하는 기본적인 방법 외에 다음 그림과 같은 여러 가지 방법으로 다양한 효과를 꾀할 수 있다. 이때 가리기법이나 부분 영사법으로 TP를 제시하고자 한다면 약간 빳빳한 판지를 마련하여 마스크로 쓰도록 한다.

부분 영사법

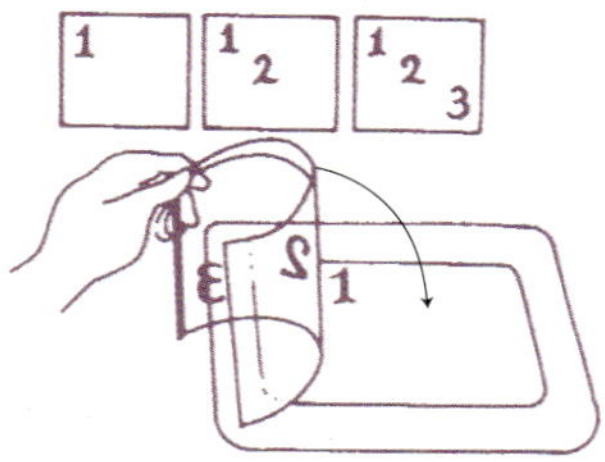

겹치기법

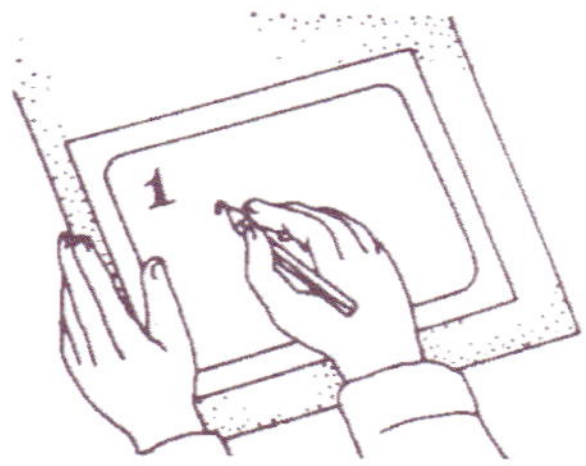

판서법

가리기법

[그림 11-12] 다양한 TP 연출법

(1) 부분 영사법

TP 위에 불투명한 판지mask를 4등분하여 붙이고 부분적으로 하나씩 열어 보이며 제시한다. 유아의 주의를 필요한 부분에만 쏠리게 하는 동시에, 가려진 부분에 대한 호기심을 유발하게 하여 효과적인 학습이 되게 한다.

(2) 겹치기법

한 장의 기본 TP 위에 한 장 이상의 다른 TP를 오버레이overlay하여 그 겹치는 부분을 보여주는 방법이다. 기본 배경은 그대로 둔 채 첨가되는 부분만 바꾸어 제시할 수 있다는 장점이 있다.

(3) 판서법

교사가 유아들이 스크린을 보는 앞에서 직접 그림이나 글씨를 써가며 보여주는 방법이다. 숫자나 글씨 쓰는 순서를 보여주는 등 움직임이나 과정이 중요시되는 학습에 효과적이다.

(4) 가리기법

기본 TP 위에 불투명 마스크지를 놓고 서서히 이를 치워가며 내용을 보여주는 방법이다. 유아의 주의가 불필요한 부분으로 흩어지는 것을 막아 주므로 주의 집중에 효과적이다.

4) OHP의 사용 및 관리 방법

OHP를 사용하고 보관할 때는 다음과 같은 점에 주의하도록 한다.

① TP를 OHP에 영사할 때는 필요한 시간 동안만 램프 스위치를 켠다. 설명이 시작되기도 전에 화면을 보여주거나 또는 이미 설명이 끝난 내용의 TP 자료가 계속하여 스크린에 나타나 있으면 유아들의 주의가 교사의 설명보다 스크린에 비춰지는 TP 내용에 머물러 있게 된다.

② 과중하게 많은 양의 TP를 제시하지 않는다. TP 그림 동화 등 매체 중심의 활동이 아닌, TP를 수업 보조물로 사용할 때는 TP 자료가 6, 7매 이상 되지 않도록 한다. 너무 많은 수의 TP가 제시되면 화면 중심의 기계적인 활동 진행이 되기 쉽다.

③ 한 장 한 장의 TP를 충분한 시간을 두고 제시하도록 한다. 대개 OHP 사용에 익숙하지 않은 교사일수록 기기 사용에 부담감을 가지게 되어, TP를 계속 바꿔 올려놓는 데만 열중함으로써 각각의 TP에 담긴 내용을 유아가

충분히 접할 시간적 여유를 주지 못하는 수가 많다.

④ 스크린을 알맞은 위치에 설치하여야 한다. 특히 스크린의 상하좌우와 OHP에 부착된 대물 렌즈와 이루는 각각의 거리가 서로 같지 않으면 키스톤 효과keystone effect라고 하는 사다리꼴의 비뚤어진 화면이 나타난다. 이는 스크린이나 OHP 자체를 움직여서 대물 렌즈와 스크린의 전체 평면이 동일한 거리를 유지하도록 조정함으로써 해결할 수 있다.

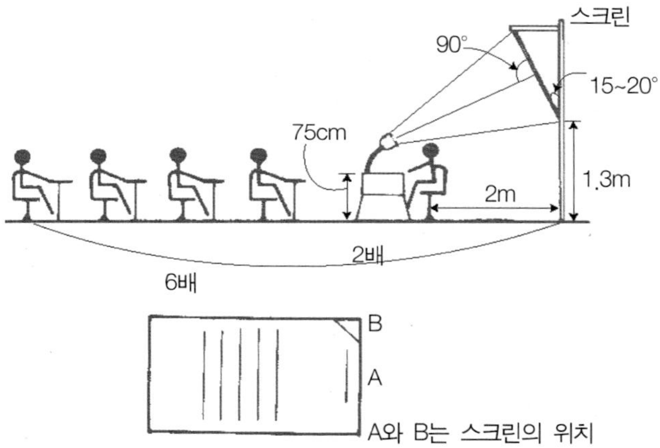

[그림 11-13] 스크린의 위치

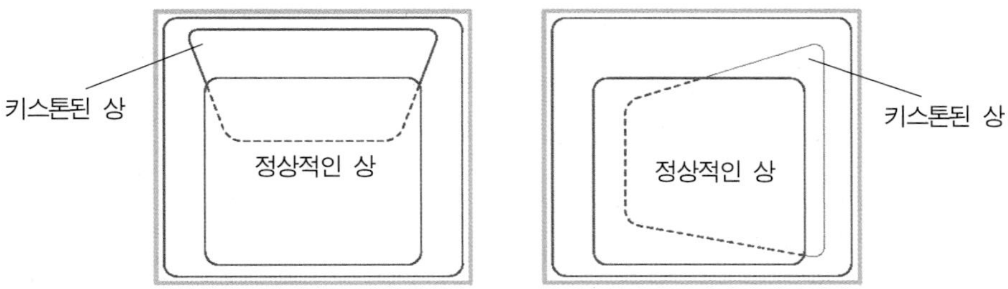

[그림 11-14] 키스톤 효과

⑤ OHP는 고열을 발생시키는 램프를 장착하고 있으므로 램프 스위치를 끈 다음에도 송풍 스위치fan를 그대로 켜놓아 기기를 충분히 식혀 두는 것이 바람직하다. 램프 스위치와 송풍 스위치가 하나로 연결되어 있는 OHP의 경우에는 램프가 켜져 있는 동안만 송풍 장치가 작동한다.

⑥ 렌즈 헤드와 자료 제시대가 더러워지면 화면에 얼룩으로 나타나므로 전용 클리너를 사용하여 부드러운 천으로 닦고 플라스틱 덮개를 덮어서 항상 깨끗하게 보관한다.

5) OHP 자료의 활용

유치원에서 OHP를 사용하여 할 수 있는 활동으로 다음과 같은 예를 들 수 있다.

(1) TP 그림 동화, 그림자 인형극, 게임 등

기본 배경은 같고 등장인물만 바뀌거나 '퐁당퐁당 물감놀이'나 '색깔 도깨비' 동화처럼 '색의 혼합'을 보여주는 동화는 TP자료로 제작하여 오버레이overlay 기법으로 제시하면 효과적이다. 불투명한 판지 인물들을 만들어 그림자 인형극을 보여 주기도 하고 불투명 퍼즐 맞추기 게임도 할 수 있다. 가리기법을 사용하여 불투명 판지에다 작은 별 모양의 구멍을 여러 개 내고 투영하면 별이 있는 밤하늘과 같은 효과도 낼 수 있다.

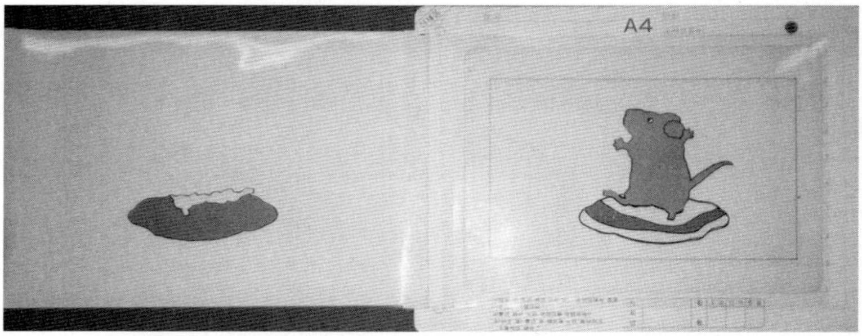

[그림 11-15] 동화 「퐁당퐁당 물감놀이」에서 '색의 혼합' 교육을 위한 겹치기법

(2) 관찰 학습

여러 가지 나뭇잎, 열매의 솜털 등 작고 미세한 물체의 윤곽을 확대하여 뚜렷이 보여 주고자 할 때 실물을 그대로 OHP의 자료 제시대 위에 놓고 투영한다. 또한 빛이 통과되는 물체나 컬러 TP 용지 혹은 투명 물감을 푼 유리 접시를 자료 제시대 위에 놓고 빛이나 색깔 변화를 관찰하는 데도 효과적이다. 비슷한 방법으로, TP 용지 위에 철가루를 조금 뿌린 후 자석을 움직여서 두 자석 간에 생기는 자장을 관찰할 수도 있다.

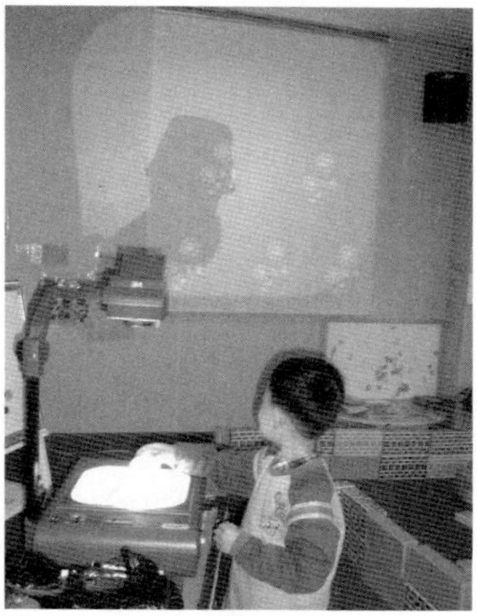

[그림 11-16] OHP를 활용하여 그림자놀이를 하는 유아

(3) 순서 또는 과정 학습

각 단계별로 그려진 TP를 오버레이 시키면서 일정한 순서를 학습하게 한다. 또는 수성 사인펜을 사용하여 교사가 직접 단계나 과정을 하나하나 그리고 지우면서 내용을 제시하는 것도 효과적이다. 수성펜의 경우에는 젖은 솜으로 지우면 되지만 유성펜으로 기입된 내용은 아세톤이나 에나멜 리무버를 사용해서 지운다.

(4) 환경 장식

OHP용 TP에다 유성매직으로 다양하게 그린 후 유리창에 붙이거나, 광선이 있는 곳에 모빌을 만들어 달면 훌륭한 분위기 연출이 된다. 특히 유치원의 특별 행사일이나 각종 명절을 앞두고 교실의 분위기를 조성하고 유아들의 관심을 불러일으키는 데 효과적으로 사용할 수 있다.

3 실물 화상기

실물 화상기video presenter는 그림, 사진, 실물 등의 불투명한 자료, 투시물 자료 등을 자료 제시대 위에 올려놓은 후 컴퓨터, 텔레비전 모니터, LCD 프로젝터 등과 연결하여 물체를 영사해 볼 수 있는 매체이다. 최근에는 무선 연결이 가능한 실물 화상기도 개발되어 있으며, 모바일 기기에 디지털현미경 렌즈를 장착한 후 미러링mirroring 기능을 활용하여 프로젝터 등에 연동하면 손쉽게 사물을 확대 관찰할 수 있다.

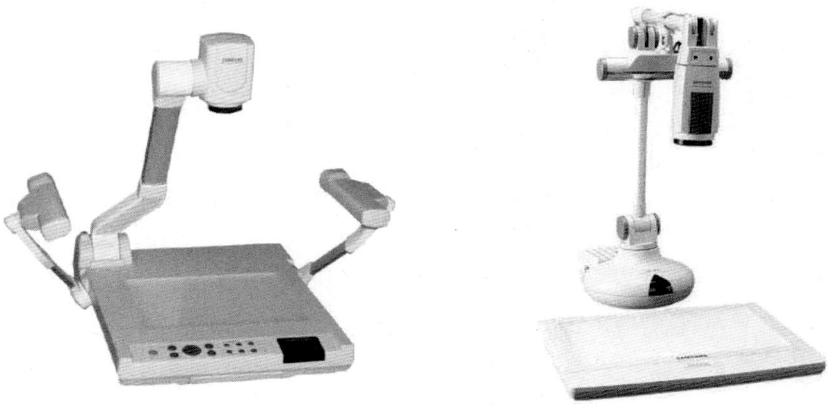

[그림 11-17] 실물 화상기

[그림 11-18] 실물 화상기와 TV모니터를 연결하여 제시된 학습 자료

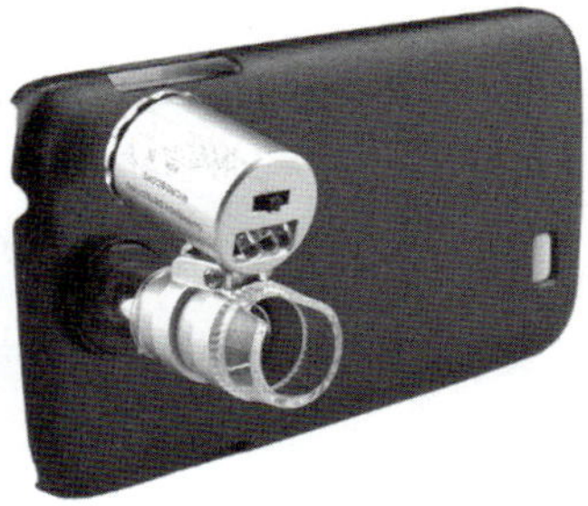

[그림 11-19] 모바일 기기에 장착한 디지털현미경 렌즈

1) 실물 화상기의 특징

현대화된 교육 현장에서 각광을 받고 있는 실물 화상기는 다음과 같은 특징을 가지고 있다.

- 불투명한 자료뿐 아니라 슬라이드 자료, 투시물 자료 등을 영사할 수 있으므로 그 이용 범위가 매우 넓다. 네가/포지negative/positive 반전 기능을 이용하여 네가 필름음화 화상을 포지 화면양화으로 전환하여 볼 수 있다. 평면 및 입체 자료 제시가 동시에 가능하므로 여러 가지 매체를 사용해야 하는 번거로움을 줄일 수 있다.
- 주변에서 쉽게 구할 수 있는 자료를 활용할 수 있으므로 자료 제작 시간과 자료 구입 비용이 절감된다.
- 크기가 작은 곤충, 나뭇잎 등의 세밀한 관찰을 할 때 하나의 큰 영상으로 확대하여 동시에 여러 명이 관찰 할 수 있다. 또한 게시판 자료나 포스터 등을 제작할 때나 밑그림을 그릴 때 확대 기능을 이용할 수 있다.
- 조작이 간편하여 누구나 손쉽게 이용할 수 있다. 실물 화상기는 카메라 헤드, 자료 제시대, 컨트롤 박스 등으로 구성되어 있는데, 교구를 조작하는 데 특별한 기술을 요구하지 않는다.
- 첨단 디지털 실물 화상기는 다양한 연결 포트를 지원하여 LCD 프로젝터, PDP, TV, 모니터, 노트북 등 다양한 출력 장치와 연결이 가능하므로 사용

범위가 광범위하다[그림 11-20].

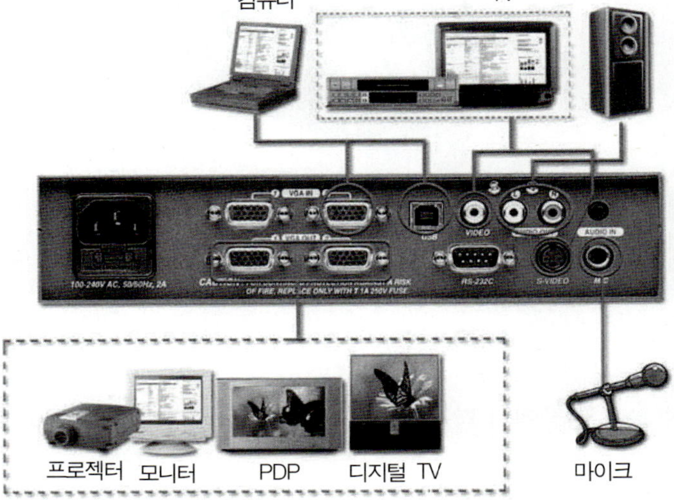

[그림 11-20] 실물 화상기의 연결 포트와 출력 장치

[그림 11-21] PC와 호환 가능한 실물 화상기

2) 실물 화상기의 사용 및 관리 방법

실물 화상기의 여러 가지 편의성 때문에 사용이나 관리면에서 적절한 주의를 기울이지 않아 비효과적인 결과를 낳는 수가 있다. 다음 사항은 실물 화상

기를 사용하고 관리할 때 특별히 염두에 두어야 할 내용이다.

- 실물 화상기를 사용하기 전에 미리 상을 비추어 보아 적절한 상의 크기 및 초점을 맞춘다.
- 작은 크기의 자료를 제시할 때 교사의 손이 화면상에서 이리저리 움직이면 유아들의 주의력이 산만해질 수 있으므로 빈 종이에 제시할 자료의 위치를 미리 정하여 붙여 두면 이러한 산만함을 줄일 수 있다.
- 실물 화상기를 사용한 후 건조하고 부드러운 헝겊으로 깨끗이 닦아 준다. 단 화학 약품의 사용을 금한다. 또한 장시간 사용하지 않을 때는 전원 플러그를 빼고 제품 커버를 덮어 보관한다.

3) 실물 화상기의 교육적 활용

실물 화상기는 다음과 같이 여러 방법으로 교육 활동에 활용할 수 있다. 특히 실물 화상기를 이용한 학습 활동 시 유아 자신이 관찰한 것을 소개하거나 좋아하는 그림, 가족사진 등을 보여주면서 설명을 하는 등, 유아의 적극적인 참여를 유도하는 방향으로 활용하면 좋다.

(1) 실물의 관찰 학습

곤충이나 곡식 알갱이 등의 작은 사물을 확대하여 관찰시키고, 교사가 필요한 부분을 가리키며 설명한다. 이때 실물을 어떻게 제시할 것인지 어느 부분을 확대하여 상세히 관찰할 것인지 미리 잘 고려해야 한다.

(2) 그림이나 사진 감상하기

유명한 화가의 그림이나 유아들의 개인 작품 등을 자료 제시대 위에 올려놓고 작품의 전체를 감상하게 한 후 특정 부분을 확대하여 보여준다. 또한 '교통안전'과 관련된 주제일 경우, 주변의 위험한 곳, 규칙을 잘 지켜야 할 곳 등의 사진을 영사하면서 교통 안전 규칙 지키기와 관련된 이야기 나누기 수업을 진행할 수 있다.

(3) 동화 들려주기

동화책이나 동화 내용이 있는 자료를 이용하여 동화를 들려준다. 이때 주요 장면이 나오는 면을 다시 제시하여 유아가 내용을 부연 설명하게 하거나 느낀 점을 이야기하도록 함으로써 유아의 참여를 유도할 수 있다.

4 비디오 자료

녹음기는 음향만을 기록하는 반면 캠코더camcorder는 음향과 영상을 함께 기록하는 기능을 가지고 있다. 캠코더는 카메라camera와 리코더recorder의 합성어로 녹화 재생 기능을 갖춘 비디오카메라를 말한다. 최근에는 디지털 방식의 캠코더나 모바일에 장착된 카메라로 손쉽게 동영상을 촬영하고 바로 편집하거나 화면에 재생시키기도 한다.

비디오 자료의 특성과 제작 방법을 구체적으로 알아봄과 동시에 비디오 자료의 효과적인 활용 방법을 살펴보기로 하자.

1) 비디오 자료의 특성

비디오 자료가 가지고 있는 특성으로는 다음과 같은 점을 들 수 있다.

① 소리와 영상을 동시에 기록하여 재생할 수 있다.

② 현실성을 높여 준다. 어떤 동작이나 움직임을 사실적으로 나타내 줄뿐만 아니라 음향, 색채, 조명 및 여러 가지 입체적인 효과로 현실성 있는 경험

을 줄 수 있다.

③ 어떠한 현상이나 연속된 사건에 있어 그 시간적 요인을 조작할 수 있다. 즉, 식물의 성장 과정 등 우리 눈으로 명확하게 관찰하기 힘든 것을 편집상의 조작으로 쉽고 구체적으로 관찰하게 할 수 있으며, 현실적으로는 불가능한 역逆동작으로 보여 줄 수도 있다.

④ 다수의 시청자에게 동시에 같은 경험을 제공함으로써 경험의 공통성을 형성한다.

⑤ 영화의 경우 촬영 후 필름의 현상 작업을 거쳐야 하지만 비디오 자료는 녹화와 동시에 즉시 재생하여 시청할 수 있다.

⑥ 케이블로 연결하면 여러 다른 장소에서 같은 화면을 볼 수 있다.

⑦ 반복하여 볼 수 있고 지나간 장면을 쉽사리 찾아내어 다시 볼 수 있다.

⑧ 암실이 필요 없고 밝은 곳에서도 볼 수 있다.

⑨ 한 번 녹화된 자료는 보관만 잘 하면 반영구적으로 사용할 수 있다.

⑩ 녹화 및 재생을 위한 기계 조작이 간단하므로 교사가 쉽게 자작自作할 수 있다.

⑪ 제작자의 승인이 있을 경우 녹화된 내용을 손쉽게 여러 부 복사하여 배부할 수 있다.

2) 비디오 자료의 제작

원하는 내용의 자료를 구할 수 없을 때, 또한 유치원의 특별 행사 장면을 기념으로 남기려 하거나, 유아들의 활동을 관찰할 목적으로 교실 장면을 녹화하여 보존하고 싶을 때 교사가 직접 비디오 자료를 제작할 수 있다.

일단 직접 제작하기로 결정이 되었으면 주도면밀한 기획과 구성 단계를 거쳐 완성된 스토리보드와 함께 촬영에 들어가야 시간과 경비의 낭비를 막을 수 있다. 특히, 인물들이 등장하는 경우에는 미리 충분한 연습을 해서 대사나 행동 연기에 실수가 없도록 하고 역할 자체가 충분히 몸에 배도록 하는 것이 좋다. 그리고 직접 촬영하여 제작하기를 원하는 경우에 무엇보다 중요한 것은 교사 자신이 기본적인 촬영 기법과 카메라 조작 기술을 익히고 있어야 한다는 점이다. 영상은 일정한 상징체계를 가지고 있으므로 화면을 보는 사람이 언어와도 같은 시각적 큐cue를 보면서 이해하게 되기 때문이다.

(1) 제작 계획

비디오 자료를 제작하려면 무엇보다도 사전 기획이 잘 이루어져야 한다. 계획 단계에서 고려해야 할 점은 다음과 같다.

첫째, 적절한 주제topic를 선정한다. 강의나 인쇄 자료 등으로도 효과적으로 전달될 수 있는 주제를 피한다. 도입과 결론 부분을 포함하여 10분에서 30분 정도의 길이로 제작될 수 있는 주제를 정한다.

둘째, 계획된 프로그램의 목표를 작성한다.

셋째, 학습내용을 선정하고 조직한다. 학습 목표, 교과 과정, 학습자의 선수 지식 등을 고려하여 시청각적으로 가장 잘 제시될 수 있는 요소들을 결정하여 독서 카드 1장에 1문장씩 주요 내용을 적어둔다.

넷째, 스토리보드 카드를 만든다.

다섯째, 다른 동료교사에게 스토리보드를 검토해 보게 한 후 그들의 조언을 근거로 수정한다.

여섯째, 완성된 스토리보드를 기초로 하여 자세한 스크립트script를 작성하고 수정한다. 스크립트는 촬영에 앞서 세우는 촬영계획으로서 화면visual, 소리audio, 노트notes 등으로 이루어진다. 노트에는 장면번호, 촬영거리, 카메라 앵글, 화면의 연결, 카메라 이동, 특수효과, 촬영 길이 등을 상세히 기록한다. 화면에는 글이나 간단한 스케치로 스크린에 나타날 것을 묘사한다. 소리에는 해설, 대사, 음악, 다른 효과음향 등을 기록한다.

〈표 11-1〉
촬영 스크립트

노트(Notes)	화면(Video)	소리(Audio)
장면번호 촬영거리 카메라앵글 카메라이동 촬영시간 다음 장면으로의 전환		
장면번호 촬영거리 카메라앵글 카메라이동 촬영시간 다음 장면으로의 전환		
장면번호 촬영거리 카메라앵글 카메라이동 촬영시간 다음 장면으로의 전환		

출처: Hackbarth, 1996, p.182

일곱째, 촬영을 위한 준비를 한다. 먼저 촬영에 적절한 장소를 미리 찾아보고 배우가 콘티에 익숙해질 수 있도록 연습시킨다. 보조장비, 소품 등을 준비하고 촬영기재를 점검하며 배터리를 미리 충전해 둔다.

(2) 촬영

안정된 화면으로 촬영하기 위해서는 먼저 안정적으로 카메라를 잡는 자세를 익혀야 하고 촬영거리, 카메라 앵글, 화면연결, 카메라 이동 등에 관한 기본기술을 잘 알아야 한다.

1 카메라 잡는 자세

얼굴, 손목, 팔꿈치를 이용하여 카메라를 안정성 있게 잡는 것이 촬영의 기본이라 할 수 있다. 얼굴, 왼손, 양 팔꿈치를 이용해 카메라를 단단히 지지하고 오른쪽 손목은 유연하게 해서 줌 버튼이나 촬영 스타트/스톱 버튼을 잘 조작할 수 있게 하는 것이 좋다. 특히 양 팔꿈치는 모두 가능한 한 몸 쪽에 붙여 두도록 한다. 또한 촬영 스타트 버튼을 누르면 가능한 한 코로 조용히 호흡하도록 한다.

[그림 11-22] 카메라 잡는 자세

2 촬영 거리

화면의 구도는 프레이밍framing과 앵글angle로 이루어진다. 먼저 카메라와 찍고자하는 피사체의 거리관계, 즉 촬영 거리에 의한 화면의 구성부터 살펴보면 다음과 같다.

① LS(Long Shot)

어떤 환경이나 자연과 함께 잡는 원경으로서 촬영 주체와의 관계, 위치, 상황 등을 설명해 준다. 장소가 어디인지를 설명하기 위해서는 반드시 한 신scene 정도 촬영해 둘 필요가 있다.

② FS(Full Shot)

사람의 전신이나 물체의 전체가 프레이밍된 화면으로서 주위와의 관계, 또는 대상물의 모양이나 자태, 동작 등을 표현해 준다.

③ MS(Medium Shot)

사람의 무릎 위7분신나 경치의 중경을 프레이밍한 화면 구도로서 주체에 향한 동작이나 감정의 움직임을 표현하는 데 효과적이다.

④ WS(Waist Shot)

인물의 허리 위 상반신이 프레이밍된 구도이다. 표정이나 목소리가 중요한 해설자를 촬영할 경우 FS보다는 WS나 BS를 촬영하는 것이 좋다.

⑤ BS(Bust Shot)

사람의 가슴 위를 찍은 것으로서 표정의 변화나 심리적인 내용을 표현하는 데 효과적인 구도이다.

⑥ US(Up Shot)

사람의 어깨 위, 경치의 근경을 촬영하는 것으로서 리듬감 있고 즐거운 화면을 만드는 데 효과적이다.

⑦ CU(Close Up)

사람의 얼굴 전체나 물건의 어느 부분을 촬영한 것으로서 세부 깊이 파고들어 심리적인 표현을 할 수 있다.

LS(롱숏)

FS(풀숏)

MS(미디엄숏)

WS(웨이스트숏)

BS(바스트숏)

US(업숏)

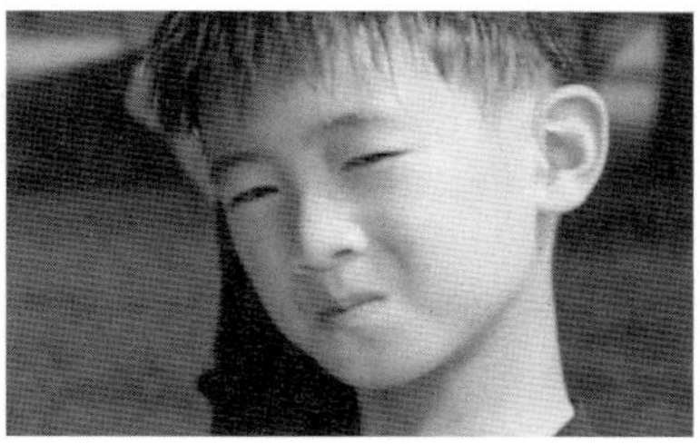

CU(클로즈업숏)

[그림 11-23] 촬영거리에 따른 화면구도

3 카메라 앵글(Camera Angle)

카메라 앵글은 촬영하고자 하는 피사체와 카메라와의 위치관계를 말하는 것이다.

① Eye Level Shot

카메라의 위치를 피사체의 눈높이에 수평으로 맞춘 카메라 앵글이다.

② High Angle Shot(Birds Eyes Shot)

카메라가 피사체를 내려다보듯이 피사체의 위에서 촬영하는 카메라 앵글이다. 승리, 우월감을 나타내며, 심사, 비애, 동정 등 정서적인 표현이나 설명적인 정경 묘사한다. 특히 많은 사람이나 넓은 범위를 촬영하는 데 효과적인 앵글이다.

③ Low Angle Shot

카메라가 피사체를 올려다보듯이 피사체의 아래서 촬영하는 카메라 앵글이다. 감각적으로 명쾌한 감을 주어 명랑, 활발, 희망 등을 표현하고 압박감, 복종, 경애를 표현하기도 한다.

하이앵글숏

로우앵글숏

[그림 11-24] 카메라 앵글에 따른 변화

4 화면의 연결

일반적으로 사용되는 화면의 연결방법은 커트cut이다. 커트는 순간적으로 한 화면이 다른 화면으로 연결되어 변화하는 것을 말한다. 만일 전후가 잘 맞지 않은 화면이 연결되면 의미가 제대로 전달되지 않고 보는 사람에게 혼동을 일으킬 것이다.

커트 외에 일반적으로 흔히 사용하는 방법으로 페이드인F.I. : fade in과 페이드아웃F.O. : fade out이 있다. 페이드인은 서서히 밝아지면서 나타나는 것이고 페이드아웃은 점점 어두워져 완전히 사라지는 것이다. 이들은 시간의 변천과 환경이나 장소의 변화를 인식시키며 자료의 시작과 끝에 많이 쓰인다. 페이드인으로 타이틀 신이나 촬영장소가 완전히 변할 때 페이드인으로 서서히 나타나게 하고 페이드아웃으로 엔드 타이틀을 처리하면 여운이 남게 될 것이다. 그러나 너무 많이 사용하면 오히려 부자연스럽다.

5 카메라 이동

카메라의 움직임에 따라 화면의 구도, 화면의 효과도 달라질 수 있다. 그러나 차창 밖으로 움직이는 풍경처럼 움직이는 것을 촬영할 때는 카메라를 움직이지 않는 것이 보다 안정된 영상을 만들어 낼 것이다. 교사가 비디오 촬영 시 표현할 수 있는 대표적인 카메라의 움직임을 살펴보면 다음과 같다.

① **Pan**

카메라가 고정되어 좌우 수평으로 움직이는 것으로서 위치의 변화나 감동을 주관적으로 표현한다.

② **Tilt**

카메라가 고정된 채 상하 수직으로 움직이는 것으로서 높이나 대인관계를 표현한다.

③ **Zoom Shot**

카메라의 줌렌즈에 의해서 이동되는 화면이다. 넓은 화각W으로부터 망원T측으로 해서 피사체의 일부분을 보다 크게 촬영하는 것이 줌인Z.I. : Zoom In이고 어느 부분에서 전체로 화각을 넓혀 가는 것이 줌아웃Z.O. : Zoom Out이다. 같은 구도로 줌인, 줌아웃을 반복하는 것은 피하고 특별한 의도 없이 주밍zooming을 남용하지 않는 것이 좋다. 움직이는 놀이기구를 타고 있는 유아처럼 움직임이 많은 피사체를 촬영할 경우 줌렌즈를 광각W 측으로 해 두면 피사체가 화면으로부터 빗나가지 않고 초점도 전체적으로 잘 맞는다.

6 촬영 시 유의점

① 캠코더나 모바일 기기의 다양한 영상 촬영기능을 익혀 둔다.

② 화면 상하좌우의 밸런스를 잡는다.

③ 사람의 시선 방향이나 진행 방향에 여백을 준다.

④ 움직이면서 촬영할 때는 중심을 낮게, 보폭을 작게 한다. 그러나 전문가가 아닌 경우 가능하면 움직이면서 촬영하는 것을 피하는 것이 좋다. 특히 움직임이 빠른 피사체는 무리하게 쫓아가면 화면이 매우 흔들려 안정적이지 못할 때가 많으므로 카메라를 고정시킨 채 피사체가 화면 안으로 들어왔다가 나가도록 하면 자연스러운 화면 전환 효과를 낼 수 있다. 카메라를 고정시킨 채로 피사체 쪽에서 화면에 들어오는 것이 프레임인frame In이고 반대로 나가는 것을 프레임아웃frame out이라 한다.

[그림 11-25] 프레임아웃(frame out)

⑤ 영상과 소리를 동시에 기록한다는 점을 잊지 말고 음성의 단락을 중요시하여 자연스러운 연결촬영을 한다. 원거리 촬영의 경우 카메라의 내장 마이크로 녹음하기 어려우므로 연장코드를 이용해 마이크를 음원에 가깝게 근접시키는 방법을 고려해 보아야 한다. 추억의 노래, 교가 등은 한 곡 전부 끝날 때까지 촬영해 둔다.

⑥ 태양을 등지고 촬영하면 깨끗하게 찍힌다. 부득이하게 역광으로 촬영해야 할 때는 카메라의 역광보정 기능을 작동한 후 촬영한다.

⑦ 같은 구도를 피하여 역동적인 화면을 만든다. 예를 들어 여러 명의 어린이를 한 사람씩 촬영할 때 어떤 어린이는 얼굴만 들어간 구도, 또 다른 어린이는 허리 위 상반신을 넣은 구도 등으로 촬영을 하여 변화를 준다. 여러 장소의 풍경을 촬영할 경우도 풍경마다 원경, 근경, 중경 등으로 변화를 주어 촬영하면 더욱 리듬감 있는 영상이 연출될 것이다.

⑧ 수면으로부터의 반사광이 강할 때는 낮은 자세로 촬영한다.

⑨ 카메라를 뜨거운 태양 아래 방치해 두지 않는다.

3) 비디오 자료의 활용

유아교육기관에서는 이미 상업적으로 제작되어 판매되는 비디오 자료를 구입해서 재생하거나 교사가 직접 촬영하여 새 내용의 자료를 제작하여 활용할 수 있다.

대개 교사가 직접 제작하기에는 충분한 인적, 물적 준비가 어려운 경우에 이미 제작되어 있는 자료를 구입하거나 인터넷 등에서 적절한 자료를 찾아서 사용한다. 예를 들어, 일반인으로서는 쉽게 구할 수 없는 희귀한 예술 작품의 소개, 역사적으로 의미 있는 과거 사건의 재현, 성실한 현장 연구를 바탕으로 한 인물 또는 현장의 다큐멘터리, 먼 이국의 정경 또는 아주 미세한 사물의 관찰과도 같이 쉽사리 연출해 낼 수 없는 장면을 보여 주기 위해서는 이미 제작되어 있는 자료나 인터넷에서 자료를 찾아 사용하는 것이 편리하다. 그러나 원하는 내용의 자료를 구할 수 없을 때, 유치원의 특별 행사 장면을 기념으로 남기려 하거나 유아들의 활동을 관찰할 목적으로 교실 장면을 녹화하여 보존하고 싶을 때 혹은 교사들의 교수 훈련을 위한 마이크로티칭microteaching 방법을 활용할 때 교사가 직접 제작할 수 있다.

어떠한 경우에든 비디오 자료를 효과적으로 활용하려면 시청 전에 적절한 준비가 필요하다.

첫째, TV 수상기 또는 스크린의 위치가 적합한지 확인한다. TV 화면에 직사

광선이나 반사광선이 비치지나 않는지 점검하고, 만약 광선을 피하기 힘들 때는 창문에 커튼이나 블라인드 등을 쳐서 영상이 분명히 보일 수 있도록 한다.

둘째, 유아들의 좌석 배치가 적절한지 점검한다. 구체적으로 화면의 높이와 최소 시청 거리 및 좌우 시청 각도를 살펴서 유아들이 바람직한 위치에서 신체의 피로를 느끼지 않고 시청할 수 있는지 확인해야 한다. 화면의 높이는 유아의 눈높이에서 영상의 크기를 더한 높이를 기준으로 하여, 그 이상 높지 않도록 한다. 화면이 너무 높으면 유아가 고개를 젖혀 위로 올려다봐야 하기 때문에 영상을 똑바로 보기 힘들고 눈이나 목의 피로도가 높아지기 때문이다. 또한 TV 수상기를 중심으로 한 좌우 시청 각도는 30~45° 이내가 되어야 영상을 제대로 볼 수 있게 된다. 최소 시청 거리는 수상기의 화면 크기에 따라 달라지는데, 17″ 화면은 최소한 165cm의 거리, 19″는 170cm, 21″는 213cm, 23″는 215cm의 거리를 두고 시청해야 한다.

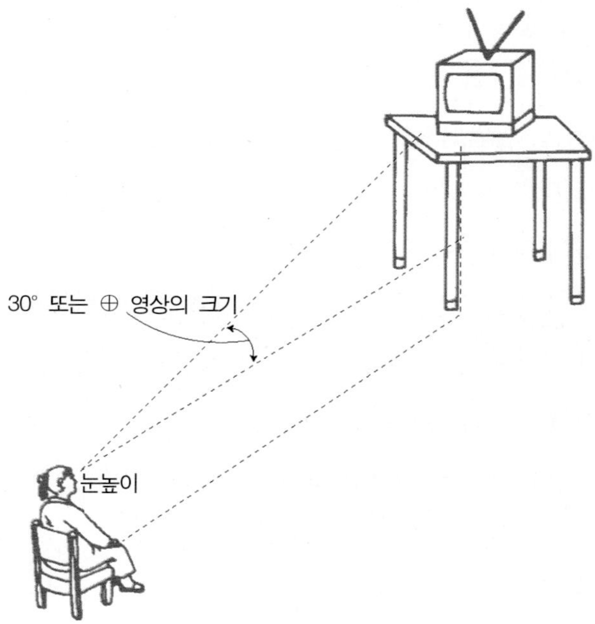

[그림 11-26] 바람직한 화면의 높이

화면의 크기	최소 시청 거리
16″	163cm
19″	173cm
21″	213cm
23″	215cm

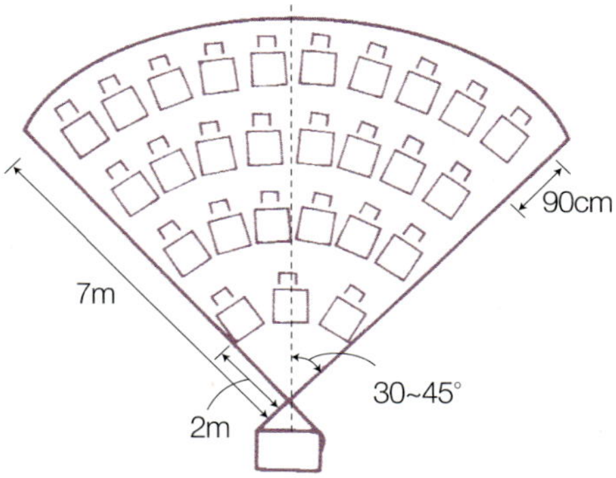

[그림 11-27] 최소 시청 거리와 좌우 시청 각도

셋째, 시청 전에 미리 화면과 소리 조정을 끝내고 프로그램의 첫 시작 부분을 찾아 맞추어 놓는다. 유아들이 보는 앞에서 프로그램의 첫 부분을 찾느라 자료를 이리저리 돌리게 되면 산만한 느낌과 함께 유아의 주의가 흐트러지게 되므로 미리 준비하는 것이 좋다. 또한 화면의 칼라와 명암, 선명도 등을 조정하고, 소리의 볼륨을 적당한 수준으로 맞추어 놓는다. 볼륨을 미리 맞추지 않고 갑자기 틀었을 때 큰 소리가 나와 유아들을 놀라게 하는 일이 없어야 한다. 그리고 대집단의 유아들이 시청하는 경우에는 볼륨을 지나치게 크게 올려놓는 경우가 많은데, 지나치게 높은 소음을 계속적으로 듣는 경우 유아의 평상시 말소리가 높아지게 됨은 물론, 심하면 청각 기관에 무리를 주어 난청이 되기 쉽다. 소리의 크기가 80dB 이상이면 청력 손실이 생기게 되는 수준이다. 따라서 볼륨 수준은 말소리를 알아들을 수 있는 정도면 족하다.

넷째, 시청 지도 계획을 세워야 한다. 먼저 비디오 자료에 담긴 내용 중 몇 부분만 활용할 것인지 전체를 다 시청하도록 할 것인지도 결정해야 할 것이다. 또한 시청 전, 시청 중, 시청 후 어떠한 방법으로 지도할지에 관하여 명확한 계획이 있어야 한다. 막연히 시간을 메우기 위한 구실로 비디오 자료를 틀어 주거나, 학습 주제와 그다지 관련이 깊지 않은 프로그램을 긴 시간 동안 보여 주는 경우는 삼가야 할 것이다. 비디오 자료 시청은 생생한 현장감이 있어 주의 집중 효과가 뛰어나므로, 유아가 프로그램 내용에 직접적으로 몰입되는 정도가 강하다. 그러므로 프로그램 내용이 학습 주제와 관련이 깊지 않는 경우에는 유아가 주변적인 내용이나 흥미에 압도되어 정작 필요한 내용을 중요시하지 않게 되기 때문이다.

다섯째, 시청을 위해 안정되고 편안한 분위기를 조성한다. 물리적으로도 안락한 환경을 조성하는 일이 매우 중요하지만 유아들의 심리적 안정감을 위해 교사 자신이 유아들과 함께 해 주는 것이 무엇보다 필요하다. 유아들이 시청하는 동안 교사가 자리를 오랫동안 비운다든지 다른 일을 한다든지 하여 유아들에게 교사로부터 분리된 듯한 느낌을 갖게 하지 말아야 할 것이다. 특히, 공격적인 장면이나 놀라기 쉬운 장면 등이 포함된 프로그램일 때는 반드시 유아들과 함께 시청하면서 곁에 든든한 보호자가 지켜 주고 있다는 느낌을 갖게 해야 할 것이다.

4 스마트 교수 매체

아날로그 시대와 지식·정보화 시대를 거쳐 4차 산업혁명 시대로 접어들면서 인공지능 기술과 스마트 기기, 지능형 로봇 등을 활용한 스마트 교수 매체가 교육 현장에도 다양하게 활용되고 있다.

돈 탭스콧2009은 인터넷 기술이 존재할 때 태어나 자란 유아들을 '디지털 네이티브digital native' 세대라고 명명했다. 즉, 이들은 따로 사용법을 배우지 않아도 디지털 기술을 실제 생활에서 자연스럽게 활용하므로 교육에 있어서 새로운 접근 방식이 필요하다.

최근 주로 활용되는 스마트 교육 사례로는 유아들이 활용 가능한 스마트 기기용 애플리케이션의 구현이다. 모비즌mobizen 프로그램과 같은 스마트 기기의 미러링mirroring 기능 활용, 퀴버quiver 등의 애플리케이션을 활용한 증강현실 체험

프로그램 등으로 미술자료 혹은 그림책 내용을 3D 영상으로 구현시킬 수 있다.

또한 가상현실 프로그램을 활용하여 직접 현장에 가지 않아도 실제와 같은 환경을 체험할 수 있으며, 스마트 기기용 현미경 렌즈 혹은 미니 빔프로젝터를 연결하여 활동을 확장할 수 있다. 최근에는 3D 스캐너와 프린터를 이용하여 유아들이 직접 원하는 형태의 디자인을 수정하거나 입체로 제작하는 것이 가능해졌다.

[그림 11-28] 스마트 기기로 증강현실 체험을 하는 유아

[그림 11-29] 스마트 기기용 디지털 현미경으로 확대한 실물

교사들의 스마트 교수 매체 활용 사례로는 전자칠판, 인공지능 기기나 지능형 로봇을 통한 교사의 수업 활동 지원, 스마트 기기로 전자책 제작, QR코드를 활용한 기관 홍보 영상물 제공 및 부모 교육자료 제공, UCC 제작 등이 가능하다.

스마트 교수 매체 활용에서 유의할 점은 단순히 기기만을 활용하는 차원이 아니라 체계적이고 통합적인 지식 습득과 문제해결에 필요한 정보를 구별할 수 있는 능력, 꾸준히 체험하고 실생활과 연계하는 태도 교육 등이다.

특히 첨단 과학과 기술 혁신으로 고도화된 스마트 환경에서 교사는 유아들이 기기에 대한 기능적 측면만을 부각한 '지식전수형' 교육이 아닌 본인에게 필요한 정보를 분별하고 그 의미를 읽어 낼 수 있는 역량 교육에 초점을 두고 접근해야 하며, 정보에 대한 윤리적 가치 교육도 뒷받침되어야 할 것이다.

CHAPTER 12

마이크로티칭: 수업행동 관찰 분석

마이크로티칭microteaching은 접두사 '마이크로micro'가 의미하듯 축소된 수업 체제, 즉 간단한 수업 목표와 짧은 수업 시간, 적은 학생 수로 이루어지는 모의 수업 상황을 의미한다. 이 기법은 1960년대 초기에 개발되어 여러 외국의 경우 이미 오래 전부터 교육 실습생의 수업 기술 훈련 시 활용되어 왔으며 산업체의 직원 연수 시에도 활발히 활용되고 있다. 최근에는 특히 교원양성기관에서 유아 교사를 지망하는 예비 교사들의 사전 훈련을 위해 녹화 장비를 갖춘 수업행동분석실을 별도로 마련하고 있다. 또한 각 유아교육기관에서는 초임 교사의 수업 기술을 향상시키기 위해, 혹은 경력 교사의 반성적 사고를 통한 교수 기법의 평가 및 수정, 전략 개발 등을 위해 이 마이크로티칭 기법이 매우 손쉽고도 효율적으로 활용되고 있다.

1 마이크로티칭의 개념

마이크로티칭은 교사의 수업 기술이나 지도 능력을 신장시키기 위해 간단한 모의 수업 상황을 설정하여 진행하고 이를 비디오카메라로 촬영한 후, 함께 시청하며 분석하고 평가하는 실습 – 평가 – 재실습teach-critique-reteach의 기본적인 세 단계 훈련 과정을 되풀이하면서 특정 기술을 만족할 만한 수준까지 이끌기 위한 교수 방법이다. 비디오카메라의 기술공학적 특성을 활용함으로써 평가 과정의 효율성을 극대화할 수 있다는 데 특성이 있다. 좀 더 구체적으로 마이크로티칭이 지니는 특성을 살펴보면 다음과 같다.

첫째, 교사 자신의 학습 지도 기술이나 능력에 대한 객관적이고 구체적인 평가가 가능하도록 해준다. 비디오카메라로 녹화된 자신의 수업 장면을 객관적으로 확인할 수 있게 함으로써 피드백의 효과를 극대화한다.

둘째, 한두 가지 수업 기술을 집중적으로 개선시킬 수 있다. 축소된 수업 목표, 짧은 수업 시간, 적은 수의 학생들또는 학생 역할을 하는 동료들로 이루어지는 모의 수업 상황이라서 실제 교실의 수업 장면에서 발생할 수 있는 복잡한 점들이 줄어들기 때문에 원하는 수업 기술 몇 가지에만 집중하여 이를 반복적으로 연습하고 평가받을 수 있다.

셋째, 실습에 필요한 시간과 경비를 절약할 수 있다. 몇 명의 교사들이 차례대로 10분 내지 15분의 수업 장면을 되풀이하고 함께 평가하는 과정을 통해 단기간 내에 효과적인 향상을 가져온다.

넷째, 자신뿐 아니라 타인의 수업 장면을 함께 평가하고 객관적으로 관찰할 기회를 제공함으로써 수업 기술에 대해 폭넓게 이해하고 전반적으로 개선할 수 있다.

다섯째, 동료들이 돌아가며 학생들 역할을 맡음으로써 학생의 입장에서 경험하는 교사의 수업 지도 기술에 대해 이해할 수 있게 된다.

2 마이크로티칭의 기본 체제

앞서 언급한 대로 마이크로티칭은 실습 – 평가 – 재실습의 세 단계로 이루어진다. 그러나 이들 각 단계는 세부적인 하위 단계들로 다시 나누어지는데, 이를 종합하여 보면 다음과 같은 기본적인 체제로 구성된다고 할 수 있다. 마이크로티칭은 참여 인원의 수, 동원되는 기재의 수, 수업 목표의 성격, 재실습의 여부, 평가 전략, 실습 기간 등 여러 가지 요인에 의해 매우 복잡한 모형으로 발전되기도 하며, 학습자 형태와 실습 형태, 평가 형태 및 여러 가지 복합적인 요소를 가미해 다양한 모형으로 분화되기도 한다. 그러나 여기에서는 교육 실습생 또는 유아 교사들이 동료들과 함께 자신의 수업 지도 기술을 향상시키기 위해 손쉽게 활용할 수 있는 매우 기본적인 사항만을 간단히 소개하고자 한다.

1) 마이크로티칭 수업안 계획하기

이 과정에서는 수업을 진행하기 위한 수업안을 작성하고, 학생 역할을 하며 함께 평가해 줄 동료들을 결정한다. 학생 역할은 중등 교육 수준에서는 실제 학생을 대상으로 삼기도 하지만, 유아교육 수준에서는 실제 유아보다 동료 교사나 동료 실습생들이 번갈아 맡는 경우가 대부분이다.

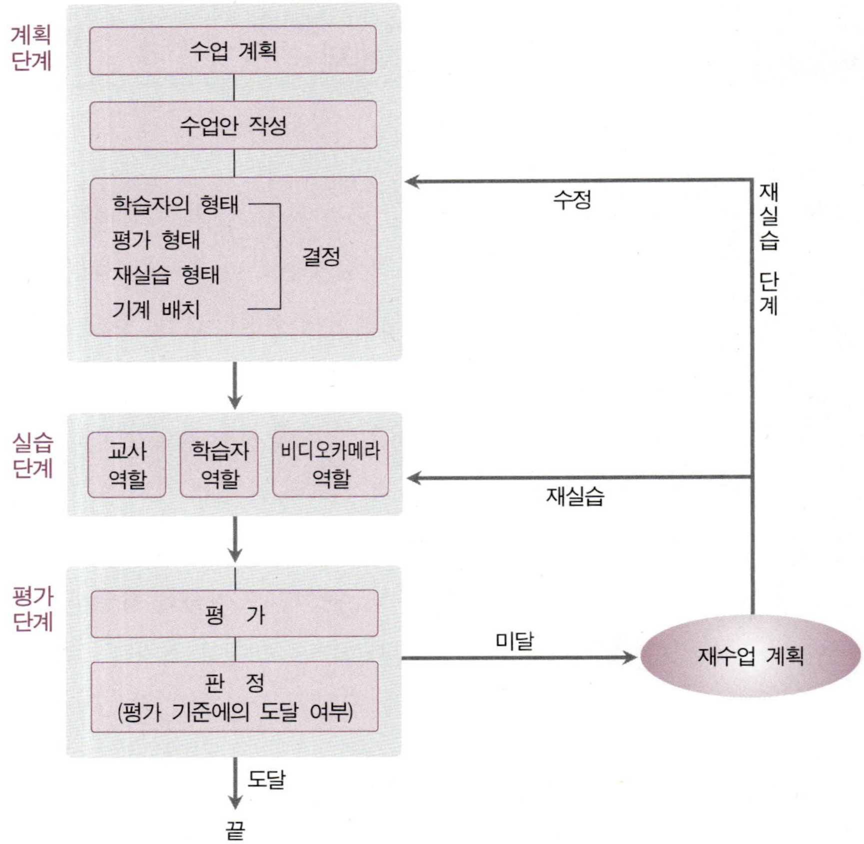

[그림 12-1] 마이크로티칭의 수업안 모형

〈표 12-1〉

마이크로티칭의 수업안 모형

1. 수 업 명 :
2. 수업 대상
   ① 연령 및 집단 크기 :
   ② 대상 유아 집단의 특성 :
3. 필요한 교수 매체 :
4. 활동 주제 및 중심 내용 :
5. 수업 목표(이 수업을 통해 대상 유아가 성취해야 할 수업 목표)
6. 마이크로티칭의 목표(이 수업을 통해 실습생이 습득해야 할 수업 기술의 목표)
7. 마이크로티칭의 목표에 대한 배경 및 원리(이 수업을 통해 향상시키고자 하는 수업 기술의 이론적 배경 및 원리를 설명하고, 이를 습득함으로써 교실 현장에 어떠한 도움이나 변화를 줄 수 있는지를 설명한다.)
8. 습득해야 할 구체적인 수업 기술 :
9. 평 가
   ① 평가자 이름 :
   ② 평가 기준 : (구체적이고 세분화된 평가 문항을 작성할 수 있다.)

마이크로티칭의 수업안은 대개 수업 시간을 10분 이내로 하고, 수업 목표는 향상시키고자 하는 수업 기술을 한두 가지로 한정하여 명확하고 구체적으로 진술한다실습생의 수업 목표. 또한 가상적인 유아들실제로는 동료 교사들이 그 수업 시간에 성취해야 할 수업 목표유아의 수업 목표도 반드시 함께 명시함으로써, 실습생의 수업이 그 자체로도 완전한 실제 수업 사태가 되도록 한다. 〈표 12-1〉은 마이크로티칭의 수업안 모형을 예시한 것이다.

흔히 마이크로티칭을 통해 훈련되는 유아 교사의 수업 기술에는 유아의 창의적인 사고를 촉진하는 다양한 질문 테크닉을 훈련하는 기술이나, 유아에게 칭찬이나 격려 등의 긍정적 강화를 주는 방법, 교실 내 수업 방해 행동을 적당히 통제해 가며 수업을 진행해 가는 효과적인 수업 운영 방법, 구연 동화 기술을 향상시키는 방법 등 여러 가지 예가 있다.

2) 기재의 배치

수업 준비 단계에서는 녹화를 위한 영상 장비를 비롯한 기재를 준비하고 점검하는 것이 매우 중요한 작업 중 하나이다. 마이크로티칭에 사용되는 기본 기재 세트는 비디오카메라, TV 모니터이며, 보조장비로 비디오카메라를 고정시켜 줄 삼각대를 준비해 두면 좋다. 또한 실습생 개개인이 녹화 장비의 조작 방법을 알고 있어서 동료들이 돌아가며 교사, 학생, 녹화 담당 등의 역할을 맡게 되면 편리하다.

기재 세트를 배치하는 방법은 [그림 12-2] 및 [그림 12-3]과 같이 몇 대의 카메라를 사용할 것인지, 그리고 수업 영역과 평가 영역을 분리할 것인지의 여부에 따라 달라진다. 각 실정에 맞추어 몇 가지 방법 중 하나를 택하거나 적당한 절충 방법을 모색하면 된다.

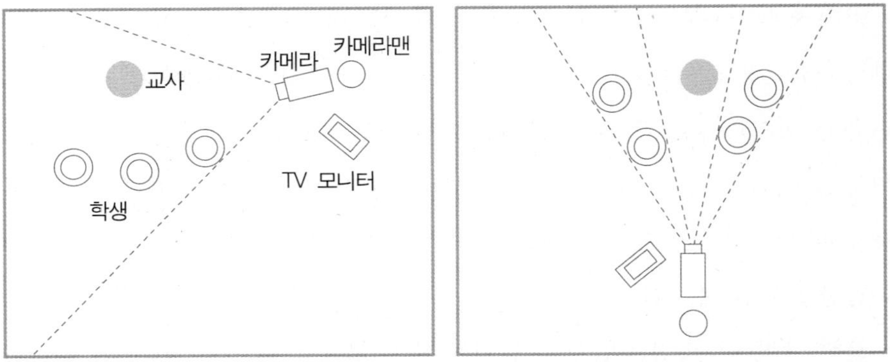

[그림 12-2] 마이크로티칭을 위한 기재 배치(A)

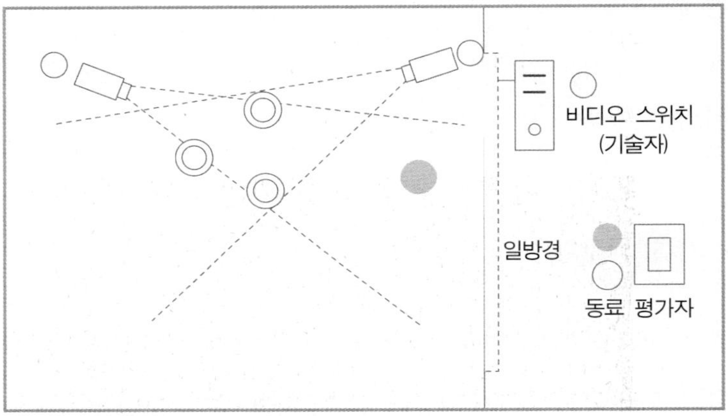

[그림 12-3] 마이크로티칭을 위한 기재 배치(B)

3) 평가 방법

마이크로티칭의 효과는 평가자에 의해 많이 좌우된다. 평가받는 내용은 물론, 평가자의 태도 및 언어적 표현 등, 수많은 미묘한 요소들이 긍정적 또는 부정적으로 작용할 수 있다. 따라서 사전에 효과적인 평가 방법에 대해 알아보고 충분한 준비를 하여야 할 것이다. 대개 다음과 같은 점에 유의하여 효과적인 평가를 제공하도록 한다.

첫째, 편안하고 친근한 분위기를 지속하여야 한다. 평가를 받는 실습생이 불안이나 위협적인 요소를 느끼지 않는 분위기를 형성하는 것이 매우 중요하다.

이를 위해서는 평가자 선정에 있어 상급자, 즉 교육 실습생인 경우 지도 교사나, 또는 유치원 현직 교사인 경우에는 원감이나 주임 교사 등과 같이, 실습생의 수업 지도 능력을 근무 성적이나 실습 점수와 관련지을 위험이 있는 인물을 피하여 선정하는 것이 바람직하다. 즉, 동료 실습생이나 동료 교사들이 평가자가 되어 함께 친근한 분위기 속에서 서로의 장단점을 분석할 수 있도록 하는 것이 가장 바람직하다. 만약 필요하다면 지도 교사나 주임 교사가 참석은 하되, 직접적인 피드백을 주기보다는 전반적인 평가 기준을 제시하거나 평가 내용을 전체적으로 요약하는 수준에서 참여하는 것이 무방하다.

둘째, 평가 과정은 인간과 인간 사이의 상호작용임을 염두에 두도록 한다. 이 말은 어느 한 사람이 취한 말이나 행동이 다른 사람에게 영향을 주고 또 그 역작용도 가능하다는 뜻이다. 따라서 평가자는 긍정적인 언어적 표현을 사용하고 단점을 지적하기에 앞서 잘된 점을 충분히 칭찬하며, 감정적인 어조를 피하여야 한다. 만약 잘못된 점을 지적하려고 한다면 적절한 비언어적 표현이나 유머를 사용한다거나, 특정인에게만 나타나는 행동이라기보다는 '우리 모두가 함께 주의하여야 할 점'이라고 표현하는 등 간접적이고 온화한 표현을 쓰는 편이 마이크로티칭의 본래 목적을 달성하는 데 효과적이다.

셋째, 평가자들은 실습생도 자신의 수업 장면을 담은 녹화 자료를 함께 시청한다는 점을 잊지 않도록 한다. 평가 시에 평가자들은 물론 실습생 자신도 자신의 수업 장면을 시청하게 된다. 따라서 평가자들은 두드러지게 잘못된 점에 대해서는 이미 실습생 자신이 먼저 깊이 인식하게 되므로, 그런 점에 대해서는 약간 언급하고 넘어가는 정도로 하고, 실습생이 미처 깨닫지 못하는 점을 함께 이야기하는 편이 효과적이다. 실습생이 자신의 수업 장면을 녹화한 자료로 본 결과 무엇을 깨닫게 되었는지 질문함으로써 평가 과정을 시작하는 방법도 바람직하다.

넷째, 평가의 목적은 수업 기술의 향상, 즉 바람직한 행동 변화를 가져오는 데 있다. 필요하다면 비디오 자료 화면을 보면서 잘된 점을 다시 한 번 보여주고, 바람직한 수업 기술의 행동적 예시를 충분히 시청할 수 있도록 한다. 대개 마이크로티칭 기법에 익숙하지 못한 평가자인 경우, 녹화한 수업 장면을 한 번 시청한 후에는 이를 아예 꺼버리고 토론으로만 평가를 이끌어가기도 하는데, 녹화 자료 시청은 평가 과정 내내 충분히 활용하는 것이 바람직하다.

다섯째, 대개 마이크로티칭에 참여하는 실습생들은 한 번의 실습으로 끝나는 것이 아니라 1차 재실습, 2차 재실습 등 부족한 점을 시청하기 위해 여러 번 재실습하는 게 보통이다. 따라서 재실습을 할 때마다 평가자 전원의 진지한 토의가 이루어져야 하며, 지난번에 비해 어떤 점이 향상되고 아직 부족한 점은 무엇인지 솔직하고 우호적으로 토의하는 것이 중요하다. 또한 녹화 자료로 지난번의 실습 장면과 재실습 장면을 비교하여 보며 실질적인 행동 변화를 구체적으로 관찰하는 것도 중요하다.

PART 03

유아교육과 컴퓨터

컴퓨터와 통신 기술의 발전은 현대 사회 전반에 막대한 영향을 미쳤다. 각종 정보가 디지털화되어 기기들이 서로 정보를 공유할 수 있게 됨으로써 단순한 문자나 음성 등을 전달하는 단일 정보 전달 매체의 장벽을 깨뜨린 멀티미디어(multimedia) 시대가 되었다. 아울러 인터넷으로 대표되는 컴퓨터 통신은 지금까지의 공간 개념과는 차원이 다른 가상공간, 이른바 '사이버 스페이스(cyber space)'를 출현하게 하였고, 정보의 저장, 압축과 재생, 통신 기술 등의 향상은 멀티미디어 정보 교류의 활성화를 촉진하고 있다.

이와 같은 급격한 변화의 물결은 유아교육에도 많은 영향을 미치고 있다. 우리나라는 1990년대 이후부터 유아용 소프트웨어 시장이 확장되었고, 현재 국내 유치원 및 보육 현장에서는 컴퓨터 학습 활동이 보편화되어 있다.

CHAPTER 13

유아 컴퓨터 교육의 바람직한 방향

컴퓨터 도입 초기에는 유아 컴퓨터 교육에 대한 찬반론이 있었으나 현재는 컴퓨터교육의 찬반론보다는 이미 유아교육기관에 도입된 컴퓨터를 어떻게 효과적으로 활용할 수 있는가의 문제에 초점이 맞추어져 있다. 유아 컴퓨터 교육에 대한 긍정적인 견해를 발전시키고 앞으로의 소프트웨어 개발 및 컴퓨터 활동 계획을 위하여 부정적 견해를 신중히 참고한다면 유아 컴퓨터 교육의 바람직한 방향을 찾을 수 있을 것이다.

1 유아 컴퓨터 교육에 대한 논란

1) 긍정적 견해

첫째, 컴퓨터 활동은 유아에게 학습 의욕을 갖게 하고 학습태도를 향상시킨다.

둘째, 컴퓨터 활동은 유아에게 창의적 경험의 기회를 제공하고 사고력, 추리력, 문제해결력을 증진시킨다.

셋째, 유아의 언어표현과 읽기 기술을 증진시킨다.

넷째, 폭넓은 경험을 하게 하며 그 경험을 표현하는 능력을 발달시킨다.

다섯째, 유아에게 학습을 스스로 통제하는 기회를 허용함으로써 자율성이 발달하고, 자아존중감과 자신감을 증대시킨다.

여섯째, 친구들과 함께 컴퓨터 활동을 하면서 사회적 상호작용과 협동심이 증진된다.

일곱째, 컴퓨터 관련 기능을 익히고 컴퓨터에 대한 긍정적 태도를 함양하여 장래 컴퓨터 활용에 유용한 지식과 태도를 기르게 된다.

2) 부정적 견해

첫째, 전조작기 유아는 발달 특성상 컴퓨터를 사용하기에 너무 이르며 컴퓨터는 상징적 매체이므로 컴퓨터 활동은 구체적인 물체를 조작하는 학습이 되지 못한다.

둘째, 유아들이 컴퓨터 활동을 할 때 또래와의 사회적 상호작용이 억제된다.

셋째, 유아는 활발한 신체 활동이 필요한 반면 컴퓨터는 수동적인 활동을 제공한다.

넷째, 유아에게 언어 사용의 기회를 제한하며 적절한 언어모델에 접할 기회를 제한한다.

다섯째, 컴퓨터는 애니메이트된 학습지에 불과하여 유아의 개방적, 유아 주도적, 창의적 활동을 위축시킨다.

여섯째, 컴퓨터그래픽은 미술 매체의 풍부성을 제공하지 못한다.

일곱째, 유아는 읽기 능력, 문제해결력, 눈과 손의 협응 능력이 부족하여 컴퓨터 활동의 효율적인 경험이 제한될 수 있다.

여덟째, 유아는 컴퓨터를 혼자 사용할 수 없으므로 다른 영역에 있어야 할 교사를 컴퓨터 영역에 묶어 두는 결과를 낳는다.

2 바람직한 활용방안

앞에서 제시한 바와 같은 유아 컴퓨터 교육에 대한 찬반 견해를 수용하여 유아 컴퓨터 교육을 바람직한 방향으로 유도하려면 다음과 같은 점에 유의해야 할 것이다.

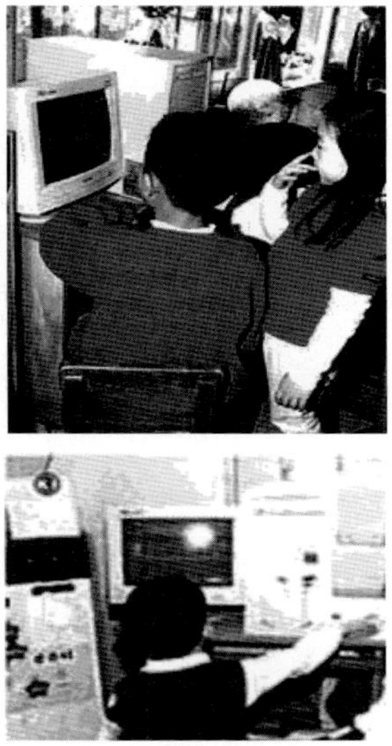

[그림 13-1] 상호작용적 컴퓨터 학습활동

출처: http://wonil.yoochiwon.kr.

첫째, 유아가 한 대의 컴퓨터에서 교사 또는 또래와 상호작용하면서 컴퓨터 학습 활동을 할 수 있도록 함으로써 유아의 사회적 상호작용을 고양시키도록 한다. 유아들이 서로의 컴퓨터 활동에 개입하고 토의하거나 컴퓨터 활동의 경험이 많은 또래와 의논하고 도움을 요청하는 등의 활동을 통해 사회적 상호작용이 발달할 기회를 갖게 된다. 따라서 컴퓨터를 설치할 때는 컴퓨터 한 대당 2~3개의 의자를 비치하고 두 대 이상 설치할 때는 컴퓨터와의 간격을 130° 정도로 비치하고 유아들끼리 화면을 보면서 서로 의견을 교환하며 상호작용이 활발히 일어날 수 있도록 고려한다. 또한 양쪽 컴퓨터 사이에 프린터를 설치하여 공유할 수 있게 하며 많은 유아들이 오고갈 수 있도록 개방적인 공간을 활용하도록 한다.

둘째, 교사가 컴퓨터 활동을 학습에 도입하기 전에 유아들이 자발적으로 컴퓨터 활동에 흥미를 갖고 학습 동기를 갖도록 다양한 선행 활동을 제공한다. 예를 들어 컴퓨터 및 주변기기마우스, 모니터 그림 그리기, 컴퓨터 주변기기 찾기 게임 등을 통해 컴퓨터 및 주변기기의 명칭에 친숙해질 수 있다. 또한 가라사대 게임을 통해 한 유아가 하는 대로 다른 유아가슴에 컴퓨터라는 이름표를 붙인 유아가 움직임으로써 컴퓨터는 명령에 따라 움직인다는 것을 이해하도록 하는 선행 활동을 전개할 수도 있다.

셋째, 유아의 인지 수준에 맞고, 유아가 쉽게 통제할 수 있는 소프트웨어를 선정, 활용함으로써 숙달감feeling of mastery과 자기 존중감self-esteem 형성에 도움을 준다.

넷째, 유아의 개방적, 유아 주도적, 창의적 활동을 고무시키는 소프트웨어 개발에 주력한다.

다섯째, 유아의 컴퓨터 활동 시간을 제한하고, 컴퓨터 활동을 타 활동과 연계하여 전체 교육 과정과의 통합이 이루어지게 함으로써 유아의 전인적 발달을 저해하지 않도록 하여야 한다. 유아의 1회 컴퓨터 사용시간은 유아 혼자서 사용하는 경우 대략 10~20분 정도, 짝을 지어서 활동할 경우는 대략 15~25분 정도가 적당하나, 다른 유아보다 탐색할 시간이 더 많이 필요한 유아나 소집단의 경우는 예외이다. 또한 컴퓨터 영역은 전체 교육 과정과의 통합을 위해 생활 주제에 따른 다른 흥미 영역과의 연계를 고려하여 설치한다.

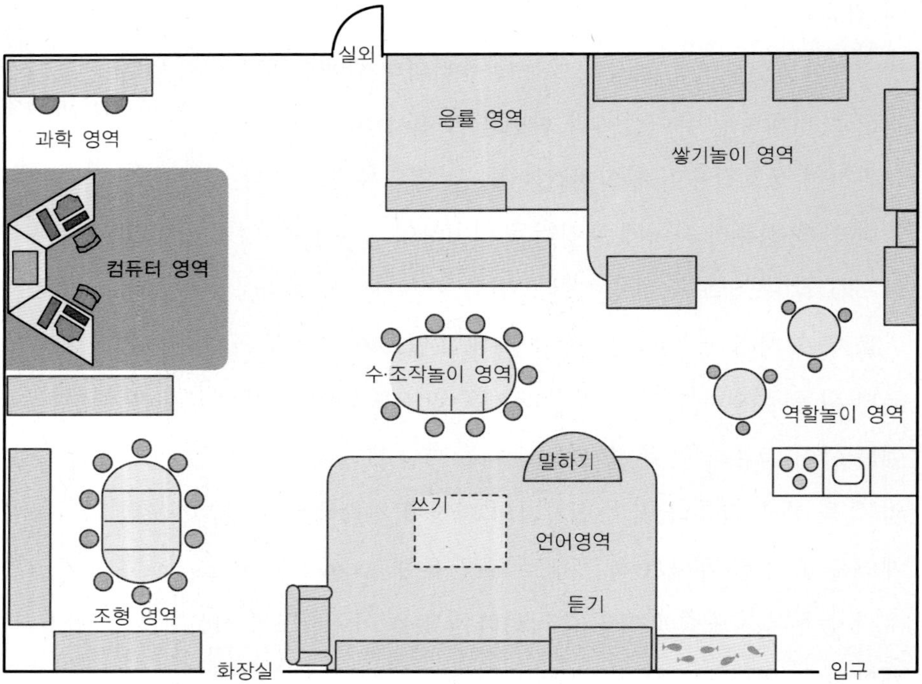

[그림 13-2] 컴퓨터 영역의 배치도

〈표 13-1〉

컴퓨터 영역과 다른 영역과의 통합적 활동 계획

생활 주제: 세계 여러 나라	
흥미 영역	활동
컴퓨터 영역	① 구글어스 프로그램을 활용하여 세계 각국의 유적지나 에펠탑, 피라미드 등의 유명 건축물을 3D로 감상 ② 인터넷 사이트 '세계 여러 나라' 관련 멀티미디어 자료 활용 (예) • http://cafe.daum.net/dkdlnamu의 자료실의 '세계 여러 나라' • http://www.kidkids.net/eduinfo_new/kindergarten_event.htm 멀티 교수 자료실의 '세계 여러 나라' • http://www.kebikids.com의 '세계 여러 나라' 관련 자료 세계 전통의상 입히기, 유럽 여행, 아시아 여행 등
역할놀이 영역	세계 여러 나라 사람들이 만나서 인사하는 역할을 해 보기
수·조작 놀이 영역	세계 여러 나라의 사람 수를 나라별로 묶어서 세어 보고, 수의 크기 비교하기
언어 영역	동화 동극 '아기 악어의 세계여행' 또는 우리나라의 전래동화를 읽고 이야기 나누기
음률 영역	다른 나라의 민속악기 소리 듣기 '세계의 아침 인사' 노래 부르기
과학 영역	세계 여러 나라에 사는 동물 관찰 세계 여러 나라의 지금 날씨 알기
쌓기놀이 영역	세계 여러 나라의 집 만들기 우리나라 집과 다른 나라의 집을 만들어 비교하기
미술 영역	세계 여러 나라 사람 모습 꾸미기

CHAPTER 14

유아용 컴퓨터 자료 평가 준거

유아용 소프트웨어는 대부분 유아의 흥미를 고려하여 텍스트, 이미지, 동영상, 애니메이션, 사운드, 하이퍼링크적 요소를 포함한 멀티미디어 중심의 프로그램으로 이루어져 있다. 유아 교사가 유아용 컴퓨터 자료를 교육 현장에 효과적으로 활용하기 위해서는 평가 준거에 근거하여 양질의 자료를 선택할 수 있어야 할 것이다.

1 Haugland/Shade의 평가 준거

Haugland와 Shade의 소프트웨어 평가 척도인 'Haugland/Shade Developmental Scale Revised Edition(Haugland & Wright, 1997)'은 유아발달에 관한 이론과 연구들을 기반으로 하여 3세부터 8세까지의 유아를 대상으로 개발된 소프트웨어를 평가하는 도구이다. 이는 10개의 준거로 구성되어 있는데, 각 준거와 관련된 평가 요소를 모두 반영하였으면 1점, 절반 정도를 반영하면 0.5점, 절반 미만을 반영하면 0점으로 평가하여 산출된 점수에서 반편견anti-bias 준거를 평가한 점수를 공제하여 전체 점수를 산출하도록 되어있다. 총점 10점 중 7점 이상의 소프트웨어가 유아의 발달에 적합한 소프트웨어라고 할 수 있다김경철 · 박선희 · 박정선 · 유구종 · 조부경, 1998, 27-28.

〈표 14-1〉 Haugland/Shade 발달 척도의 평가 준거 및 요소

평가준거	평가요소
연령의 적합성	• 발달에 적합한 개념을 포함하는가? • 유아의 발달적 요구에 부응하는 교육방법을 사용하는가?
유아의 통제성	• 유아가 능동적인 참여자로 역할하게 하는가? • 현 화면에서 다른 메뉴로 쉽게 전환할 수 있는가? • 유아의 개인의 속도에 따라 활동할 수 있는가? • 시행착오가 가능한가?
명확한 지시	• 메뉴가 그림을 선택하도록 설계 되었는가? • 지시가 단순하고 명확한가? • 말로써 지시하는가?
난이도의 전개성	• 쉬운 단계에서 복잡한 단계로 전개되는가? • 학습의 위계가 분명한가? • 강력한 아이디어를 가르치는가?
독립적 사용	• 성인의 한번 도움 후에 유아가 독립적으로 프로그램을 사용할 수 있는가?
비폭력성	• 폭력적인 인물과 행동이 제시되지 않는가? • 긍정적인 사회적 가치(협동, 우정, 보살핌 등)의 시범을 보이는가?
과정 지향성	• 기능연습이 아닌 발견학습을 가능하게 하는가? • 내재적 동기를 유발시키는가? • 과정을 중시하는가?
실제 세계의 표상	• 사물이 실제처럼 구체적으로 표상되었는가? • 사물이 움직이고 유아가 조작할 수 있는가? • 사물과 작동이 단순하고 신빙성이 있는가?
기술적 특징	• 독특한 학습경험을 제공할 수 있는 애니메이션이 있는가? • 색채가 풍부하고 화면에서 본 것을 실생활에 전이하는 데 도움이 되는 그래픽이 있는가? • 쉽게 설치할 수 있는가? • 일관성 있게 작동하는가? • 인쇄할 수 있는가? • 효과음향이나 음악이 사실적인가? • 실감 있는 그래픽이 있는가? • 실행이 지연되지 않고 순조롭게 이루어지는가? • 저장할 수 있는가?

평가준거	평가요소
변형	• 사물과 상황을 변화 시킬 수 있는가? • 현실에서 관찰하기 불가능한 과정(식물의 성장, 화산폭발 등)을 관찰할 수 있는가?
반편견 (anti-bias)	• 다양한 언어를 사용할 수 있게 설계되었는가? • 친근하고 다양한 문화를 표상하는 사물이나 상황을 제시하는가? • 성 차별이 없고 성 역할에 편견이 없는가? • 다양한 문화적 배경을 가진 등장인물이 있는가? • 다양한 능력과 연령을 가진 인물이 등장하는가? • 다양한 가족구조를 반영하는가?

2 Children's Software Revue(CSR)의 평가 준거

컴퓨터 소프트웨어 시장에 대한 정보를 제공하는 잡지인 Children's Software Revue CSR의 평가 준거 1997는 사용의 용이성, 유아의 적합성, 교육적 가치, 흥미성, 디자인의 특성, 비용에 대한 가치 등 6가지로 이루어져 있다. 각 준거와 관련된 평가 요소는 항상 그렇다 Always / 1점, 보통 그렇다 Some Extent / 0.5점, 전혀 그렇지 않다 Never / 0점, 해당되지 않는다 Not Applicable / 제외로 평정하여 합산한 후 각 준거에 해당되는 평가 요소의 수로 나누어 점수를 산출한다. 이 평가 준거는 좋은 소프트웨어를 개발하는 데 참고가 되기도 한다.

〈표 14-2〉 Children's Software Revue(CSR)의 평가 준거

A(항상 그렇다), S.E.(보통 그렇다), N(전혀 그렇지 않다), N.A.(해당되지 않는다)

(1) 사용의 용이성

A	S.E.	N	N.A.	
___	___	___	___	유아가 프로그램을 실행할 수 있다.
___	___	___	___	유아가 한 번만 사용해 보면 독립적으로 사용할 수 있다.
___	___	___	___	실행 키 메뉴가 간단하다.
___	___	___	___	문자를 읽을 수 없어도 사용할 수 있다.
___	___	___	___	그래픽이 유아에게 의미를 준다.
___	___	___	___	인쇄과정이 간단하다.
___	___	___	___	어느 시점에서든 쉽게 시작하고 끝낼 수 있다.
___	___	___	___	초기 메뉴로 쉽게 돌아갈 수 있다.
___	___	___	___	유아가 키를 눌러 프로그램을 조정할 수 있다.
___	___	___	___	사용 지침서가 도움이 된다.
___	___	___	___	필요시 화면에서 도움말을 볼 수 있다.
___	___	___	___	유아가 실수한 것을 스스로 알 수 있다.
___	___	___	___	아이콘의 크기가 크고 선택하기 쉽게 되어 있다.
___	___	___	___	설치 과정이 쉽고 간단하다.

(2) 유아의 적합성

A	S.E.	N	N.A.	
___	___	___	___	키보드를 연달아 두드려도 프로그램의 실행에 이상이 없다.
___	___	___	___	유아의 컴퓨터 조작에 빠르고 명확하게 반응한다.
___	___	___	___	유아가 화면에 출력되는 내용의 양과 속도를 조절할 수 있다.
___	___	___	___	유아가 어느 때든지 활동을 끝내고 빠져나갈 수 있다.
___	___	___	___	유아가 화면에 출력되는 순서를 조절할 수 있다.
___	___	___	___	제목을 나타내는 초기화면은 간단하거나 금방 지나가게 할 수 있다.
___	___	___	___	유아가 하나의 키를 계속 누르고 있어도 하나의 입력으로 전달된다.
___	___	___	___	파일이 유아에 의해 손상되지 않는다.
___	___	___	___	유아가 피드백을 이해할 수 있다.
___	___	___	___	프로그램이 가정이나 교실에서 순조롭게 조작된다.

(3) 교육적 가치

A	S.E.	N	N.A.	
___	___	___	___	하나 이상의 교육 내용 영역을 잘 제시한다.
___	___	___	___	그래픽은 프로그램의 교육적 의도를 손상시키지 않는다.
___	___	___	___	의미 있는 그래픽이나 음향으로 피드백이 주어진다.
___	___	___	___	음성언어를 사용한다.
___	___	___	___	제시되는 표현이 새롭다.
___	___	___	___	알맞은 범위 내에서 도전하면서 연습을 할 수 있게 한다.

___ ___ ___ ___ 내용의 이해를 강화하는 피드백을 제공한다.
___ ___ ___ ___ 프로그램의 요소가 유아의 직접적인 경험과 연결된다.
___ ___ ___ ___ 내용에 성이나 성 차별적인 요소가 없다.
___ ___ ___ ___ 내용에 인종적 편견이 없다.
___ ___ ___ ___ 프로그램에 유아의 아이디어를 반영시킬 수 있다.
___ ___ ___ ___ 프로그램이 학습을 확장시킬 수 있는 전략으로 되어 있다.
___ ___ ___ ___ 반복해서 사용할 수 있도록 충분한 양의 내용을 포함한다.

(4) 흥미성

A S.E. N N.A.
___ ___ ___ ___ 프로그램이 재미있게 사용할 수 있도록 되어 있다.
___ ___ ___ ___ 그래픽이 유아에게 의미 있고 흥미롭다.
___ ___ ___ ___ 프로그램이 폭넓은 계층의 사람들에게 매력적이다.
___ ___ ___ ___ 유아들이 프로그램을 계속해서 사용한다.
___ ___ ___ ___ 학습과 보상이 간헐적으로 일어난다.
___ ___ ___ ___ 음성과 음향이 유아에게 의미가 있다.
___ ___ ___ ___ 유아가 다양하게 도전할 수 있고 자신의 수준을 선택할 수 있다.
___ ___ ___ ___ 프로그램이 유아의 조작에 반응적이다.
___ ___ ___ ___ 유아에게 의미있는 주제를 다룬다.

(5) 디자인의 특성

A S.E. N N.A.
___ ___ ___ ___ 프로그램에 언어 기능이 있다.
___ ___ ___ ___ 프로그램에 인쇄 기능이 있다.
___ ___ ___ ___ 유아가 작업한 것을 계속 저장할 수 있다.
___ ___ ___ ___ 프로그램이 자동적으로 분지화되어 다양한 수준으로 도전할 수 있다.
___ ___ ___ ___ 유아의 아이디어가 프로그램에 반영될 수 있다.
___ ___ ___ ___ 음향이 적절하며 조절될 수 있다.
___ ___ ___ ___ 개별유아에게 적절한 피드백이 주어진다.
___ ___ ___ ___ 유아가 일정 기간 동안 사용한 프로그램에 대한 기록을 해준다.
___ ___ ___ ___ 교사와 부모를 위한 지침을 쉽게 찾아서 사용할 수 있다.

(6) 비용에 대한 가치

이상에서 제시된 여러 평가 요소와 소프트웨어의 값을 고려하여 얼마나 가치 있는지를 평가하라.

나쁘다(1)___ ___ ___ ___ ___ ___ ___ ___ ___ ___좋다(10)

CHAPTER 15

유아교육과 인터넷

인터넷INTERconnected computer NETwork 혹은 IINTERnational NETwork은 전 세계의 컴퓨터들을 모아 연결해 놓은 거대한 통신망인 네트워크로서 Internetwork System의 약어이다. 인터넷에서는 세계 각국의 수많은 컴퓨터가 거미줄처럼 서로 연결되어 있는데 여러 개의 네트워크가 모여 서로 연결된 다른 하나의 네트워크를 구성하고 있기 때문에 네트워크의 네트워크network of network로 볼 수 있다. 또 기종과 제작회사에 상관없이 표준화된 규약protocol으로 거미줄처럼 기업체, 연구소, 대학, 행정 전산망 등이 보유하고 있는 컴퓨터를 연결해 전 세계 어느 곳에서든지 상호 통신을 가능하게 해 주므로 지구촌 통신 네트워크global network라고도 불린다.

이러한 인터넷이 유아교육을 위해 활용될 수 있는 잠재력은 대단하다.

현재 많은 유아교육기관이 기관의 홍보 및 교육, 부모와의 의사소통을 위해 홈페이지를 이용하고 있다. 유아가 학습용으로 활용할 수 있는 유아학습용 인터넷 사이트도 많아서 값비싼 자료를 구입하지 않고도 컴퓨터를 이용한 학습을 할 수 있다. 또한 인터넷을 통해 가정에서 유아교육을 담당하는 부모를 위한 보육 및 건강 상담이 가능하고 각종 유아교육 정보를 얻을 수 있게 되었다.

1 유아교육기관 홈페이지

유아교육기관의 홈페이지는 기관의 홍보, 학부모와의 상호작용에 유용할 뿐 아니라 기관 상호 간의 아이디어 및 정보의 공유를 가능하게 해 주어 유아교육기관의 발전에 상호 도움을 줄 수 있게 된다.

현재 운영되고 있는 유아교육기관 인터넷 홈페이지의 구성은 주로 인사말 및 유아교육기관의 소개, 연간 교육계획 또는 주제별 교육계획안의 소개, 일일 학습활동 안내, 소풍, 견학, 솜씨자랑 발표회 등 교육기관의 행사 홍보, 가정통신문, 학부모 자유 기고란, 유아교육 자료 교류광장 등으로 이루어져 있다. 홈페이지에서 전자 도서관을 운영하거나 동영상을 통해 유아교육기관의 생활 및 소식 등을 생생하게 제공하는 경우도 있다. 또한 실시간 유아관찰 프로그램을 개설한 홈페이지가 증가하여 학부모들이 직장이나 가정에서 인터넷을 통해 자녀들의 모습을 보게 되어 가정과 기관과의 긴밀한 연계를 유지하고 자녀와 대화의 장을 넓힐 수 있는 계기를 마련하고 있다. 실시간 유아관찰 시스템은 벽면에 부착, 작동되고 있는 카메라에 의해 가능하다.

[그림 15-1] 이화유치원 홈페이지

출처: http://www.ewha-kids.com.

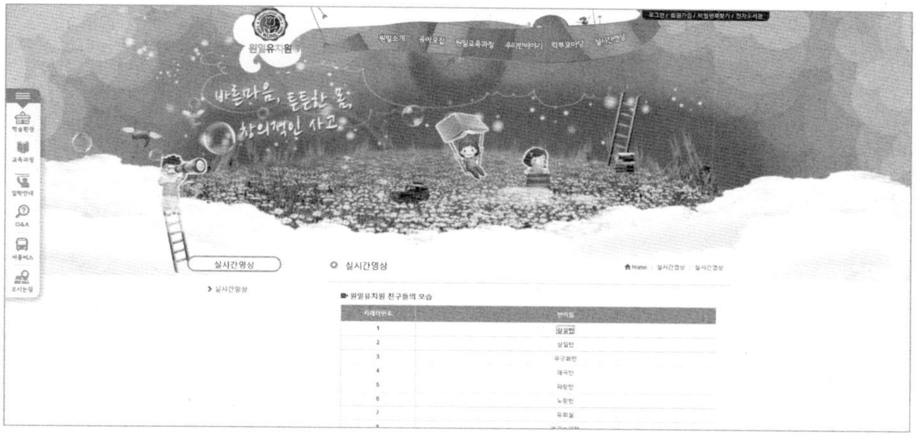

[그림 15-2] 원일유치원 실시간 영상(회원 로그인 후 입장 가능)

출처: http://wonil.yoochiwon.kr.

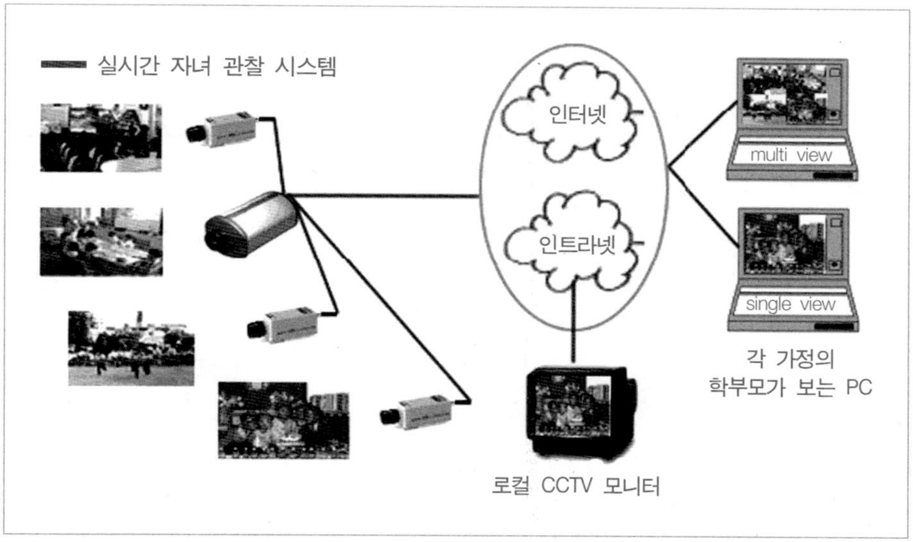

[그림 15-3] 실시간 유아관찰 시스템

출처: http://www.brainstorm.co.kr/webcasting/image/service3-3_img01.gif.

2 유아학습용 자료

인터넷상에는 리빙북living book, 유아용 게임, 어린이 클래식, 전래동요 모음, 어린이 과학교실, 자연나라, 영어 등 다양한 유아용 학습 자료가 있다. 인터넷상의 유아 대상 학습활동은 소리와 음성, 그래픽, 애니메이션, 상호작용성 등을 이용한 다양한 구현과 즉각적인 피드백이 가능하다. 따라서 유아는 인터넷상에서 한국 전래동화, 외국동화, 현대 창작동화, 영어동화 등 다양한 문학작품을 대할 수 있을 뿐 아니라 컴퓨터와의 상호작용을 통해 움직이거나 소리를 내게 함으로써 스스로 내용을 구성할 기회를 갖게 된다. 또한 클래식, 전래동요 등 다양한 장르의 음악을 들을 수 있으며, 동물, 식물, 곤충 등과 관련된 자연학습, 우주대탐험, 에너지 등의 과학 관련 학습, 미술학습도 할 수 있다.

유아교사는 이러한 유아학습용 자료를 교육과정 영역별, 생활주제별로 정리하여 교육활동에 유용하게 활용할 수 있다.

[그림 15-4] 생활주제 '건강과 안전' 영역의 인터넷 사이트

출처: https://www.isafe.go.kr/children/index.do.

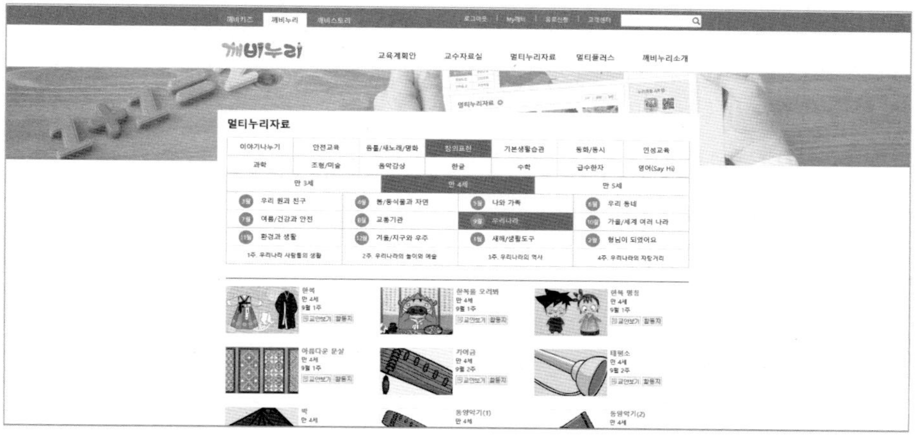

[그림 15-5] 생활주제 '우리나라' 영역의 인터넷 사이트

출처: http://www.kebikids.com.

3 부모교육용 자료

[그림 15-6] 중앙 육아종합지원센터의 부모교육 사이트

출처: http://www.educare.or.kr.

부모들에게 보육이나 유아발달 관련 정보, 유아건강과 관련된 자료를 제공하고 필요시 아동발달, 문제행동, 양육방법 등 자녀교육에 관한 상담도 진행한다.

4 유아교육 관련 정보

유아교육 연구소, 유아교육 관련 학회 등 유아교육 관련 정보를 제공하는 홈페이지가 있다. 유아교사는 이곳에서 유아교육기관 운영정보, 지역별 유치원 안내, 교사양성기관, 유아교육 관련 학회 소식 등 유아교육과 관련된 정보를 얻을 수 있다. 또한 교육 프로그램 자료, 교재·교구 보급사업, 식단계획 등 교육 자료를 얻을 수 있다.

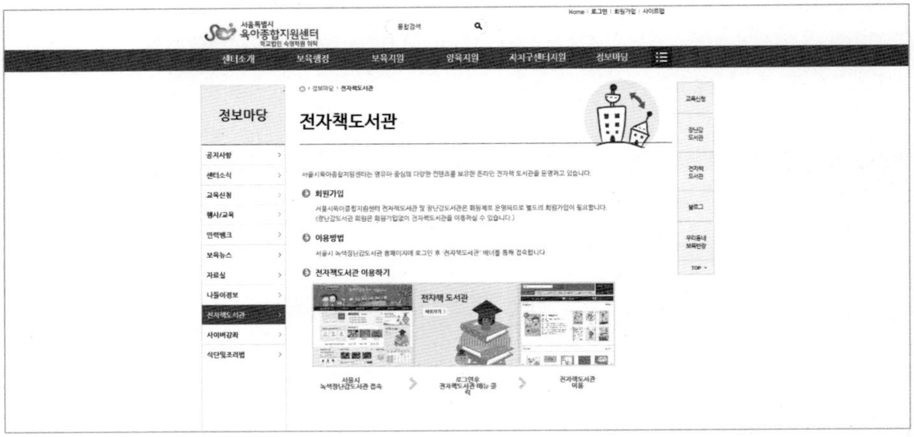

[그림 15-7] 서울시 육아종합지원센터 전자책(E-book) 도서관

출처: http://seoul.childcare.go.kr/lseoul.

참고문헌

강명희 · 김민경 (1999). 정보사회와 교육. 서울: 열린배움지기.

고후순 · 김동일 · 조옥희 (1996). 유아교육사상사. 서울: 양서원.

교육부 (1995). 유치원교사를 위한 컴퓨터 교육자료. 서울: 국정교과서주식회사.

교육과학기술부 (2008). 2007년 개정 유치원 교육과정 해설서: 총론. 서울: 대한교과서주식회사.

교육과학기술부 (2013). 3-5세 연령별 누리과정 해설서. 서울: 대한교과서주식회사.

곽노의 (1996). 프뢰벨: 생애와 교육. 서울: 양서원.

권성호 (1990). 교육공학원론. 서울: 양서원.

권영례 (1999). 유아를 위한 교수-학습방법의 이해. 서울: 양서원.

권옥자 · 유혜숙 · 배인자 · 윤애희 · 정은주 · 박정민 (1999). 유아를 위한 교수 매체의 이론과 실제. 서울: 형설.

권옥자 · 유혜숙 · 배인자 · 윤애희 · 정은주 · 박정민 (2002). 유아를 위한 교수공학과 매체. 서울: 형설.

김경철 (2000). "유아평가와 수행평가". 열린유아교육학회 춘계 학술대회 자료집, 63-78. 서울: 열린유아교육학회.

김경철 · 박선희 · 박정선 · 유구종 · 조부경 (1998). 유아교육과 멀티미디어. 서울: 양서원.

김승국 · 김만두 · 박인용 · 이영수 · 이철재 · 이춘섭 (1973). 신체 장애 아동 실태 조사: 서울특별시. 서울: 자행회.

김승만 (편저) (1984). 뉴미디어 용어 사전. 서울: 보성사.

김영수 · 강명희 · 정재삼 (1997). 21세기를 향한 교육공학의 이론과 실제. 서울: 교육과학사.

김정희 · 남기덕 · 박영호 · 송명자 · 송인섭 · 심응철 · 윤가현 · 윤영화 · 이철원 · 이현진 (1993). 심리학의 이해. 서울: 학지사.

김재은 (1984). 유아 발달 심리. 서울: 창지사.

김지은 · 김진숙 (2002). 아동 행동 관찰. 서울: 양서원.

김진영 · 백혜리 · 최윤정 (2002). 유아를 위한 교수-학습방법론. 서울: 양서원.

김한일 (1998). 멀티미디어 시스템을 활용한 교육환경의 개선방향: 컴퓨터교육을 중심으로. 서울: 집문당.

박선희 · 김선영 (1998). 유아교육과 컴퓨터. 서울: 정민사.

박숙희 · 염명숙 (2007). 교수-학습과 교육공학(제2판). 서울: 학지사

박희석 · 김숙희 (1999). 인터넷 놀이학습. 서울: 길벗.

백영균 · 박주성 · 한승록 · 김정겸 · 최명숙 · 변호승 · 박정환 · 강신천(2006). 유비쿼터스 시대의 교육방법 및 교육공학(제2판). 서울: 학지사.

송미령 · 한종혜 (1992). 몬테소리 교육 대 전집: 제1권. 서울: 프뢰벨사.

신화식 · 김헌수 (1992). 몬테소리 교육 모형. 서울: 양서원.

유구종 (1998). 유아교사와 유아를 위한 유아컴퓨터교육의 실제. 서울: 양서원.

유안진 (1999). 아동발달의 이해. 서울: 문음사.

유혜령 (1991). "아동의 주의력 발달". 대구경북아동교육학회보, 제2호, 2-6.

유혜령 (1993). 유아 교수 매체의 이론과 실제. 서울: 창지사.

유혜령 (2003). "유아의 역할 놀이 경험 양식과 그 교육적 의미: 현상학적 이해". 유아교육연구, 21(3), 55-79.

유효순 (1992). 아동 발달. 서울: 창지사.

이경우 · 이현옥 · 김영실 · 박정민 · 조경자 · 김지영 (1998). 유아 컴퓨터 교육. 서울: 다음세대.

이경우 (편) (1998). 유아를 위한 컴퓨터 활동의 접근방향. 서울: 창지사.

이기숙 (2001). 유아 교육 과정 (개정 2판). 서울: 교문사.

이성훈 · 이준 · 구양미 · 이경순 (2013). 교육방법 및 교육공학; 의사소통, 교수설계, 그리고 매체활용. 경기: 교육과학사.

이소희 (1997). 부모가 알아야 할 인터넷 교육. 서울: 동문사.

이소희 (1997). 부모가 알아야 할 컴퓨터교육. 서울: 동문사.

이영민 · 남정권 · 장상필(편저)(2008). 블로그 활용 수업의 실제. 경기: 교육과학사.

이영자 (1981). 幼兒를 위한 敎授媒體: 視聽覺敎育論. 서울: 교문사.

이영자 · 박미라 · 최경애 (2001). 유아교육 교수 매체. 서울: 교문사.

이영자 · 이기숙 · 이정욱 (1999). 유아 교수 · 학습 방법. 서울: 창지사.

이용걸 · 김순택 (1982). 시청각 교육. 서울: 한국방송통신대학.

이은화 · 배소연 · 조부경 (2001). 유아 교사론. 서울: 양서원.

이인숙 · 송기상 · 이영민 (2006). 모바일 학습의 탐구. 서울: 문음사.

이정환 (1993). 유아교육의 교수학습 방법. 서울: 교문사.

이필동 · 안정의 (1991). "인형극 놀이의 이론과 실제". 대구경북아동교육학회 제2회 유아교육 하기 연수회 교재, 5-32.

이화여자대학교 교육공학과 (1996). 교육 방법 및 교육공학. 서울: 교육과학사.

이화여자대학교 교육공학과 (2001). 21세기 교육방법 및 교육공학. 서울: 교육과학사.

이화여자대학교 교육공학과 (2003). 교육공학. 서울: 교육과학사.

이희경 (2002). 유아 교수 · 학습 방법. 서울: 동문사.

장영호 (1985). 교육공학. 서울: 학문사.

장혜경 (2000). "유아평가와 수행평가에 대한 토론". 열린유아교육학회 춘계 학술대회 자료집, 89-95. 서울: 열린유아교육학회.

정춘석 (1988). OHP 사용법. 서울: 정음사.

JK영상미디어 (편) (1996). 최신 비디오 촬영교실. 서울: 국일미디어.

주영주 · 장원희 (2002). 첨단매체를 활용한 교육환경. 서울: 남두도서.

주영주 · 곽은순 (1999). 유아교육과 교수 매체. 서울: 남두도서.

주영주 · 최성희 (1999). 교수 매체의 제작과 활용. 서울: 남두도서.

주영주 (1999). 미디어 정보센터 경영. 서울: 남두도서.

주영주 · 강은희 (1997). "유아의 TV시청 지도에 관한 연구". 교육학논총, 17, 167-188. 대구: 대구경북교육학회.

주영주 (1983). 슬라이드: 제작과 활용. 서울: 사조사.

지옥정 · 서희전 · 계보경 · 고영미 · 권이정 · 김미애 · 김혜정 · 임수진 (2018). 유아교육과 미디어 활용. 서울: 창지사.

최형원 · 김덕건 (2002). "유아교육기관에서의 협동학습 모형 적용II-STAD 모형 적용이 사회적 유능감에 미치는 효과를 중심으로". 열린유아교육연구, 7(3), 82-107. 서울: 열린유아교육학회.

호재숙 · 유태영 (1978). 시청각 교육. 서울: 교육과학사.

호재숙 · 유태영 · 김신자 · 주영주 · 김영수 (1989). 教育方法 및 教育工學. 서울: 교육과학

홍기칠 (2005). 교육방법 및 교육공학. 경기: 공동체.

황왕수 (1980). 영화제작기법. 서울: 시청각교육사.

Allen, D. W. & Ryan, K. A. (1974). *Microteaching*. MA: Addison-Wesley. 유혜령 (역)(1996). 마이크로티칭. 서울: 문음사.

Ambron, S. R. (1981). *Child development* (3rd ed.). New York: Holt, Rinehart & Winston.

Bell-Gredler, M. E. (1986). *Learning and instruction: theory into practice*. New York: Macmillan.

Berger, J. (1972). *Ways of seeing*. London: Penguin Books.

Berlo, D. K. (1960). *The process of communication: an introduction to theory and practice*. New York: Holt, Rinehart & Winston.

Berk, L. E. (2000). *Child development* (5th ed.). Boston: Allyn & Bacon.

Berk, L. E. & Winsler, A. (1995). *Scaffolding children's learning: Vygotsky and early childhood education*. (NAEYC Research and Practice Series, 7). Washington, DC: National Association for the Education of Young Children. 홍용희 (역) (1995). 어린이들의 학습에 비계 설정: 비고츠키와 유아교육. 서울: 창지사.

Bredekamp, S. (1987). *Developmentally appropriate practice in early childhood programs serving children from birth through age 8* (Exp. ed.). Washington, DC: National Association for the Education of Young Children. 강숙현 · 최미숙 (역) (1995). 발달에 적합한 유아 교육 실제. 광주: 전남대학교 출판부.

Bredekamp, S. & Rosegrant, T. (1992). Reaching potentials through appropriate curriculum: Conceptual frameworks for applying guidelines. In S. Bredekamp & T. Rosegrant (Eds.), *Reaching potentials: appropriate curriculum and assessment for young children*. Washington, DC: NAEYC.

Brown, J. W., Lewis, R. B., & Harcleroad, F. F. (1983). *AV instruction: technology media, and methods*. New York: McGraw-Hill Book.

Bruner, J. S. (1966). *Toward theory of instruction*. Cambridge: Harvard University.

Charlesworth, R. & Lind, K. K. (2003). *Math and science for young children* (4th ed.). Clifton Park, New York: Delmar Learning.

Comenius, J. A. (1998). 김은권 · 이경영 편역, 세계도회. 서울: 교육과학사.

Comenius, J. A. (1987). 정확실 역, 대교수학. 서울: 교육과학사.

Dale, E. (1969). *Audiovisual methods in teaching*. New York: Holt, Rinehart & Winston.

de Kruif, R. E. L., McWilliam, R. A., Ridley, S. M., & Wakely, M. B. (2000). Classification of teacher's interaction behaviors in early childhood classrooms. *Early Childhood Research Quarterly*, 15(2), 247-268.

Dewey, J. (1975). 이홍우 역, 학교와 사회. 서울: 박영사.

Dreyfus, H. L. (1979). *What computers can't do*. New York: Harper Colophon Books.

Ellul, J. (1965). *Technological society*. New York: Random House.

Erickson, C. W. H. & Curl, D. H. (1972). *Fundamentals of teaching with audiovisual technology*. New York: Macmillan.

Forman, G. E. & Kuschner, D. S. (1993). *The child's construction of knowledge: Piaget for teaching children*. Washington, DC: NAEYC.

Fröbel, F. (1887). *The education of man*. New York: D. Appleton and Company.

Gagné, R. (1965). *The conditions of learning*. New York: Holt, Rinehart & Winston.

Gerlach, V. S. & Ely, D. P. (1971). *Teaching and media: a systematic approach*. Englewood Cliffs: Prentice-Hall.

Gettman, D. (1987). *Basic Montessori: learning activities for under-fives*. New York: St. Martins.

Gibson, E. & Spelke, E. (1983). *The development of perception*.

Hackbarth, S. (1996). *The educational technology handbook: a comprehensive guide: process and products for learning*. New Jersey: Educational Technology.

Haugland, S. W. & Wright, J. L. (1997). *Young children and technology: a world of discovery*. MA: Allyn and Bacon.

Haugland, S. W. & Shade, D. D. (1991). *Developmental evaluation of software for young children*. New York: Delmar.

Heinich, R., Molenda, M., Russell, J., & Smaldino, S. (1996). *Instructional media and the new technologies of instruction*. New York: Macmillan.

Helm, J. H., Beneke, S., & Steinheimer, K. (1998). *Teacher materials for documentation of young children's work: using windows on learning*. Teachers College Press. 김영실 · 김나림 · 권이정 역 (2000). 프로젝트 접근법과 수행평가: 유아들의 학습 들여다보기. 서울: 다음세대.

Hoban, C. F. (1960). *The usable residue of educational film research, in new teaching aids for the American classroom*. California: Standford University press.

Ihde, D. (1983). *Existential technics*. Albany: State University of New York.

Ihde, D. (1979). *Technics & praxis*. London: D. Reidel.

Kegan, J. (1974). The determinants of attention in the infant. In J. Sants & H. S. Butcher (Eds.), *Developmental psychology*. Baltimore: Penguin Books.

Kellogg, R. (1967). Understanding children's art. *Psychology Today*, 16-25.

Kemp, J. E. & Smellie, Don C. (1994). *Planning, producing, and using instructional technologies* (7th ed.). New York: Harper & Row.

Kemp, J. E. (1977). *Instructional design: a plan for unit and course development* (2nd ed.). Belmont: Fearon.

Kemp, J. (1968). *Planning and producing audiovisual materials*. Pennsylvania: Chandler.

Kinder, J. S. (1959). *Audio-visual materials and technique*. New York: American Books.

Lefrancois, G. R. (1982). *Psychological theories and human learning* (2nd ed.). Monterey, CA : Brooks/Cole.

Mager, R. (1962). *Preparing instructional objectives*. Palo Alto: Fearon.

Montessori, M. (1991). 조성자 역, 몬테소리의 어린이의 신비. 서울: 창지사.

NAEYC (1990). *Guidelines for appropriate curriculum content and assessment in programs serving children ages 3 through 8*. Washington, DC: NAEYC.

Neisser, U. (1976). *Cognition and reality: principles and implications of cognitive psychology*. New York: W. H. Freeman & Company.

Oh, C. Y. (1980). *Introduction to preparation of instructional materials*. Edmonton: Avent Media.

Reed, S. K. (1988). *Cognition: theories and applications*. Pacific Grove, CA: Brooks/Cole.

Reinecke, I. (1982). *Electronic illusions*. New York: Penguin Books.

Rousseau, J. J. (1762). Emile. 정승희 역 (1976), 에밀. 서울: 동서문화사.

Russell, M. (1979). *Human olfactory communication*. Nature, 260, 520-522.

Smith, S. (1989). Seeking a risk. *Texts of childhood* (Human Science in Education Project, Lifeworld Editions No. 1), 5-13. Edmonton: University of Alberta.

Snider, R. C. (ed.) (1971). *Audiovisual processes in education: Selected readings from AV communication Review*. New York : Johnson Reprint Corporation.

Stephens, L. S. (1974). *The teacher guide to open education*. New York: Holt, Rinehart & Winston. 신옥순 · 유혜령 역 (1991). 유아를 위한 개방 교육의 이론과 실제. 서울: 창지사.

Tapscott, D.(2008). *Growing Up Digital: The Rise of the Net Generation*. McGraw-Hill, 1999. 이진원 역 (2009), 디지털 네이티브: 역사상 가장 똑똑한 세대가 움직이는 새로운 세상. 서울: 비즈니스북스.

Thornton, S. (1995). *Children solving problem*. Cambridge, MA: Harvard University Press.

Thomson, A. P., Simonson, M. R. & Hargrave, C. P. (1992). *Educational technology: a review of the research*. Washington, D.C.: Association for Educational Communicati- ons and Technology.

Weizenbaum, J. (1976). *Computer power and human reason: from judgement to calculation*. New York: W. H. Freeman.

Wittich, W. A. & Schuller, C. F. (1979). *Instructional technology: its nature and use* (6th ed.). New York: Harper & Row.

Yeu, H. R. (1990). *The pedagogy of television news*. Curriculum praxis occasional paper No. 45. Edmonton: University of Alberta Faculty of education.

저자 소개

유혜령(柳蕙玲)

이화여자대학교 시청각교육과(현 교육공학과) 졸업

캐나다 University of Alberta 교육학 석사

동 대학원 철학박사(교육과정 및 교수매체 전공)

영남대학교 유아교육과 교수 역임

〈저서 및 논문〉

「교육현상의 재개념화」(공저), 「포스트모던 유아교육: 새로운 이해와 실천을 열어가기」(공역), 「유아교육이론 해체하기: 비판적 접근」(역서), 「마이크로티칭」(역서) 외 다수

강은희(姜恩姬)

이화여자대학교 교육공학과 및 동 대학원 졸업(학사, 석사, 박사)

미국 University of South Carolina 대학원 석사(Instructional Media 전공)

영남신학대학교 기독교교육과 초빙교수 역임

영남신학대학교, 영남대학교, 대구대학교, 한신대학교, 대전대학교 외래강사 역임

〈저서 및 논문〉

"교회학교 교육에 있어서 교수 매체의 활용에 대한 실태조사: 서울지역 교회 중심으로", "교회 매체센터의 설립에 관한 연구: 한국의 중·대형 교회를 중심으로", "유아의 TV 시청 지도에 관한 연구", "교수 매체를 활용한 효과적인 유아교통 안전교육 방안", "인터넷을 활용한 교회교육 활성화 방안에 관한 연구" 외 다수

박지영(朴祉泳)

경북대학교 대학원 아동·가족학과 박사 수료

현, 포항대학교 유아교육과 교수

〈저서 및 논문〉

「놀이지도」(공저), 「보육학개론」(공저), 「보육교사론」(공저) 외 다수

"보육교사가 지각한 원장의 감성리더십이 조직효과성에 미치는 영향", "보육교사가 인식한 어린이집의 조직공정성과 직무만족, 이직의도와의 관계 연구" 외 다수

제3판

유아 교수공학과 교수 · 학습 방법

초 판 1쇄 발행 2003년 12월 5일
초 판 6쇄 발행 2008년 7월 10일
개 정 6쇄 발행 2016년 7월 10일
제3판 1쇄 발행 2019년 4월 30일

지은이 | 유혜령 · 강은희 · 박지영
펴낸이 | 김기섭
편집인 | 김민수
펴낸곳 | 창지사 www.changjisa.com
08589 서울시 금천구 가산디지털 1로 83 파트너스타워 1차 9층
전화 (02) 719-2211~3
팩스 (02) 701-9386
등 록 | 1977년 4월 28일 · 제1-421호

ISBN 978-89-426-1204-8 (93370)

값 19,000원

「이 도서의 국립중앙도서관 출판예정도서목록(CIP)은 서지정보유통지원시스템 홈페이지(http://seoji.nl.go.kr)와 국가자료공동목록시스템(http://www.nl.go.kr/kolisnet)에서 이용하실 수 있습니다.(CIP제어번호: CIP2019015868)」